基于声学测距的水下协同导航状态估计方法研究

孙成娇　著

U0329186

哈爾濱工業大學出版社

内容简介

本书对多 AUV 协同导航状态估计方法进行了深入的探讨和研究。自主水下航行器在智慧海洋中发挥着不可替代的作用,已被广泛应用于地貌勘探、石油开发、环境监测、地质采样和军事防务等诸多海洋工业化需求领域。在完成上述任务的过程中,高精度的定位系统是支撑 AUV 集群作业的前提和关键条件。

本书可为对水下航行器研究感兴趣的人员提供学习参考。

图书在版编目（CIP）数据

基于声学测距的水下协同导航状态估计方法研究／孙成娇著. — 哈尔滨：哈尔滨工业大学出版社，2023.7

ISBN 978-7-5767-0933-9

Ⅰ. ①基… Ⅱ. ①孙… Ⅲ. ①水下－水声导航－研究 Ⅳ. ①U675.7

中国国家版本馆 CIP 数据核字(2023)第 129227 号

策划编辑　张凤涛
责任编辑　王会丽
装帧设计　博鑫设计
出版发行　哈尔滨工业大学出版社
社　　址　哈尔滨市南岗区复华四道街 10 号　邮编 150006
传　　真　0451-86414749
网　　址　http://hitpress.hit.edu.cn
印　　刷　哈尔滨市石桥印务有限公司
开　　本　787mm×1092mm　1/16　印张 8.25　字数 180 千字
版　　次　2023 年 7 月第 1 版　2023 年 7 月第 1 次印刷
书　　号　ISBN 978-7-5767-0933-9
定　　价　88.00 元

前　　言

虽然惯性传感器技术的进步大大降低了自主水下航行器(AUV)传感器的尺寸、功耗和成本,但是仅依靠本体自身的传感器进行航位推算,AUV 的位置误差依然会随着时间的推移而累积。声学通信方法的最新进展为 AUV 提供了外部的量测信息,通过对 AUV 间的相对位置关系进行融合,为延长 AUV 水下任务时间和保持有效 *XY* 轴位置误差提供了可能。多 AUV 协同导航系统利用声学通信同时测量任务区域的不同点,其可以提供单个 AUV 无法提供的功能采样、空间采样和时间采样,从而多 AUV 协同导航系统在任务复杂性和故障的容错率方面比单个 AUV 系统具有更大的优势。因此,多 AUV 协同导航的状态估计问题作为水下协同导航系统的基础也获得了普遍的关注。由于水声通信信道普遍存在通信丢包、鲁棒性差、多途径效应、噪声参数未知等问题,因此本书针对基于声学测距的多 AUV 协同导航状态估计方法展开了相关研究。

本书主要内容包括以下几点。

(1)绪论。介绍研究背景及研究现状。

(2)基于声学测距的水下协同导航数学模型。首先,针对 AUV 常用的几个参考坐标系进行介绍,并描述如何实现位置在坐标系之间的转换;其次,针对基于声学测距的多 AUV 协同导航系统,引入与之相关的各种传感器的介绍;最后,为研究水下航行器的运动,建立水下运动学模型,详细介绍各个运动参数,并建立基于声学测距的量测模型,为有针对性地设计合理的水下协同导航状态估计方法提供模型依据。

(3)带厚尾量测噪声的水下协同导航状态估计方法。水下通信信道不稳定,多路径效应导致野值干扰,使得相对距离量测噪声呈厚尾非高斯特性。针对这一问题,提出一种基于最大熵的协同导航状态估计方法。首先,详细介绍最大互相关熵准则的基本实现原理,并将其与另一种鲁棒方法 M 估计进行对比;其次,针对水下协同导航的非线性系统,介绍基于 Stirling 多项式插值公式的分开差分滤波,设计了基于声学测距的 AUV 协同导航鲁棒滤波算法;最后,针对有厚尾特性量测噪声的水下协同导航系统仿真验证了所提出的方法比现有的方法有更好的估计精度,并进一步通过协同导航实验验证了其有效性和鲁棒性。

(4)带未知噪声参数的水下协同导航状态估计方法。在水下协同导航中,本体传感器在水下环境中受到温度、盐度、深度、水流、界面反射和折射等诸多因素的影响，导致系统噪声统计特性未知；而水声信道也是混响强、信道带宽窄、多径效应强的高噪声信道，导致协同导航的量测噪声的统计特性不准确甚至随时间发生变化。针对这一问题，本书提出了基于变分贝叶斯的自适应协同导航状态估计方法。首先，介绍高斯滤波器的一般形式；其次，进一步详细推导两种估计未知噪声的滤波方法，即 Sage – Husa 方法和变分贝叶斯估计方法，从原理上分析变分贝叶斯估计方法的优越性，并设计基于变分贝叶斯估计方法的水下协同导航状态估计算法；最后，通过算法仿真和协同导航实验分析验证本章所提算法的有效性与可行性。

(5)通信丢包情况下的协同导航信息融合估计方法。首先，针对同一采样时刻接收到多个相对距离量测的信息融合问题，提出基于 Wishart 分布的鲁棒信息滤波；其次，针对水下声学环境的复杂性导致的量测信息丢包的问题，建立通信丢包的模型，并针对通信丢包提出新型鲁棒信息滤波协同导航算法。仿真分析表明，该滤波算法在处理通信丢包问题具有鲁棒性，且在水下多传感器信息融合技术中具有很广泛的应用前景。

本书的出版得到了湖北省教育厅科研计划项目（Q20222604）和襄阳市科技计划项目（2022ABH006596）的支持，在此表示感谢。

由于作者水平及能力有限，书中难免存在疏漏及不足之处，敬请同行专家和读者不吝赐教，批评指正。

作　者

2023 年 4 月

目　录

第1章　绪　　论

1.1　研究的目的及意义

在过去的十几年时间内，自主水下航行器(Autonomous Underwater Vehicle，AUV)和其他海洋机器人为工程师提供了越来越有价值的服务，为科学、军事和探索等各个方面带来了真正的社会效益。AUV 为海洋研究者提供了安全的装备，可有效探索和研究各种水下复杂环境，包括：对北极进行调查，可为未来的探索提供实验数据；对深海地平线石油泄漏进行测量和调查；利用水听器阵列为水下目标(如潜艇)执行被动测距；发现新西兰的粉色梯田等。AUV 提供了固定传感器无法实现的空间覆盖面积，以及传感器载荷的灵活性，与载人的系统相比，其成本相当可观。电子设备的高速发展使得 AUV 能够提供越来越强大的计算能力，为导航、数据获取和数据处理方面引领更大的自主趋势。

水介质的特殊性导致全球定位系统(Global Positioning System，GPS)和其他基于无线电频率的导航技术在水下无法使用。地形辅助导航利用先前的探测地形地图进行定位，但不适用于在高海拔的中深区操作。视觉辅助导航通常在地面和空中机器人中使用，AUV 只有在接近河床时才使用，而且反向散射强衰减和一般非结构化的场景导致目前先进的计算机视觉算法受到极大的挑战。AUV 通常使用声学信标网络，如长基线、短基线和超短基线，在没有明显视觉效果的中深区获得准确的有界误差导航信息。但是这三种基线方法需要将基线系统(应答器)事先布置在海底或者安装在静止的大型水面船舶底部，所以有海底基线布置困难、导航区域有限等缺点。

为了克服这些问题，必须采用替代的水下导航方法。本书的研究集中在多航行器非传统的、合作的导航方法，使用低成本的、传感器个数有限的多 AUV 团体。传感器有限是指航行器只配备了诸如深度传感器、陀螺罗经、多普勒计程仪(DVL)等低精度传感器设备，同时还配备了水下声学调制解调器，能够与团队中的其他航行器进行声学通信。每个航行器都可以看作一个移动的声学导航信标，它不需要额外的基础设备，并且不受限于静态信标的操作范围。为了在水下执行协同导航任务，AUV 必须能够进行航行器之间的声学通信，通过状态估计方法才能够可靠、反复地估计各自的位置。

状态估计问题是水下多 AUV 协同导航系统不可或缺的关键组成部分，高精度状态估计方法的设计具有重要作用，因此基于水下协同导航的状态估计方法一直是近年来热门研究的方向之一。寻求针对水下声学通信的实际问题，同时具有算法收敛速度快、计算复杂度比较低并且鲁棒性能好的状态估计方法，一直是各国研究学者及工程研究人员不断探索的方向和追求的目标。本书利用航位推算作为系统方程、利用声学通信的相对距离作为量测方程，探讨了多 AUV 协同导航的状态估计问题。考虑利用两个或多个水面艇或者水下艇作为通信/导航辅助（Communications and Navigation Aid，CNA）来协助一个或多个自主水下航行器导航，使用声学通信测量相对距离和数据包传输 CNA 的绝对位置信息，并针对水下协同导航系统中常见的厚尾非高斯量测噪声、未知的系统噪声参数和量测噪声参数、多个传感器信息融合及信息丢包问题进行了具体分析。本书的内容具备重要的理论意义，尤其是在水下协同导航这个新兴领域飞速发展的时代。同时，本书的研究工作将为水下协同导航状态估计方法水平的提高提供重要的实用价值。本书研究的状态估计方法可以进一步改善基于声学测距的协同导航在实际操作中遇到的各种技术难点，其对将来水下协同导航的发展具备一定的指导意义。

1.2 国内外水下协作系统发展现状

协作系统理论来源于社会系统学派创始人切斯特 · 巴纳德在分析组织问题时提出的理论，协作是两个或两个以上的人或组织共同完成一项任务或实现一个目标的过程。目前，多 AUV 协作系统具备空间分布、功能分布、时间分布等突出特点，因此世界各国在多 AUV 协作系统方面投入了大量的人力物力，经过多年的技术累积，已经取得了一些突破性进展。世界上多个国家都设立了专门的研究机构，有些已经研制出了可以军用和民用的多 AUV 协作系统。

在水下协作系统的科研研究方面，美国实验成功的水下协作网络功能日益完备，性能先进，是多 AUV 协同系统在民用和军事领域的典型案例，具有代表性的是广域海网（Seaweb）将分布在海底环境中的固定节点、移动节点通过声学通信连接起来。配备水声调制解调器的相邻节点利用声学通信进行数字信号处理，这是整个 Seaweb 网络的物理层基础，它允许传感器节点的定位和 AUV 等移动节点的协同导航。Seaweb 水声通信协作网络如图 1.1 所示，该网络包括 3 个 AUV、6 个转发器节点和 2 个无线电通信节点。实验采用了声学测距功能对移动节点 AUV 进行跟踪和导航。

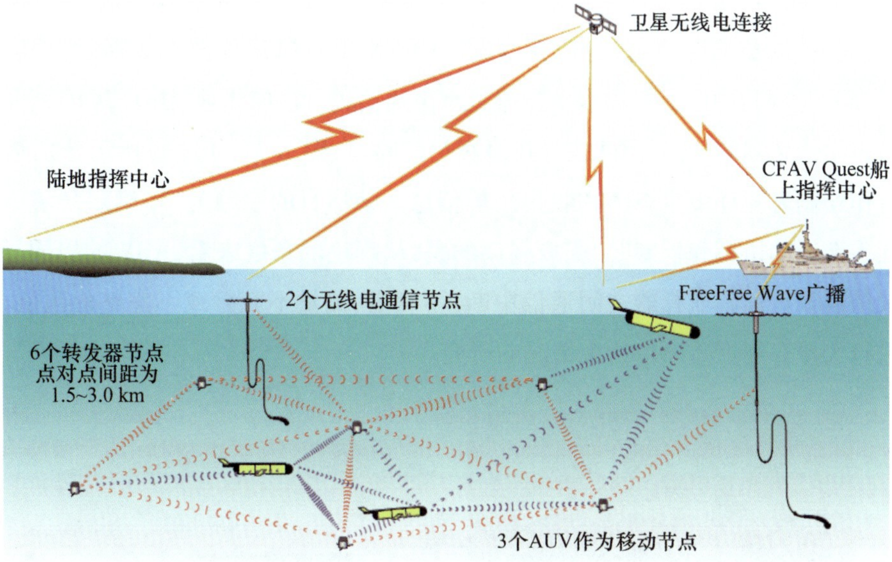

图 1.1　Seaweb 水声通信协作网络

沿海水下持续监视网络(Persistent Littoral Undersea Surveillance Network,PLUSNet)是由美国海军研究局(Office of Naval Research,ONR)资助的,其通过水声通信网络演示多传感器和多航行器反潜作战。该项目的目的在于提供对安静潜艇的自主探测和跟踪,起保护作用,同时保持与水面潜艇之间的联系。图 1.2 所示为 PLUSNet 概念图,展示了 AUV 和固定节点在声学通信跟踪方面的合作。该方法使用固定式和移动式水下平台,包括带探测系统的海底节点、带拖拽阵列的 AUV 及带声学和环境传感器的滑翔机。这些节点相互进行协作和通信,使得协作系统中的每一个 AUV 移动节点都可以完成相应的任务。

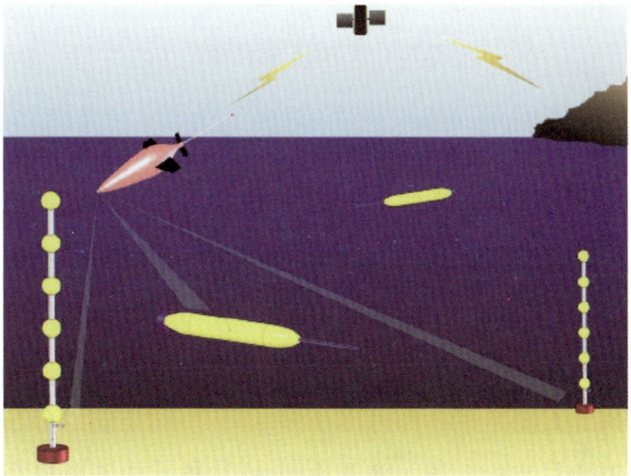

图 1.2　PLUSNet 概念图

始于2006年,终于2009年的欧盟GREX项目的核心任务是协作控制多AUV的导航、航线规划,以及编队控制、通信等问题。GREX项目概述如图1.3所示。其中,图1.3(a)所示是项目中水面艇和水下艇通过水声通信进行协同作业,图1.3(b)所示是一组配备声学传感器的AUV团队在寻找海底热液喷口,图1.3(c)、(d)所示分别是AUV协同合作绘制海洋环境生态图和收集鱼群信息。该项目的主题为“不确定环境下协同异构无人系统的协调和控制”。需要强调的是,从理论的角度来看,AUV的协同导航及分布式控制设计面临航行器之间通信中断、不确定、测量不完善或不完整的问题,所以需要进行大量存在严重通信约束情况的研究。

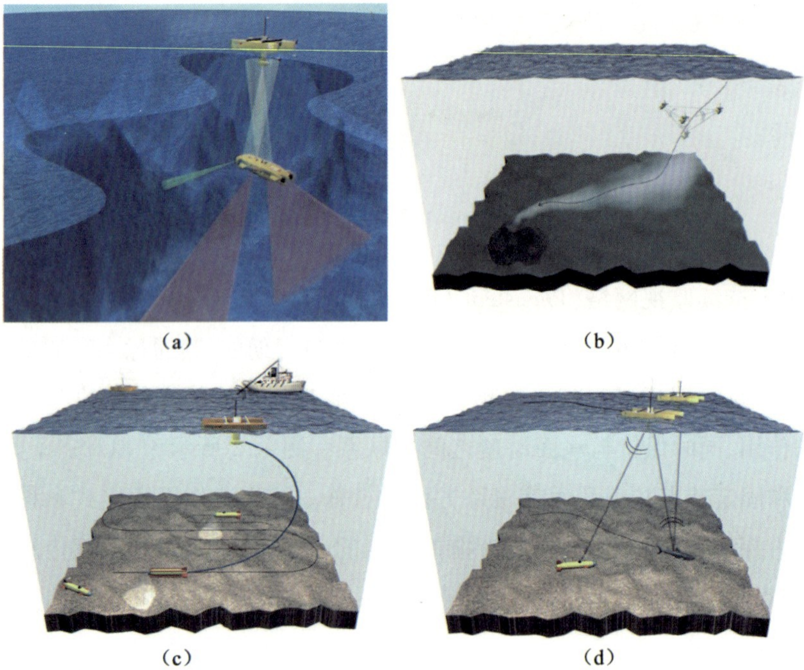

图1.3 GREX项目概述

多AUV协同导航技术是未来海洋探索和开发中不可或缺的一部分,也是我国AUV导航技术需要大力发展的部分。我国多AUV的研究工作还处于前期的理论研究、算法仿真及特定环境下的实验阶段。目前,西北工业大学和哈尔滨工程大学等高校已经对水下多AUV的协同导航技术进行了大量的理论研究,相关水上实验已经逐步展开。张立川等人深入研究并分析了水下协同导航系统的性能及多AUV协同导航算法。沈阳自动化研究所王明辉等人提出了一种可用于多AUV协同导航的分布式系统结构,并设计出了一种多传感器协作装配系统。随着我国AUV技术的不断提高,军事及民用需求的不断扩大,多AUV水下协作系统的发展具备关键性的地位和研究意义。

1.3 水下协同导航状态估计方法研究现状

多 AUV 协同导航技术是 AUV 利用本体感知传感器进行航位推算并同时利用来自团队其他成员水声通信的相对位置量测信息进行融合提高导航与定位精度。多 AUV 系统能够同时测量任务区域的不同点,从而提供单个 AUV 无法提供的时空采样,因此多 AUV 系统在任务复杂性和对单个 AUV 故障的容忍度方面会比单个 AUV 系统具有更大的优势。由于成本的限制,因此这些 AUV 一般只装备低级本体感知传感器用于水下航行,在执行任务的过程中会累积大量的位置误差。多 AUV 协同导航能够有效抑制 AUV 的自主导航量测误差对协同定位精度的负面影响,使导航系统的整体定位误差有界,从而解决了航位推算误差随时间逐步累积的问题。然而,涉及多个 AUV 的任务有四个主要挑战:水声通信信道限制导致的量测噪声呈厚尾分布、系统噪声和量测噪声参数未知、通信丢包的问题及多个传感器信息融合问题。这四点抑制了水下协同导航系统的应用,航行器位置估计的准确性在水下自主任务中起着至关重要的作用。首先,航行器收集到的数据质量直接关系到其位置估计的准确性;其次,声学通信信道的通信丢包、噪声统计特性未知及厚尾非高斯特性等使得位置估计的误差太大,可能会带来灾难性的后果,因为航行器的估计轨迹可能会偏离它们在实际中的真实轨迹,导致它们进入未知的区域。精确且具鲁棒特性的协同导航状态估计方法的研究是实现复杂水下协作系统所需高性能指标的基础之一。

1.3.1 水声协同导航方法研究现状

根据水声通信模式的不同,协同导航可以分为单程测距和双程测距;根据协同配置方案的不同,协同导航可以分为主从式和分布式,主从式又可以分为水面领航方式和水下领航方式;根据状态估计方法,协同导航可以分为非线性滤波、最小二乘估计、几何法等。协同是一个系统的各个组成部分共同工作以实现全部属性的过程,换句话说,看起来是“自私的”和独立的各个组件一起工作,创建了一个高度复杂、大于它的所有部分之和的系统。协同导航的概念最开始应用在路面机器人团队中。在 Roumeliotis 和 Bekey 的开创性论文中证明了一群没有 GPS 定位的自主机器人可以通过分享位置估计和不确定性及相对距离的量测来更加精确地定位。在机器人协同导航中,最大后验、EKF 和非线性最小二乘等算法均有应用,具体的详尽分析在文献[21]中。考虑到水声声学通信信道的限制,本书重点研究基于声学测距的主从式水下协同导航的状态估计方法。

AUV 通常整合载体坐标系下的速度和航向信息进行航位推算或者安装惯性导航系

统(Inertial Navigation System,INS)。由于深度很容易被压力传感器测量出来,因此近十年来一直在研究精度更高的导航方法限制 XY 轴的导航误差。速度和航向信息通常分别由磁罗经和多普勒计程仪测量,由于存在安装误差,因此 XY 轴水平位置误差在没有绝对位置量测信息(如 GPS)时会随着时间而不断增加。一般的导航误差在几百米范围内的海底为 0.5% ~2%。如果使用昂贵的 INS 系统,可以使误差范围控制在 0.1% 左右,但是对于依赖 DVL 和磁罗经的航位推算的航行器来说,误差将达到 20%。高质量的传感器只能减少误差的增长率,所以需要一些限制导航误差的替代方法。本书将回顾典型的基于声学通信的多 AUV 协同导航方法。

固定信标声学协同导航系统是通过量测已知位置的信标与 AUV 之间的相对距离来获得误差有限的导航方法。这些系统包括长基线(Long Baseline,LBL)系统、短基线(Short Baseline,SBL)系统和超短基线(Ultra Short Baseline,USBL)系统。假设已知水下声速分布图,AUV 通过测量声音飞行时间(Time of Flight,TOF)来观测它们与信标之间的距离。时间双向传递(Two Way Travel Time,TWTT)是通过 AUV 询问并接收来自信标网络的响应来获取的。AUV 接收的距离量测的速率会随着航行器数量的增加而减慢。相反,时间单向传递(One Way Travel Time,OWTT)通过精准的传输和接收时间来计算声音飞行时间,OWTT 是发射时间(Time of Launch,TOL)与接收时间(Time of Arrival,TOA)之间的时间差。OWTT 是通过同步多 AUV 网络中所有的时钟来完成的,同步时钟网络可以扩展到任意多个的航行器,因为对于恒定的时间更新速率,所有的航行器在发射平台的声学范围内都可以被动接收到一个距离测量。LBL 导航框架使用固定的参考信标网络,航行器可以通过 TWTT 测量相对距离并提供水下声学位置的参考信息。但是 LBL 将操作区域限制在参考信标的覆盖范围内,并且 LBL 的范围和精确度取决于声音的频率。低频系统(8 ~16 kHz)可以达到大于 10 km 的最大距离,然而更精确的高频系统(200 ~300 kHz)只提供几百米的距离范围。大多数 LBL 系统需要一个很漫长的校准程序来测量信标网络,会花费大量的时间。USBL 导航是另一种可替换的方法,它不再需要海底固定应答器,但是它还是需要船来安装应答器,它的校准时间也很长,而且 USBL 导航需要 AUV 把声波传送到船的阵列中,这也需要很大的能源消耗。近期的一些研究已经解决了只给出一个已知位置的静态信标的定位问题。只有一个距离观测,航行器是无法对其位置进行三角测量的,但是航行器可以通过多个相对信标的距离观测信息和自身的航位推算信息来估计自身的位置,通过线性和非线性的可观测分析,研究单静态信标导航系统的可观测分析,只有一些微不足道的场景是不可观测的。一般来说,如果平台之间的相对速度发生变化,它们的相对位置是可观的。

单一固定信标导航的想法推进了基于移动信标协同导航算法的发展。针对这一挑战,Scherbatyuk 提出了早期最小二乘算法,通过给定一个已知位置的移动信标来估计 AUV 的位置和水流速度。Baccou 等人使用扩展卡尔曼滤波(Extended Kalman Filter, EKF)解决了类似的问题。同时,Scherbatyuk 等人指出这个移动信标可以是另一个移动的 AUV 来传输自己的位置估计。同样,Vagancy 等人也研究了一种基于 EKF 的协同导航方法,是通过一个高精度的 AUV 作为一个 CNA,为 AUV 提供精确的位置估计。近期的移动信标声学导航算法是一般协同定位算法的例子,这些方法的难点在于在声波通道上执行分布式评估,每个平台必须决定什么信息是可以和团队共享的信息及如何由此计算导航解决方案。Xiao Guangdi 等人给出一个主水面艇与从 AUV 之间的距离,分别通过使用最大似然估计(Maximum Likelihood Estimation, MLE)延时补偿方法来实现从 AUV 的导航。这些方法考虑了来自独立船只的位置估计,一般来说,只有 AUV 通过该位置的范围才能获得有效独立的 GPS 量测结果。Bahr 等人提供了一个可选择的增强导航框架,允许 AUV 在给定范围内导航到一个 CNA(GPS 参考源)。Morice 提出了类似的几何边界技术来估计基于集合成员的 AUV 位置。Maczka 提出了集中式 EKF 算法可以共享多 AUV 之间的距离量测和位置估计。正如 Rounmeliotis 提出,并被 Walls 和 Eustice 证实的,忽略了给定的平台估计之间的相关性,会导致相应的观测性不一致。另外,这个方法对通信失败有很大的宽容性。Diosdado 提出了一个分散式 SLAM(Simultaneous Localization and Mapping)信息滤波算法用在多 AUV 导航中,每个航行器都传送信息矩阵和矢量给相应的累计路标地图。这个算法类似于通道滤波,为了保持一致性,它跟踪网络中的公共信息。由 Webster 等人提出的集中式 EKF 框架类似于其他集中式的延迟状态协同导航系统,解决了协同定位,特别适合用于同步时钟声学导航。这种后处理方法融合了所有可用信息。这项工作后来被利用信息滤波的特征进行了扩展,但是在实践中并不可行,因为它需要一个无损的通信信道。Fallon 等人提出了一种被称为“量测分布框架”的记账方法,类似陆地协同导航的一些分布式数据融合的方法,这个框架在整个网络中发布本地获得的地图信息。不同于陆地导航的是只有最新的信息被传输以减少通信成本。每个航行器在量测过程中都可以接收其他平台的信息。然后对所有联系的信息进行处理,通过 TOA 和 TOL 来获得航行器的最佳状态估计。出于通信成本考虑,每次 GPS 信息和距离量测信息都必须结合航位推算被传送到之前的观测事件中,包括 TOL 和 TOA,这个方法并没有普及。水下协同导航系统经历了从固定信标到移动信标、从移动信标到多 AUV 协同导航的发展历程。通过 AUV 之间的协同合作,可实现收敛有界的状态估计,进而提高整个协同导航系统的导航精度。

1.3.2 野值鲁棒状态估计方法及其在水下协同导航应用中的研究现状

卡尔曼滤波仅在线性系统和高斯条件下的递推贝叶斯估计问题中才能提供最优解

的形式。显然,基于声学测距的水下协同导航的非线性模型使得满足最优解的条件不再成立,存在于系统中的非线性因素不可忽视,因此大量的研究致力于寻求各种不同的近似途径得到次优解,其中一种方法就是对非线性系统函数线性化,对高阶项采用忽略或逼近的方法。EKF 是利用一阶泰勒展开方法将系统函数和量测函数进行局部线性化从而获得状态和协方差的次优估计值的滤波方法。Li 等人研究了基于 EKF 的长基线协同定位方法,研究表明当主 AUV 作为移动长基线节点时,可显著提高导航精度。在欧洲的 Arrows 项目中,Allotta 等人通过基于 EKF 的导航滤波进行了离线测试,并对其性能进行了对比,评估了该算法在估计航行器动态特性方面的准确性。另一种方法则是利用插值多项式进行线性化从而获得状态的次优估计值和协方差,它利用差分代替了微分,不需要偏导数运算,同时插值点不局限于单个点。M. Norgaard 等人基于 Stirling 多项式插值公式阐述和验证了一种新的非线性滤波方法,称为分开差分滤波(Divided Difference Filter, DDF)。Schei 提出的一阶 DDF 和二阶 DDF 是 SPKF(Sigma - Point Kalman Filter, SPKF)类估计的两个例子。与标准卡尔曼滤波一样,SPKF 也是通过最小 l_2 范数残差来进行状态估计。SPKF 与标准卡尔曼滤波不同的是,它不会在更新过程中线性化动态系统,相反,它通过传播一组以当前估计为中心的点形成对条件均值和协方差的改进近似。DDF 是通过多维插值公式来近似非线性变换。这种方法的好处是不需要知道系统方程和量测方程的偏导数。与标准卡尔曼滤波相比,其优势在于更容易获得最小 l_2 范数形式的二阶形式,增加了系统或量测方程是非线性时的估计精度。Gao 等人研究了一种新的基于单领航艇的 Huber 迭代 DDF 滤波协同导航算法,与标准的 EKF 相比,DDF 的估计精度更高。作为一种重要的插值近似方法,第 3 章将重点阐述二阶 Stirling 插值原理及基于这一插值原理的分开差分卡尔曼滤波。作为非线性函数的一种有效近似手段,Stirling 插值方法具有近似精度高、免偏导数计算等优点,以此为基础的 DDF 在处理非线性程度较高的滤波问题时比 EKF 具有更明显的优势,但其算法复杂度比 EKF 高。这里值得注意的是,SPKF 也使用了最小 l_2 范数更新,所以与卡尔曼滤波一样对非高斯噪声有相同的敏感性。

上述非线性高斯近似状态估计方法是基于系统噪声和量测噪声都具有高斯分布而设计的。而在实际的水下协同导航中,声学测距需要用到水声通信,声速随着水下深度的改变而使得声波在传播过程中发生折射,声波在经过水面和海床时将发生全反射。折射和全反射会导致声波在声源和接收器之间产生多路径效应,从而可能导致声学测距野值。声学测距野值将导致量测噪声呈厚尾或者产生异常值。在概率论中,厚尾分布是指尾部非指数有界的概率分布,即尾部比指数分布厚。对于带非高斯厚尾噪声的水下协同导航状态估计方法,传统的基于高斯噪声建模的卡尔曼滤波及非线性高斯近似滤波的估计性能会大大地下降，甚至出现估计发散的情况，因为它们都利用高斯分布来建模非高斯厚尾量测噪声，从而导致较大的噪声建模误差，降低了状态估计器的性能。鲁棒算法经常用来处理非高斯厚尾噪声和异常值噪声。从统计学意义上来说，鲁棒这个术语是由 Box 创造的，用来描述在对数据进行采样时，假定的潜在概率分布对偏差不敏感的过程。鲁棒估计的正式定义可以在文献[61, 62]中找到。鲁棒意味着对于任意大的观测误差，估计误差依然有界。Newcomb 是第一个直接处理厚尾量测数据的人，通过使用不同方差的高斯密度的混合模型来建模厚尾分布。一种新的基于 Huber 广义最大似然估计理论的鲁棒数据处理方法被介绍。Huber 提出了一种组合最小 l_1 和 l_2 范数估计方法，对一般假设为高斯密度函数的偏差表现出鲁棒性。基于 Huber 估计具有鲁棒性是因为它们能够最小化受污染的高斯密度的最大渐近估计方差。Kovacevic 等人使用 Huber 技术发展了一种鲁棒滤波应用到每次量测更新的线性回归问题中。文献[66]利用拉普拉斯分布和 Huber 方法更新量测协方差用来估计小卫星的姿态模型，从而解决了存在厚尾噪声的模型误差问题。Ghandi 等人设计了一种鲁棒 Huber 卡尔曼滤波，使用预设白噪声来进行离群值的鉴定。高伟等人针对多 AUV 协同导航中的野值量测噪声提出了一种基于 Huber 的迭代滤波算法，对于量测野值具有鲁棒性。但是 Huber 代价函数的影响函数不会回降，这使得当获得的量测不包含任何有用信息时，Huber 鲁棒算法仍然会给无用的量测赋予一定的权值，从而降低估计器的精度。

其他鲁棒滤波方法包括一些专门用来处理量测数据不服从高斯分布的方法。Teng 等人引出了一种多窗口一致性的方法来解决 BSLAM（Bathymetric Simultaneous Iocalization and Mapping）协同导航中的闭环失效问题，但是这种方法只能用在 SLAM 中，在缺少绘图辅助的水下，其定位不实用。Meinhold 和 Singpurwalla 使用学生 T 分布来近似后验和先验分布，但是其结果只适用于标量系统。Huang 等人提出了一种基于学生 T 分布的高斯近似滤波方法用在协同导航中，这个算法的一步预测概率密度函数和似然概率密度函数必须满足学生 T 分布。Sascha 等人提出了一种将模型辅助和声学多普勒流速剖面仪相结合的鲁棒无迹卡尔曼滤波算法，它需要将阻力模型和推理模型作为状态应用到滤波器中。审查数据估计方法，使用任何观测值与使用某种临界值的预测观测值不同的将完全被丢弃。这种鲁棒方法在应用到非连续加权函数时会导致非鲁棒的协方差估计。审查方法的另一个缺点是包含残差的信息被完全丢弃，不按照统计程序处理，会使得估计协方差增加。另一种鲁棒方法是将量测误差协方差矩阵计算为扰动密度会导致非高斯性。这种方法也有一些缺点，即根据这条规则处理的所有量测值都得到加权，而不仅仅是离群值。这样，整体权重的降低反而会导致估计误差协方差的增加。Sorenson 等人提出了一种贝叶斯的鲁棒滤波方法，在这个方法中，先验和后验分布都是使用高斯求和的方式来自适应近似得到的。高斯求和的方法提供了一种鲁棒估计的方法,但是也增加了额外的计算量。尤其是高斯求和中项数数量会随着时间呈指数级增加,可以使用滤波器组合并行计算来减少计算时间,但是整个处理过程的整体计算复杂性仍然很大。最近很多高斯和非高斯粒子滤波在减少计算负担方面做了很多工作,但是在很多实际应用领域,它们可能仍然行不通。在实例中,高斯粒子滤波的计算量要比卡尔曼滤波大 15 ~ 150 倍,取决于粒子的数量。Tasi 和 Kurz 针对卡尔曼滤波的鲁棒问题提出了一种自适应多项式逼近的方法,这种方法只适用于量测不相关,并且量测或过程噪声是在高斯分布的情况下的。Hewer 等人提出了一种鲁棒的批量预处理方法,原始量测数据在标准卡尔曼滤波处理过程中被平滑处理。Niehsen 开发了一种基于广义高斯密度的最大似然滤波。除此之外,近年来还出现了一种基于熵的方法,可以用来抑制及学习和处理信号的非高斯噪声。文献[82]首次定义了熵的概念,用来描述两个随机变量之间的相似性,并分析了熵的数学特性。为了处理有脉冲干扰的非高斯厚尾噪声,Chen 等人通过最大化预测误差的相关熵和估计残差的相关熵提出了一种广义的极大似然估计器,保证了对量测野值具有鲁棒性,减少了厚尾非高斯噪声对状态估计的影响。由于基于声学测距的水下协同导航模型中,声学测距量测信息受多路径效应的影响,量测噪声存在野值,因此需从新的角度提出新型协同导航算法来解决野值量测噪声的状态估计问题。

1.3.3 带未知噪声参数的状态估计方法及其在水下协同导航应用中的研究现状

除了定义误差概率密度函数必须是高斯函数外,标准的卡尔曼滤波还需要假设噪声概率分布的统计特性,也就是其均值和协方差必须是已知量。如果这些假设的概率分布参数与真实的概率密度分布参数有异,会导致滤波出现错误甚至发散。基于 Huber 的滤波器也需要对分布做一些假设。如前所述,Huber 方法适用于受污染的高斯滤波器。在本质上讲,Huber 方法假设了高斯密度的统计特性是已知的,即知道混合高斯密度的百分比。尽管滤波不考虑受污染的密度性质,但它是有限方差对称的。

自适应技术对噪声统计特性和状态进行实时估计,用于减少滤波发散的可能性并且提高滤波在面对未知参数分布统计特性的性能。Mahra 在早期的一篇文章中将自适应方法分为 4 类,即贝叶斯方法、最大似然估计方法、相关性匹配法和协方差匹配方法。基于新息的自适应滤波方法,利用新息序列来近似噪声协方差矩阵的理论值,从而获得噪声协方差矩阵的在线估计,是一种极大似然方法。但是它假设在一段时间内系统噪声和量测噪声参数是不变的,并且它获得可靠的噪声协方差矩阵估计,需要非常大的数据窗口,使其估计出的噪声不能真实地反映系统的统计特性。多模型自适应方法通过运行多个具有不同模型的滤波器来解决模型的不确定性,是一种近似的贝叶斯方法。当选择的噪声参数足够多时,多模型自适应方法可以提供非常好的状态估计精度,但是它的计算量较大,因为需要运行大量的卡尔曼滤波器。此外,如果真正的噪声参数与事先选择的噪声参数有很大的差异,多模型自适应方法的性能会下降,因为它非常依赖于事先设置的噪声参数。相关性匹配法是利用量测数据估计出输出相关函数序列,再由输出相关函数序列推算出最佳增益矩阵,使得增益矩阵不断与实际测量数据相适应。尝试关联观测到的输出和未知噪声协方差,通过输出的相关系数或者残差的相关性来实现。相关性匹配自适应方法对量测数据的依赖较大,当量测数据不准确时,容易导致估计不准确甚至发散。协方差匹配法是一种直观的方法,在这个方法中,量测噪声和过程噪声的协方差是通过真实的残差协方差和理论的预测协方差相匹配得到的。真正的残差协方差是通过一些存储残差的窗口,利用样本协方差实时估计的。Sage - Husa 自适应卡尔曼滤波是一种近似的协方差匹配方法,它基于极大后验来获得噪声统计参数的最优估计,从而实现噪声统计参数的递归估计。但是 Sage - Husa 自适应滤波方法不能严格保证噪声协方差矩阵的估计值收敛到相应的真实值,并且噪声协方差矩阵的估计值可能丧失正定性,从而导致滤波发散。Myers 等人将协方差匹配法进一步改进,利用有限窗口存储量测的经验估计量来确定过程噪声和量测噪声协方差,同时还引入了一种逐渐衰退的记忆权重,在这个权重参数中,最近的观测权重要比之前的观测权重大。估计量是以批处理的形式得出的,以递归的形式呈现便于实时应用。这个方法计算量不是很大,在一个样本问题中只比标准的 EKF 多 12% 的计算量。Groutage 等人利用基于 Huber 的广义最大似然估计的自适应状态估计来处理数据平滑问题。这个数据平滑与 Myers - Tapley 自适应方法有类似的结构,鲁棒的平滑过程输出是为了估计过程噪声的协方差。这个方法的一个很大的缺点就是它只能应用在标量动态系统中。Kirlin 等人开发了一种类似的方法,但是包括估计未知的分段输入,其本质上与 Myers - Tapley 自适应方法相同,只是把样本协方差替换成了鲁棒尺度估计。这个方法也是只能应用在标量线性系统中。

基于变分贝叶斯的自适应卡尔曼滤波被提出,用于进一步改进上述自适应滤波器的估计精度。该方法通过利用标准的变分贝叶斯方法来近似计算对角元素和状态向量的联合后验概率密度函数,将量测噪声协方差的对角元素的先验分布设置为逆伽马分布,实现了状态向量和量测噪声协方差矩阵对角元素的在线联合估计。但是该方法仅适用于量测噪声协方差矩阵为对角矩阵的情况,大大限制了它的使用范围。为了解决这个问题,文献[91, 92]提出了利用逆 Wishart 分布来建模量测噪声协方差矩阵,从而改进了变分贝叶斯方法,拓展了适用范围。变分贝叶斯方法不仅利用了状态估计信息,还利用了误差协方差矩阵的信息,从而可以获得更精确的量测噪声协方差矩阵估计。但是上述方法只适用于量测噪声未知或不准确且系统噪声协方差矩阵已知的情况,在实际的水下协同导航中,测距量测噪声不仅受水下温差和环境噪声的影响,还与实际海域的情况相关,会导致无法对未知参数进行准确建模,同时多普勒计程仪和航行器的载体系出现物理失准或者受环境噪声影响时,会导致协同导航的系统噪声未知或不准确的情况。对于此类问题,设计同时带未知或不精确的系统噪声和量测噪声统计参数的自适应协同导航算法一直是水下协同导航应用中的一个难题,因此需新型的自适应协同导航算法来解决带时变且不精确的系统噪声和量测噪声参数的协同导航问题。

1.3.4 多 AUV 水下协同导航信息融合方法研究现状

前面讨论的主从式协同导航模式,一般设置领航艇的个数为一个或两个。在许多情况下,从艇如果能够在同一采样时刻对多个领航艇(可以是水面艇或者水下艇)量测信息进行融合处理,则可以获得更高的工作效率和状态估计精度。多源信息融合又称多传感器信息融合,是 20 世纪提出的高新技术,军事应用是该技术诞生的起因。水下协同导航应用从信息融合结构的角度可以分成集中式、分层式和分散式三种。在集中式融合中,对于多源传感器数据的处理是将各个 AUV 的传感器信息统一传送到融合中心,然后在这里独立进行融合处理。集中式融合的融合速度很快,结构最简单,精度最高。同时这种结构缺点也很明显,融合中心的通信负担过重,还要求较强处理能力和计算能力的中心处理器,使得系统的容错性差、灵活性不好、鲁棒性差。Chao Feng 等人利用多个 AUV 将集中式融合算法应用到冰下参数估计中,设计了一种基于强化学习的在线学习算法来约束和控制 AUV 的最优轨迹。在分层式融合结构中,各个 AUV 的原始量测会在低层进行处理,然后逐层向高层传递,最终在最高层估计全局信息。各个传感器之间都是层与层之间的联系。因此对比集中式融合方法,分层式融合方法容易隔离故障,但因为该结构仍存在数据处理中心,所以限制了系统的可扩展性,并且降低了其鲁棒性。联邦滤波是分层式融合结构的典型例子。Wang 等人提出了一种基于联邦滤波的地形匹配捷联惯导系统,介绍了捷联惯导系统和地形辅助导航系统的特点,并将联邦滤波方法应用于信息融合中,将其与传统的卡尔曼滤波对比具有较好的滤波效果。在分散式数据融合中,每个 AUV 均存在相应的处理器可以处理本地信息,同时相邻 AUV 也可以相互通信,每个 AUV 节点都能得到全局估计信息。该融合结构的突出优势在于不过分依赖于某一传感器节点,避免了部分传感器不工作而造成整体瘫痪的问题,增强了系统的灵活性和鲁棒性,容错性较高。Rui 等人提出了一种基于分布式扩展信息滤波的多 AUV 协同定位算法，该方法只需要很小的传输包，适用于受限的水下通信，但是它只适用于量测信息很少的情况。在协同导航中，通过团队成员之间的数据共享，多 AUV 导航的精度要高于单个 AUV 导航的精度。

Bahr 和 Fallon 等人提出了分布式记账的方法确保以一致的方式合并信息，可以对信息丢包有一定的鲁棒性。但是这两种方法都对通信带宽有很高的要求并需要确认信息是否接收。Nerurkar 等人通过一种特殊的传输方法，可以降低对通信带宽的要求，但是需要整个数据包都被接收，这对有通信丢包的水声信道是不现实的。Fox 和 Maczka 的方法可以实现实时的在线更新，而且对带宽要求不高，但是这种方法仅适用于集中式信息融合算法。

卡尔曼滤波是处理信息融合问题最常用的方法，但是大多数基于卡尔曼滤波的协同导航算法在进行量测更新时都是更新状态的协方差矩阵。对于分散式多传感器系统的状态估计，量测来自多个传感器时，需要计算每个传感器的状态协方差矩阵的逆矩阵。卡尔曼滤波直接利用系统的状态和协方差矩阵进行传播，会存在融合过程中运算量较大的问题，求逆甚至会导致滤波发散。此外，分散式协同导航的前提取决于 AUV 的通信能力，同步时钟的使用使得从艇能够通过 OWTT 被动地接收到多个距离量测信息，但是由于水声信道受海水物理特性的严重限制，因此水声通信的丢包率往往大于 50%。面对此类问题，需探索进一步改善多传感器信息融合的估计精度和对通信丢包问题具有容忍度的新型多 AUV 协同导航状态估计算法。

1.4 本书的研究内容与结构安排

本书从协同导航应用环境中存在的距离量测信息呈厚尾非高斯、状态噪声和量测噪声统计特性未知、多个传感器相对距离信息融合及通信丢包这四个问题展开，以提高水下协同导航状态估计的精度为目的，对基于水声测距的水下协同导航状态估计方法进行研究。本书的具体内容安排如下。

第 1 章包含水下协同导航和状态估计相关领域的基本原理和文献综述，介绍本书的研究背景、研究动机和主要贡献，为本书提供状态估计理论和水下协同导航背景。阐述多 AUV 协同导航的研究背景和意义，通过对国内外参考文献的阅读分析，总结多 AUV 协同导航以及关于协同导航状态估计方法的研究现状，讨论有关水声通信遇到的技术特点和难点，概括本书的主要研究内容。

第 2 章描述多 AUV 协同导航系统的数学模型，建立基于声学测距的协同导航的运动学方程和相对距离量测方程，还讨论与协同导航模型相关的几个重要属性、水下航行器协同导航系统的常用坐标系和坐标系之间的转换,以及介绍基于声学测距的协同导航系统所用到的各种本体感知传感器和外部感知传感器。

第3章设计带厚尾非高斯量测噪声的协同导航状态估计方法。首先针对非线性协同导航数学模型,介绍两种线性化近似的状态估计方法。然后针对水声通信多路径效应引起的厚尾量测噪声提出一种新的基于最大熵的协同导航算法,利用最大熵准则的非线性回归问题重新构造了协同导航系统的量测模型,并利用最大熵准则求解出最优状态估计,增强分开差分滤波对厚尾量测噪声的鲁棒性。最后利用仿真和双领航艇的主从式协同导航的实验数据验证该章提出算法的有效性与优越性。

第4章提出一种新的处理未知噪声参数的水下协同导航状态估计方法,用于实时估计并调整系统噪声协方差和量测噪声协方差。作为一种改进的变分贝叶斯自适应方法,首先利用IW先验分布对预测误差协方差矩阵和量测噪声协方差矩阵进行建模,利用变分贝叶斯方法求取状态及误差协方差矩阵量测噪声协方差矩阵的近似后验概率密度函数。根据贝叶斯模型,利用泰勒展开对非线性部分进行线性化处理,提出自适应变分贝叶斯扩展卡尔曼滤波协同导航算法。最后基于仿真和实验数据,针对过程噪声和量测噪声统计特性未知情况下的协同导航算法性能进行对比,验证该章所提出的算法有良好的状态估计效果,能够较好地估计系统噪声和量测噪声的协方差矩阵。

第5章研究多个相对距离量测信息融合以及通信丢包的状态估计方法。前两章的协同导航模型都是从艇在同一采样时刻只能接收到一组距离量测信息,而在实际环境中,从艇会在同一采样时刻接收到多个领航艇的位置信息和相对距离量测信息。该章首先针对水下协同导航中多个传感器距离量测信息融合的问题,提出鲁棒信息滤波算法。然后对通信丢包进行建模,设计新的间歇量测下的信息滤波算法以及间歇量测下的鲁棒信息滤波。最后通过不同信息滤波估计算法的仿真分析和对比,验证该章所提出算法的优越性和鲁棒性。

最后对全书所做的研究内容及工作进行总结和概括,同时也给未来值得研究的内容提供进一步的研究思路。

第 2 章　基于声学测距的水下协同导航数学模型

由于水下 GPS 信号不可用，因此 AUV 需要依靠罗盘、DVL 和惯性导航系统(INS)等机载传感器进行位置估计，因为没有外部的量测信息，这些传感器的航位推算误差会随时间无限增加。虽然这个问题可以通过 AUV 上浮获得 GPS 定位来解决，但是它会使水下航行器隐蔽性变差而且任务时长增加。除此之外，在同时具有监测和量测优势的水下航行器团队作业中，让每台水下航行器都携带昂贵的 INS 来提供准确的位置估计并不是一种经济有效的方法。随着水声调制解调器的发展，水声调制解调器能够测量水下航行器之间的声信号的传播时间，拥有一个带有准确位置估计的水面艇或水下艇来协同支持其声学范围内的其他水下航行器成了一个具有吸引力的选择。通常由一个或多个 CNA 作为导航辅助设备，协助剩余的水下航行器完成监测或勘测任务，可以避免为每一辆无人水下航行器配备昂贵的导航传感器，这不仅减少了内部所有电子设备的空间，而且功耗低，延长了宝贵的任务时间。多 AUV 协同导航系统根据 AUV 结构的不同可以分为两种：一种是主从式，即团队中少量领航艇(可以是水下艇或水下艇)装备高精度导航设备，从艇装备低精度导航设备，仅要求从艇和领航艇之间通信；另一种是并行式，即团队中的每一个 AUV 都被平等对待，具有相同的配置，需要与团队其他 AUV 共享位置信息来限制自身位置误差的增长，其受水声通信频带的限制较大，成本较高。主从式放宽了对通信的限制，兼顾了导航精度和成本，是目前多 AUV 协同导航研究的热点。协同导航系统允许各航行器协同合作，节约了整体运营成本和时间，还建立了一个大的容错系统增加了系统的稳定性。当一些 AUV 独立导航能力突然丧失时，可以通过协同导航使其导航能力在一定程度上恢复。

为了精确地描述 AUV 的运动状态，本章首先引入 AUV 常用的坐标系及其相互关系和 AUV 的运动参数定义，然后介绍了多 AUV 协同导航系统的感知传感器，建立了基于声学测距的主从式协同导航数学模型，为后续协同导航状态估计方法的设计和导航性能分析提供了理论支持。

2.1　水下航行器常用坐标系及其相互关系

参考坐标系在图 2.1 和图 2.2 中进行了说明。采用合理的坐标系进行参考，可以清晰地描述水下航行器的运动状态。

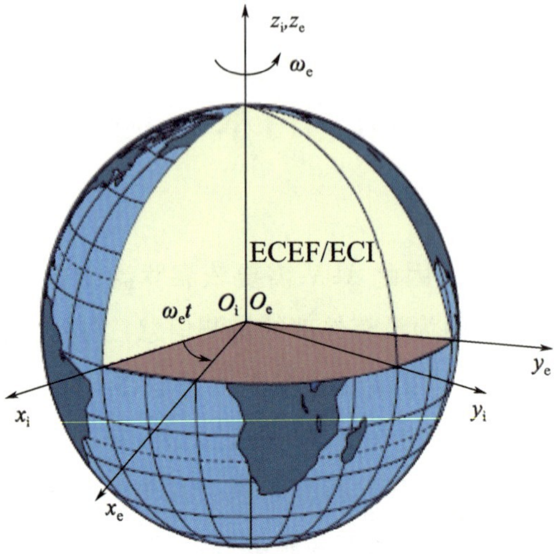

图 2.1　地球参考坐标系图解

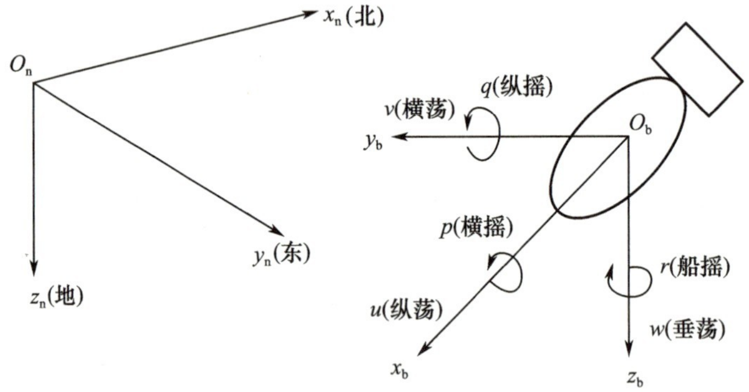

(a) NED　　(b) BODY

图 2.2　地理参考坐标系图解

2.1.1　地球参考坐标系

地心惯性坐标系(Earth Centered Inertial Reference Frame,ECI)下标为 i,位置为$p_i=[x_i,y_i,z_i]$。这个坐标系的原点固定在地球的中心,所有的轴也是固定的,这意味着它是一个非加速的坐标系,因此适用于牛顿定律。

地球坐标系(Earth Centered Earth Fixed Reference Frame,ECEF)下标为 e,位置为$p_e=[x_e,y_e,z_e]$。原点固定在地球的中心,这个坐标系相对于 ECI 坐标系,是随着地球一起旋转的,即 x、y 轴随地球自转而旋转,与地球的旋转角速度 $\omega_e=7.292\ 1\times$

10^{-5} rad/s相同。

2.1.2　地理参考坐标系

北东地坐标系(North East Down Reference Frame,NED)下标为 n,位置为$p_n = [x_n, y_n, z_n]$。x 轴指向北,y 轴指向东,z 轴指向地心,原点固定在曲面切平面的中心。这个坐标系相对于地球坐标系,通过经度和纬度与之相关。当在地球上导航时,认为北东地坐标系是惯性的,且牛顿定律同样适用。

载体坐标系(Body Reference Frame,BODY)下标为 b,位置为 $p_b = [x_b, y_b, z_b]$。原点固定在航行器上,x 轴是纵轴(从后往前),y 轴是横轴(指向右舵),z 轴是法线轴(从上到下)。在此坐标系中给出了线速度和角速度,如图 2.2 所示。

2.1.3　航行器的运动参数定义

对于 AUV,可以假定 NED 坐标系为惯性坐标系,因此可以使用以下符号,向量为粗体,下标和上标使用如下:$\boldsymbol{\Theta}_{nb}$代表 NED 坐标系和载体坐标系的欧拉角,$\boldsymbol{\omega}_{b/n}^{b}$代表 BODY 坐标系相对于 NED 坐标系(下角标 b/n)的角速度在 BODY 坐标系(上角标 b)下的投影。根据 Fossen 的定义,AUV 的自由度是指完全指定船舶的位移位置和方向的独立位移或旋转的集合。水下航行器的运动状态及这些运动状态的描述见表 2.1。

表 2.1　水下航行器的运动状态及这些运动状态的描述

向量		变量	简称	定义
$\boldsymbol{\eta}(\boldsymbol{\eta}_{b/n}^{n})$	$\boldsymbol{p}_{b/n}^{n}$	x	纵荡(Surge)	NED 中 x 轴方向的位置
		y	横荡(Sway)	NED 中 y 轴方向的位置
		z	垂荡(Heave)	NED 中 z 轴方向的位置
	$\boldsymbol{\Theta}_{nb}$	ϕ	横摇(Roll)	NED 中绕 x 轴旋转
		θ	纵摇(Pitch)	NED 中绕 y 轴旋转
		φ	艏摇(Yaw)	NED 中绕 z 轴旋转
$\boldsymbol{\nu}(\boldsymbol{\nu}_{b/n}^{b})$	$\boldsymbol{v}_{b/n}^{b}$	u	纵荡速度	载体坐标系中 x 轴方向的线速度
		v	横荡速度	载体坐标系中 y 轴方向的线速度
		w	垂荡速度	载体坐标系中 z 轴方向的线速度
	$\boldsymbol{\omega}_{b/n}^{b}$	p	横摇角速度	载体坐标系中绕 x 轴旋转的角速度
		q	纵摇角速度	载体坐标系中绕 y 轴旋转的角速度
		r	艏摇角速度	载体坐标系中绕 z 轴旋转的角速度

$$\boldsymbol{\eta} = [x \quad y \quad z \quad \phi \quad \theta \quad \varphi]^{\mathrm{T}} \tag{2-1}$$

$$\boldsymbol{\nu} = [u \quad v \quad w \quad p \quad q \quad r] \tag{2-2}$$

式中,$\boldsymbol{\eta}$ 为 AUV 在 NED 坐标系下的位置和姿态角;$\boldsymbol{\nu}$ 为 AUV 在载体坐标系下的线速度和角速度。在三维空间中,AUV 具有 6 个运动自由度。

AUV 的实际速度不一定与 x 轴对齐。例如,受到水流或者波浪的影响,航行器可能会发生侧向漂移。原则上,速度向量 $\boldsymbol{U} = ux_{\mathrm{b}} + vy_{\mathrm{b}} + wz_{\mathrm{b}}$ 可以有任意方向。对于 AUV 来说,下列定义很重要(图 2.3)。

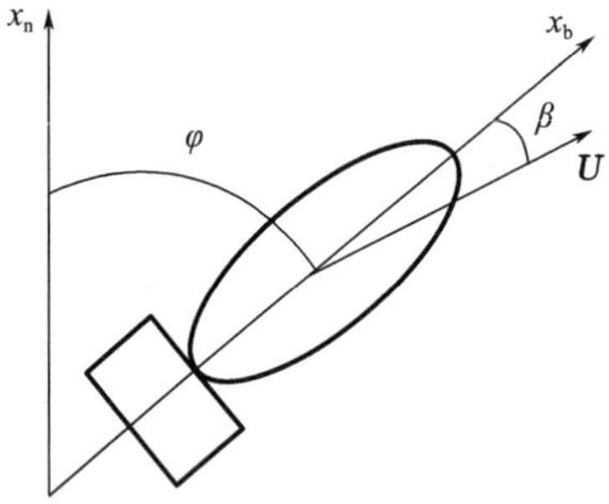

图 2.3　偏流角和航向角的图解

航向角 φ 是 NED 坐标系的 x 轴到载体坐标系的 x 轴的夹角。根据右手定则,绕 NED 系的 z 轴正旋转。这是由舵直接控制的角度。

偏流角 β 是载体坐标系的 x 轴到航行器速度向量 $\boldsymbol{U}$ 的夹角。根据右手定则,绕载体坐标系的 z 轴正旋转。

航迹向 χ 是 NED 坐标系的 x 轴到航行器速度向量 $\boldsymbol{U}$ 的夹角。根据右手定则,绕 NED 系的 z 轴正旋转。$\chi = \varphi + \beta$。

对于在三维空间中作业的水下航行器,除了偏流角 β 外,还存在一个水动力角 α(又称冲角)。这些角度将载体坐标系{b}与常用于表示水动力数据的流动坐标系{f}连接起来。连接由 $\boldsymbol{R}_{\mathrm{f}}^{\mathrm{b}}(\boldsymbol{\Theta}_{\mathrm{bf}})$ 给出,其中 $\boldsymbol{\Theta}_{\mathrm{bf}} = [0 \quad \alpha \quad \beta \quad]^{\mathrm{T}}$,$\boldsymbol{R}_{\mathrm{f}}^{\mathrm{b}}$ 是从流动坐标系{f}到载体坐标系{b}的线速度旋转矩阵。

$$\begin{cases} \beta \triangleq \arcsin \dfrac{v}{|\boldsymbol{U}|} \\ \alpha \triangleq \arctan \dfrac{w}{u} \end{cases} \tag{2-3}$$

2.1.4　坐标系之间的转换

水下航行器在三维空间中的航行轨迹往往需要从载体坐标系上反映到 NED 坐标

系中。因此,水下航行器的运动学分析涉及载体坐标系与 NED 坐标系之间的转换,6 个自由度运动方程可以用向量形式表示为

$$
\begin{gathered}
\dot{\boldsymbol{p}}_{\mathrm{b/n}}^{\mathrm{n}} = \boldsymbol{v}_{\mathrm{b/n}}^{\mathrm{n}} = \boldsymbol{R}_{\mathrm{b}}^{\mathrm{n}}(\boldsymbol{\Theta}_{\mathrm{nb}})\boldsymbol{v}_{\mathrm{b/n}}^{\mathrm{b}} \\
\boldsymbol{\Theta}_{\mathrm{nb}} = \boldsymbol{\omega}_{\mathrm{b/n}}^{\mathrm{n}} = \boldsymbol{T}_{\Theta}(\boldsymbol{\Theta}_{\mathrm{nb}})\boldsymbol{\omega}_{\mathrm{b/n}}^{\mathrm{b}} \\
\Downarrow \\
\dot{\boldsymbol{\eta}} = \boldsymbol{J}_{\Theta}(\boldsymbol{\eta})\boldsymbol{\nu}
\end{gathered}
\tag{2-4}
$$

式中,$\boldsymbol{R}_{\mathrm{b}}^{\mathrm{n}}$ 为线速度旋转矩阵;$\boldsymbol{T}_{\Theta}$ 为角速度旋转矩阵;$\boldsymbol{\Theta}_{\mathrm{nb}}$为欧拉角,$\boldsymbol{\Theta}_{\mathrm{nb}}=[\phi\quad\theta\quad\varphi]^{\mathrm{T}}$。

$$
\boldsymbol{J}_{\Theta}(\boldsymbol{\eta}) = \begin{bmatrix} \boldsymbol{R}_{\mathrm{b}}^{\mathrm{n}}(\boldsymbol{\Theta}_{\mathrm{nb}}) & \boldsymbol{O}_{3\times3} \\ \boldsymbol{O}_{3\times3} & \boldsymbol{T}_{\Theta}(\boldsymbol{\Theta}_{\mathrm{nb}}) \end{bmatrix} \tag{2-5}
$$

针对水下航行器的转角姿态有两种描述方法:欧拉角方法和四元数方法。四元数方法是针对欧拉角描述的奇异性问题提出的,即欧拉角方法适用于$|\theta|<\dfrac{\pi}{2}$,而四元数方法适用于$|\theta|\leqslant\dfrac{\pi}{2}$。本书仅给出欧拉角方法,任意两个坐标系之间的转换都可用两坐标系之间的相对旋转来描述,载体坐标系通过三次旋转即可与 NED 坐标系重合。沿 x 轴旋转 ϕ,即

$$
\boldsymbol{R}_{x,\phi} = \begin{bmatrix} 1 & 0 & 0 \\ 0 & \cos\phi & -\sin\phi \\ 0 & \sin\phi & \cos\phi \end{bmatrix} \tag{2-6}
$$

沿 y 轴旋转 θ ,即

$$
\boldsymbol{R}_{y,\theta} = \begin{bmatrix} \cos\theta & 0 & \sin\theta \\ 0 & 1 & 0 \\ -\sin\theta & 0 & \cos\theta \end{bmatrix} \tag{2-7}
$$

沿 z 轴旋转 φ ,即

$$
\boldsymbol{R}_{z,\varphi} = \begin{bmatrix} \cos\varphi & -\sin\varphi & 0 \\ \sin\varphi & \cos\varphi & 0 \\ 0 & 0 & 1 \end{bmatrix} \tag{2-8}
$$

这三个矩阵合起来可以描述三个轴的旋转。值得注意的是,线速度旋转矩阵$\boldsymbol{R}_{\mathrm{b}}^{\mathrm{n}}(\boldsymbol{\Theta}_{\mathrm{nb}})$中的坐标轴的旋转顺序是依次唯一的,不是任意的,$\boldsymbol{R}_{\mathrm{b}}^{\mathrm{n}}(\boldsymbol{\Theta}_{\mathrm{nb}})$坐标变换可以表示为

$$
\begin{aligned}
&\boldsymbol{R}_{\mathrm{b}}^{\mathrm{n}}(\boldsymbol{\Theta}_{\mathrm{nb}}) \triangleq \boldsymbol{R}_{z,\varphi}\boldsymbol{R}_{y,\theta}\boldsymbol{R}_{x,\phi} \\
&= \begin{bmatrix} c(\varphi)c(\theta) & -s(\varphi)c(\phi)+c(\varphi)s(\theta)s(\phi) & s(\varphi)s(\phi)+c(\varphi)s(\theta)c(\phi) \\ s(\varphi)c(\theta) & c(\varphi)c(\phi)+s(\varphi)s(\theta)s(\phi) & -c(\varphi)s(\phi)+s(\varphi)s(\theta)c(\phi) \\ -s(\theta) & c(\theta)s(\phi) & c(\theta)c(\phi) \end{bmatrix}
\end{aligned}
\tag{2-9}
$$

式中,$c(\cdot)=\cos(\cdot)$;$s(\cdot)=\sin(\cdot)$。线速度旋转矩阵 $\boldsymbol{R}_{\mathrm{b}}^{\mathrm{n}}(\boldsymbol{\Theta}_{\mathrm{nb}})$ 的元素均为 AUV 姿态角 ϕ、θ、φ 的函数,因此该矩阵又被称为姿态矩阵。从 NED 坐标系到载体坐标系的坐标转换矩阵为

$$\boldsymbol{R}_{\mathrm{n}}^{\mathrm{b}}(\boldsymbol{\Theta}_{\mathrm{nb}}) = \boldsymbol{R}_{\mathrm{b}}^{\mathrm{n}}(\boldsymbol{\Theta}_{\mathrm{nb}})^{-1} = \boldsymbol{R}_{\mathrm{b}}^{\mathrm{n}}(\boldsymbol{\Theta}_{\mathrm{nb}})^{\mathrm{T}} = \boldsymbol{R}_{x,\phi}^{\mathrm{T}}\boldsymbol{R}_{y,\theta}^{\mathrm{T}}\boldsymbol{R}_{z,\varphi}^{\mathrm{T}} \tag{2-10}$$

角速度旋转矩阵 $\boldsymbol{T}_{\Theta}(\boldsymbol{\Theta}_{\mathrm{nb}})$ 把 $\dot{\boldsymbol{\Theta}}_{\mathrm{nb}}$ 和 $\boldsymbol{\omega}_{\mathrm{b/n}}^{\mathrm{b}}$ 连接起来,即

$$\boldsymbol{\omega}_{\mathrm{b/n}}^{\mathrm{b}} = \begin{bmatrix}\dot{\phi}\\0\\0\end{bmatrix} + \boldsymbol{R}_{x,\phi}^{\mathrm{T}}\begin{bmatrix}0\\\dot{\theta}\\0\end{bmatrix} + \boldsymbol{R}_{x,\phi}^{\mathrm{T}}\boldsymbol{R}_{y,\theta}^{\mathrm{T}}\begin{bmatrix}0\\0\\\dot{\varphi}\end{bmatrix} = \boldsymbol{T}_{\Theta}^{-1}(\boldsymbol{\Theta}_{\mathrm{nb}})\dot{\boldsymbol{\Theta}}_{\mathrm{nb}} \tag{2-11}$$

$$\boldsymbol{T}_{\Theta}^{-1}(\boldsymbol{\Theta}_{\mathrm{nb}}) = \begin{bmatrix}1 & 0 & -s(\theta)\\0 & c(\phi) & c(\theta)s(\phi)\\0 & -s(\phi) & c(\theta)c(\phi)\end{bmatrix} \tag{2-12}$$

$$\boldsymbol{T}_{\Theta}(\boldsymbol{\Theta}_{\mathrm{nb}}) = \begin{bmatrix}1 & s(\phi)t(\theta) & c(\phi)t(\theta)\\0 & c(\phi) & -s(\phi)\\0 & \dfrac{s(\phi)}{c(\theta)} & \dfrac{c(\phi)}{c(\theta)}\end{bmatrix} \tag{2-13}$$

式中,$t(\cdot)=\tan(\cdot)$。

2.2 基于声学测距的协同导航传感器介绍

本节针对基于水声测距的协同导航系统的传感器进行介绍。按照传感器的功能进行分类,航行器的传感器可分为三组:用于感知航行器运动的导航传感器、用于感知操作环境的任务传感器和用于航行器诊断的系统传感器。同一个任务通常需要不同的传感器。按照传感器测量对象的不同,可以分为本体感知传感器和外部感知传感器。导航和传感是水下航行器的关键特性。一些在水下航行器中广泛使用的传感器包括深度传感器、近距离传感器、双轴或三轴磁传感器、横滚和俯仰传感器、角速率传感器、三轴陀螺罗经等。改进水下航行器导航的动力来源于扩展这些传感器的性能,进一步提高其对海洋学的价值。有大量的传感器可以安装在各种功能类型的水下航行器中,一些传感器是专门设计用于安装在特定的无人水下航行器上的,有些则是现成的与无人水下航行器一起使用的,还有一些则必须进行改装。通常情况下,传感器的安装需要对水下航行器本体或者电子器件进行修改。为了收集数据,传感器通常还需要与水下航行器上的软件连接,不过有些传感器有独立的数据记录器。

2.2.1　本体感知传感器

测量航行器内部系统的运动状况，如位置、速度、加速度、深度等信息，用于进行自身状态估计的传感器称为本体感知传感器。下面描述了几种常见的用于水下导航的本体感知传感器。

(1)航向测量传感器。

磁罗经提供了一个全局有界的航向基准，用于导航和定位。经典的磁罗经是通过测量磁场矢量来做到这一点的，磁罗经在具有强磁性特征的物体存在时会产生偏差，指向地球的磁北极。在海事应用中较为常见的是陀螺罗经，它使用快速旋转的圆盘和地球自转来测量航向，陀螺罗经不受金属物体的影响，指向正北。一般情况下，航行测量传感器的精度为 1°~2°。

(2)深度测量传感器。

水下航行器的航行深度一般可以通过气压或者压力深度计来测量。压力深度计通过测量水压 p_b 来确定航行器的深度 d_b。但是深到几百米后，深度可以被建模作为压力的线性函数，有

$$d_b = h_s - h_b \approx \frac{p_b - p_s}{\rho g} \tag{2-14}$$

式中，h_s、h_b 分别为水面和压力传感器的大地高程；p_s 为水面的大气压力；ρ、g 分别为水的密度和重力加速度。水的密度是温度和盐度的函数，淡水近似为 $10^3\ \mathrm{kg \cdot m^{-3}}$，海水近似为 $1.03 \times 10^3\ \mathrm{kg \cdot m^{-3}}$。因为水下的压力梯度比空气中的更陡，深度每增加10 m，压力增加约 1 个大气压(10^5 Pa)，所以可以得到很高的精度，约 0.1 m。

(3)速度测量传感器。

多普勒计程仪(DVL)利用声学测量来捕捉运动的航行器在水下移动的速度矢量。通过向海底发送偏振声脉冲并测量离开河床的这些脉冲的多普勒频移返回来确定航行器的纵荡、横荡和垂荡的速度。当发射端发射声波信号，而接收端正在接近或远离发射端时，则到达接收端的信号频率比发射的要更快或更慢，也就是说，接收到的声信号将会产生频移，这就是多普勒效应。多普勒计程仪通常由 4 个或更多波束组成，至少需要 3 个波束来获得 3D 速度矢量，一般的性能指标在 0.3~0.8 cm/s。

(4)绝对位置测量传感器。

其通过估计信号从同步卫星到接收端的飞行时间来定位，主要应用于海面定位。这种类型的传感器主要包括 GPS 系统、北斗定位系统等。很多因素会影响 GPS 读取的精确度，包括 GPS 技术的类型、大气层的情况、卫星的个数等多个方面。不同 GPS 系统

有不同的导航精确度：一般现有的商业 GPS 为 10 m，广域差分 GPS（Wide Area Differential GPS）的精度为0.3～2 m，实时动态 GPS（Real Time Kinematic GPS）的精度为0.05～0.5 m，后处理 GPS（Post Processed GPS）的精度为0.02～0.25 m。

（5）惯性测量传感器。

其由陀螺仪和加速度计组成，可以测航行器的转动角速度和加速度。陀螺仪可以测量三个方向上的角速率，三轴陀螺仪通常与三轴加速度计一起实现，以提供完整的六自由度运动跟踪系统。在水下导航应用中，陀螺仪被分为以下两类：一类是环形激光陀螺仪/光纤陀螺仪，光在不同方向通过一系列反射镜（环形激光器）或光纤电缆，角速度是根据光线通过镜子或者光纤后的相位差来确定的；另一类是微机电系统（Micro-Electro-Mechanical System，MEMS）陀螺仪，该系统中均包含一个受迫做简谐振动的原件。陀螺壳体的转动会对质量块产生垂直的哥氏加速度，检测哥氏加速度就可间接地测量传感器的角速度。加速度计是测量加速一个惯性质量块所需要的力。由于加速度计无法测量因引力而导致的加速度，因此所有的加速度计敏感的只是比力（非引力加速度），而不是全加速度。常见的设计包括摆式、MEMS 加速度计等。陀螺仪漂移一般在0.000 1(°)/hr（激光陀螺仪）～60(°)/hr，对于 MEMS 陀螺仪来说，误差甚至更高。加速度计的偏移在0.01 mg（MEMS 加速度计）～0.001 mg（摆式）。

2.2.2 外部感知传感器

外部感知传感器是指航行器用于感知外界信息的传感器。常见的外界信息感知传感器有如下几种。

（1）声学调制解调器（Acoustic Modem）。

水声通信领域的进展对水下航行能力产生了重大影响。声学调制解调器允许同时小数据包的通信和基于 TOF 的声学测距。如果发送方的位置包含在通信信息中，那么接收方可以将其位置限制在以发送方为中心的球面上。该功能消除了在做任务之前对信标的定位和修复的需求。此外，它允许航行器之间的通信，这意味着多个 AUV 团体可以协同导航定位。通用的声学调制解调器是由伍兹霍尔海洋研究所（Woods Hole，MA，USA）、Tekedyne Benthos（Thousand Oaks，CA，USA）和 Evologics（Berlin，Germany）等公司生产的。通信一般采用跳频移键控（Frequency Shift – Keying with Frequency Hopping，FH – FSK）或变速率相移键控（Phase – Coherent Keying，PSK），前者更可靠，但是提供的数据速率更低。一些型号还包括精确的脉冲同步时钟（Pulse Per Second，PPS），可以进行时间同步测距。通常，由于水下带宽有限，因此通信信道一般采用时分多址（Time Division Multiple Access，TDMA）方案。在 TDMA 中，网络里面的每一个成员都分配一个时间片(时隙),用于广播信息。这种方案的主要缺点是总循环时间随网络的增大而增长。目前能够实现的最佳条件下的比特率范围从采用 FSK 的 32 B/10 s 到采用 PSK 的几千比特每秒。

(2)水声探测传感器。

声呐是一种利用声音远距离检测和定位目标的设备。被动声呐是一种收听设备,仅接收水中目标发出的声音信号。主动声呐可以产生特定的可控频率的声波,并可以接收到遥远的水下目标的回波声音。主动声呐可以分为图像声呐(用于收集河床的图像数据)和距离声呐(用于收集河床的深度数据)。

2.3　多 AUV 相对距离量测的协同导航数学模型

2.3.1　AUV 的运动学模型

AUV 的一般机动运动方程可以用运动学模型和动力学模型这两个模型来表示。运动学用于描述在一定坐标系下的位移、姿态角和(角)速度等运动学参数之间的几何关系。而动力学考虑引起动力的力,即外力、外力矩和(角)加速度之间的关系。

$$\dot{\boldsymbol{\eta}} = \boldsymbol{J}_{\Theta}(\boldsymbol{\eta})\boldsymbol{\nu} \tag{2-15}$$

$$\begin{cases} \boldsymbol{M}\dot{\boldsymbol{\nu}} + \boldsymbol{C}(\boldsymbol{\nu})\boldsymbol{\nu} + \boldsymbol{D}(\boldsymbol{\nu})\boldsymbol{\nu} + \boldsymbol{g}(\boldsymbol{\nu}) = \boldsymbol{\tau} + \boldsymbol{\tau}_{\text{wind}} + \boldsymbol{\tau}_{\text{wave}} \\ \boldsymbol{M}\dot{\boldsymbol{\nu}} + \boldsymbol{C}(\boldsymbol{\nu})\boldsymbol{\nu} + \boldsymbol{D}(\boldsymbol{\nu})\boldsymbol{\nu} + \boldsymbol{g}(\boldsymbol{\nu}) = \boldsymbol{B}\boldsymbol{f} + \boldsymbol{\tau}_{\text{wind}} + \boldsymbol{\tau}_{\text{wave}} \end{cases} \tag{2-16}$$

式中,$\boldsymbol{J}_{\Theta}(\boldsymbol{\eta})$是定义的雅可比矩阵;$\boldsymbol{M}$ 是包括附加质量的 AUV 惯性矩阵;$\boldsymbol{C}$ 是科里奥利向心矩阵;$\boldsymbol{D}$ 是阻尼矩阵;$\boldsymbol{g}$ 是包含重力和浮力产生的力矩向量;$\boldsymbol{\tau}$ 是包含控制输入的向量;$\boldsymbol{\tau}_{\text{wind}}$和 $\boldsymbol{\tau}_{\text{wave}}$分别代表风作用力和浪作用力。$\boldsymbol{\tau}$ 有时候也被建模为 $\boldsymbol{B}\boldsymbol{f}$,其中 f 包含 AUV 推进器的力和方向舵角,$\boldsymbol{B}$ 是一个矩阵,将这些角映射成影响动力学的相应的力。

由于本节重点研究多水下航行器的导航定位性能,未涉及其动力学模型,因此仅对运动学模型进行解算。当水下航行器自主定位时,没有来自船只或者声音应答器的声学定位支持,它只能进行航位推算(Dead Reckon,DR)。在航位推算中,水下航行器依靠其方位和速度或加速度矢量推算其位置。传统的航位推算被认为不是一种主要的导航手段,而依赖于航位推算的现代导航系统在 AUV 中得到了广泛的应用。航位推算的缺点是误差是累积的,因此水下航行器的位置误差随时间和航行距离的增加而无限增大。

一种简单的航位推算的位置估计方法,利用罗盘获得的航行信息和 DVL 获得的速度信息,由于压力传感器可以精确地测量水下航行器的深度,为简化运动学模型,减少递推状态的维度,可不考虑深度项,因此可以把三维运动模型转换为二维运动模型。根据运动学方程可以得到如下方程：

$$\begin{cases}\dot{x} = v\cos\varphi + w\sin\varphi \\ \dot{y} = v\sin\varphi + w\cos\varphi \\ \dot{\varphi} = 0\end{cases} \tag{2-17}$$

式中，$(\dot{x},\dot{y},\dot{\varphi})$ 为 NED 坐标系下的位移和偏航角；v、w 为航行器在载体坐标系下的纵向速度和横向速度。在该模型中，假定横摇和俯仰为零。

定义水下航行器平面运动状态为 $\boldsymbol{x}_k = [x_k \quad y_k]^{\mathrm{T}}$，代表水下航行器在 NED 坐标系下的 k 时刻的位置坐标。同时 AUV 配备了速度传感器 DVL 用于测量载体坐标系下水下航行器的横向速度 $\hat{w}_k$ 和纵向速度 $\hat{v}_k$，磁罗经测量载体坐标系下水下航行器的航向信息 $\hat{\theta}_k$。根据式(2－17)的运动模型可以建立如下采样周期为 Δt 的空间离散运动模型，水下航行器的位置信息通过以下方程进行实时推算，即

$$\begin{cases}x_k = x_{k-1} + \Delta t(\hat{v}_k\cos\hat{\theta}_k + \hat{w}_k\sin\hat{\theta}_k) + \omega_{x,k-1} \\ y_k = y_{k-1} + \Delta t(\hat{v}_k\sin\hat{\theta}_k - \hat{w}_k\cos\hat{\theta}_k) + \omega_{y,k-1}\end{cases} \tag{2-18}$$

式中，$\boldsymbol{\omega}_k = [\omega_{x,k-1} \quad \omega_{y,k-1}]^{\mathrm{T}}$ 为系统噪声，实际模型中的传感器输入均遭受高斯噪声干扰，包括 DVL 的速度量测噪声和磁罗经的方位量测噪声。即系统噪声可以建模为非相关的高斯白噪声，$\boldsymbol{\omega}_k \sim N(0,Q_k)$。$N(\boldsymbol{\mu},\boldsymbol{\Sigma})$ 代表均值矢量为 $\boldsymbol{\mu}$、协方差矩阵为 $\boldsymbol{\Sigma}$ 的高斯分布。

根据式(2－18)的系统模型，水下航行器的二维运动学模型可以写成如下一般形式：

$$\boldsymbol{x}_k = \boldsymbol{F}\boldsymbol{x}_{k-1} + \boldsymbol{u}_k + \boldsymbol{\omega}_k \tag{2-19}$$

式中，$\boldsymbol{\mu}_k$ 控制输入，$\boldsymbol{u}_k = [\Delta t(\hat{v}_k\cos\hat{\theta}_k + \hat{w}_k\sin\hat{\theta}_k) \quad \Delta t(\hat{v}_k\sin\hat{\theta}_k - \hat{w}_k\cos\hat{\theta}_k)]^{\mathrm{T}}$，$\boldsymbol{F}$ 为状态转移矩阵，$\boldsymbol{F} = \boldsymbol{I}_2$，$\boldsymbol{I}_2$ 为一个二维的单位矩阵。

惯性导航系统的目标是通过加速度计和陀螺仪的测量来改进航位推算的位置估计，而且惯性本体感知传感器能够提供比基于声学信号的 TOF 方法的声学传感器高得多的测量频率。因此，这些传感器可以降低航位推算估计误差的增长速度，但位置误差仍然会无限制地增加。

2.3.2 基于声学测距的水下协同导航量测模型

在海洋机器人领域，AUV 之间需要交流才能进行合作，因此协同的 CNA/AUV 定位问题已经被定义如下：声学调制解调器安装在一个或多个海面航行器即 CNA 和一个

或多个 AUV 上，CNA 与 AUV 一起移动，利用声信号的传播时间测量两个航行器之间的相对距离（图 2.4）。从 AUV 在使用本体感知传感器进行航位推算的同时，还使用来自其他 AUV 或者 CNA 的声学通信距离信息进行量测更新。相对距离测量信息通常在已知声速的假设下进行，数据通过水声信道传送，根据航行器之间的时间同步的可用性，使用 OWTT 或 TWTT 来估计航行器之间的距离。在这两种情况下，CNA 的位置和从 AUV 之间的相对距离信息被定时发送给从 AUV。从 AUV 接收到信息后，可以将信息融合到其局部位置估计滤波器，从而更好地估计其位置。

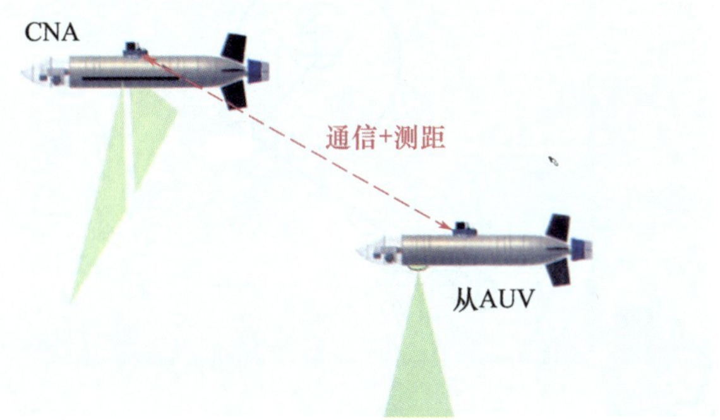

图 2.4　基于相对距离量测的主从式 AUV 协同导航

假设已知声速，根据 AUV 之间的声音通信的传播时间进行距离量测。虽然通常情况下是一个主 AUV 或者 CNA 支持一个 AUV，但本节提供了一个通用的数学公式，这样一个主 AUV 或者 CNA 可以支持多个 AUV。

通过声调制解调器周期性地向 AUV 广播 CNA 的位置信息，然后通过使用 TOF 的方法来测量 CNA 和 AUV 之间的相对距离信息。假设定义 CNA 在时间 k 的位置信息为 $\boldsymbol{x}_k^{\mathrm{m}} = [x_k^{\mathrm{m}} \quad y_k^{\mathrm{m}} \quad d_k^{\mathrm{m}}]^{\mathrm{T}}$，那么 AUV 的相对距离量测方程可以表示为

$$\boldsymbol{s}_k = \sqrt{(\boldsymbol{x}_k - \boldsymbol{x}_k^{\mathrm{m}})^2 + (\boldsymbol{y}_k - \boldsymbol{y}_k^{\mathrm{m}})^2 + (\boldsymbol{d}_k - \boldsymbol{d}_k^{\mathrm{m}})^2} \tag{2-20}$$

式中，$\boldsymbol{s}_k$ 为通过 TOA 方法测得的 AUV 和 CNA 之间的相对距离；$\boldsymbol{d}_k - \boldsymbol{d}_k^{\mathrm{m}}$ 分别为由压力传感器测得的 AUV 和 CNA 的深度。

因为 AUV 和 CNA 的深度信息可以由压力传感器精确测量，所以三维的相对距离量测 $\boldsymbol{s}_k$ 可以转换为二维的相对距离量测 $\boldsymbol{z}_k$，即

$$\boldsymbol{z}_k = \sqrt{\boldsymbol{s}_k^2 - (\boldsymbol{d}_k - \boldsymbol{d}_k^{\mathrm{m}})^2} \tag{2-21}$$

随着时间的递推，水下航行器航位推算的误差和不确定性会不断增加。AUV 需要通过定时接收 CNA 的量测信息来约束这种不确定性。考虑到 TOA 方法的量测误差，这个二维的量测方程可以用公式表示为

$$z_k = \sqrt{(\boldsymbol{x}_k - \boldsymbol{x}_k^{\mathrm{m}})^2 + (\boldsymbol{y}_k - \boldsymbol{y}_k^{\mathrm{m}})^2} + \boldsymbol{v}_k \tag{2-22}$$

式中，$\boldsymbol{v}_k$ 为距离量测噪声。

基于声学测距的协同导航示意图如图 2.5 所示，图中给出了一个 AUV 通过量测信息航向角 $\hat{\theta}$ 和速度信息 $\hat{v}$、$\hat{w}$ 进行导航的框架，但是它的误差会随着时间的增加而增加，CNA 定期地给 AUV 发送自身的精确位置信息和通过声学设备测量的相对距离信息，从而减少 AUV 的误差。

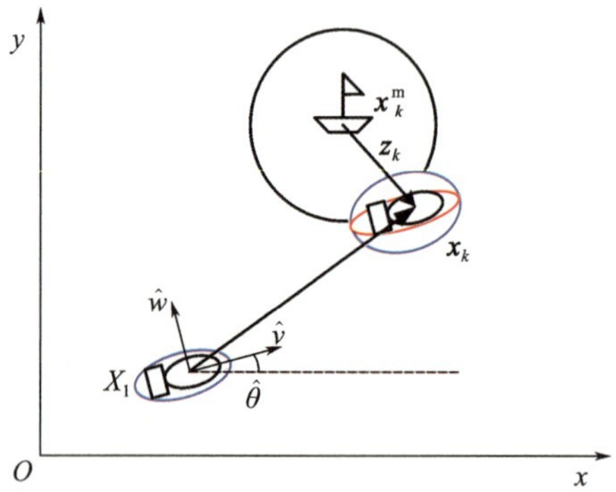

图 2.5　基于声学测距的协同导航示意图

根据式(2-19)和式(2-22)给出的运动学系统模型和量测模型，将协同导航系统的离散时间状态空间模型表述为

$$\begin{cases} \boldsymbol{x}_k = \boldsymbol{F}\boldsymbol{x}_{k-1} + \boldsymbol{u}_k + \boldsymbol{\omega}_k \\ z_k = h(\boldsymbol{x}_k, \boldsymbol{x}_k^{\mathrm{m}}) + \boldsymbol{v}_k \end{cases} \tag{2-23}$$

式中，$h(\boldsymbol{x}_k, \boldsymbol{x}_k^{\mathrm{m}})$ 为量测函数，$h(\boldsymbol{x}_k, \boldsymbol{x}_k^{\mathrm{m}}) = \sqrt{(\boldsymbol{x}_k - \boldsymbol{x}_k^{\mathrm{m}})^2 + (\boldsymbol{y}_k - y_k^{\mathrm{m}})^2}$。CNA 在时间 k 的二维位置信息为 $\boldsymbol{x}_k^{\mathrm{m}} = [x_k^{\mathrm{m}} \quad y_k^{\mathrm{m}}]^{\mathrm{T}}$。过程噪声 $\boldsymbol{\omega}_k$ 和量测噪声 $\boldsymbol{v}_k$ 通常建模不相关的高斯白噪声过程，$\boldsymbol{v}_k \sim N(0, R_k)$，$\boldsymbol{\omega}_k \sim N(0, Q_k)$，并且 $\mathrm{E}[\boldsymbol{\omega}_k \boldsymbol{v}_l^{\mathrm{T}}] = 0$，$\mathrm{E}[\cdot]$ 代表期望。过程噪声 $\boldsymbol{\omega}_{x,k-1}$ 和 $\boldsymbol{\omega}_{y,k-1}$ 可能会相关，因为它们都依赖于 DVL 和罗盘的量测误差，因此过程噪声协方差矩阵 $\boldsymbol{Q}_k$ 可能是非对角矩阵。

2.4　本章小结

本章作为基于声学测距的水下航行器的协同导航模型的数学基础。首先，针对水下航行器运动学所涵盖的空间坐标系及坐标系变换关系进行了描述；然后完整地概括了基于声学测距的水下协同导航系统中所需要用到的传感器；最后针对声学测距的协同导航系统,对航行器的运动模型以及相对距离量测的观测模型分别进行了描述,为后面研究高精度水下协同导航状态估计方法奠定了基础,并且提供了相应的数学模型。

第3章　带厚尾量测噪声的水下协同导航状态估计方法

在AUV协同导航应用中需要用到声学通信，而其在水声环境中是一种典型的时变多途通道。距离量测通信通常可以分为三类：直接路径（Direct Path，DP）、多路径（Multipath，MP）和异常值（Outlier，OL）。因为多路径效应和异常值的影响导致声学测距野值，因此量测噪声呈非高斯厚尾特性。厚尾分布是指尾部非指数有界的概率分布，即尾部比高斯分布重。而在协同导航系统中，传统的基于高斯噪声建模的卡尔曼滤波、扩展卡尔曼滤波、分开差分滤波、容积卡尔曼滤波在处理厚尾非高斯量测噪声时估计精度都会大大下降，甚至出现估计发散的情况。因此，AUV协同导航状态估计方法必须具有一定的鲁棒性，来抑制厚尾非高斯噪声对位置估计的影响，保证协同导航系统的稳定性。

针对带厚尾非高斯量测噪声的水下协同导航状态估计问题，本章提出了基于最大熵的协同导航状态估计方法。在这一章中，首先介绍了厚尾量测噪声产生的原因，声源和接收机之间的多路径传播会导致声学测距野值，从而诱导非高斯厚尾量测噪声；然后针对如何处理协同导航中的厚尾量测噪声问题展开深入研究，介绍了两个鲁棒估计方法，即M估计和最大互相关熵方法，同时针对非线性滤波模型，推导了分开差分滤波算法；最后针对厚尾量测噪声提出了一种新的基于最大熵的鲁棒协同导航算法，并将其与Huber协同导航算法进行对比，通过仿真和协同导航实验验证了本章所提出算法的有效性和鲁棒性。

3.1　水声通信中的多路径效应

在水声通信中，多路径效应主要是由海底和海面反射引起的，将反射信号经过许多不同的路径到达接收端的过程称为多路径效应。多路径的轨迹包括直接路径、海面反射、海底反射等。此外，水声信道中还包括各种浮游生物和鱼类等大体积的反射物，介质中声速的变化也会使声波的路径发生变形。主要的直接信号伴随着一系列的回波信号到达，这些回波信号的振幅随着反射次数的增加而减少。这些因素导致一个给定信号可以沿着不同的路径从发射端传播到接收端,这些路径对应着不同的方向和持续时间。这种时间扩展在浅水区域中可达几百毫秒,在深海中甚至可达几秒,从而降低对信号的时间分辨性能,产生误码。在高频时,对于短信号,多路径效应在时域内是可观的,具有典型的多回波序列;对于低频稳定信号,多路径效应的作用是永久叠加的,会造成一个稳定的干涉模式和强变化的场振幅。浅海区域声信道的多途径结构更为复杂,导致其受多途效应的影响要比深海区域更加严重。浅海区域中的多路径轨迹如图 3.1 所示,浅水区域中的多路径效应包括直接路径、海面反射、海底反射、海底海面反射和海面海底反射。

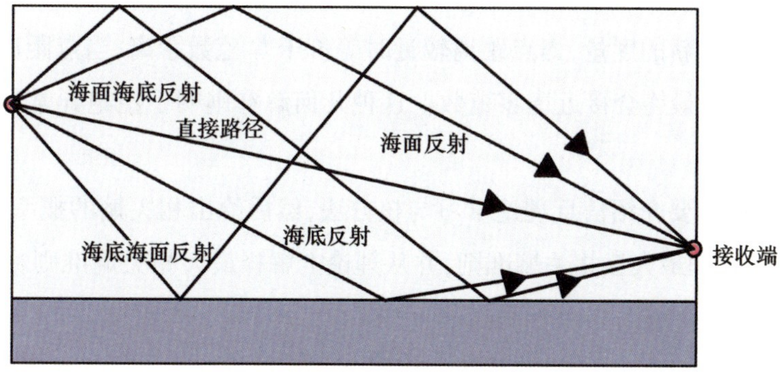

图 3.1　浅海区域中的多路径轨迹

声学通信不得不在多路径传播的背景下检测到达的距离量测信息。由于多路径效应会引起信号的时间扩展和频谱扩展,因此扩展会导致码间干扰和信号幅度的衰落。码间串扰可能会导致声学测距野值,从而诱导厚尾非高斯量测噪声。采用鲁棒方法可以达到抗多路径效应的目的,同时也为更加精准的水下协同导航算法的建立提供了必备的基础。

3.2　最大互相关熵准则

佛罗里达大学(University of Florida)计算神经工程实验室(Computational Neuro Engineering Laboratory)将均方误差(Mean Square Error,MSE)自适应的概念扩展到信息理论的熵和散度的描述中,并验证了其有效性。信息理论学习(Information Theory Learning,ITL)保留了 MSE 的非参数性质,即代价函数仍然直接从数据的 Parzen 核估计中得到,但是能从自适应过程的数据结构中提取更多的信息,因此在非高斯过程中比 MSE 估计更精确。

随机过程的自相关的基本定义也被推广到自相关熵函数中，该函数将时滞直接的相似度度量为自相关，当对交叉时滞求平均值时，它得到了随机变量的熵，因此得名。相关熵包含概率密度函数的高阶矩，且直接从样本中估计，绕开了传统的矩展开的过程，实现起来更简单。然而这个定义只适用于单个随机变量（在不同的时滞下），因此它不能普遍应用于标量随机过程以外的应用领域。接下来，将自相关熵推广到交叉相关熵，这个函数可以处理一般情况下的任意两个随机变量，能更直观地将相关熵应用到非线性、非高斯的信号处理中。相关熵与两个随机变量由核带宽控制的节点空间领域内的相似程度的概率有关，即核带宽充当变焦镜头，控制评估相似性的观察窗口。从数据样本中估计的统计数据通常具有几何意义，如 MSE 给出了样本空间中 l_2 范数距离。相关熵引入了一个新的度量，当点距离较近时等价于 l_2 范数距离，当点距离较远时类似于 l_1 范数距离甚至最终会接近于零范数。这种几何解释阐明了拒绝异常值的相关熵的鲁棒性。

接下来先简要介绍信息理论学习与核方法，然后给出相关熵的概率意义和性质，最后给出 M 估计和最大互相关熵准则，并从理论上解释最大相关熵准则相对于 M 估计的优越性。

3.2.1 信息理论学习与核方法

信息理论学习是一种基于熵和散度的非参数自适应系统框架。Renyi 关于随机变量 X 的 α 阶熵定义为

$$H_\alpha(X) = \frac{1}{1-\alpha}\log\int f_x^\alpha(x)\,\mathrm{d}x \tag{3-1}$$

使用 Parzen 估计器对从概率密度函数中抽取的样本 $\{x_i, i=1,2,\cdots,N\}$ 进行估计，得到了该估计量的概率密度函数为

$$\hat{f}_x(x) = \frac{1}{N}\sum_{i=1}^{N}\boldsymbol{\kappa}_\sigma(x-x_i) \tag{3-2}$$

式中，$\boldsymbol{\kappa}_\sigma(\cdot)$ 为一个正定的 Mercer 核，在本节中，设置为高斯核，即

$$\boldsymbol{\kappa}_\sigma(x-x_i) = \frac{1}{\sqrt{2\pi}\sigma}\exp\left(-\frac{(x-x_i)^2}{2\sigma^2}\right) \tag{3-3}$$

式中，N 为样本的数量；σ 为核的大小。除非为了清晰的表述，下标 σ 一般都是可以省略的。当 $\alpha=2$（二次熵）时，得到了一个二次熵的非参数估计，即

$$\hat{H}_2(X) = -\log \mathrm{IP}(X) \tag{3-4}$$

$$\mathrm{IP}(X) = \frac{1}{N^2}\sum_{j=1}^{N}\sum_{i=1}^{N}\boldsymbol{\kappa}_\sigma(x_j-x_i) \tag{3-5}$$

式中，IP(X)为信息势(Information Potential，IP)。使用 Parzen 核估计的概率密度函数可以看作是在样本空间上定义了一个信息势，因此利用该空间的信息势来定义相似度量，它将不受传统矩的限制。为了达到这个目的，提出了一种随机过程中新的相似度量的方法，称为自相关熵(Auto－Correntropy)。

令$\{X_t, t \in T\}$是一个随机过程，T为被索引集合。核映射 Φ 引起的非线性变换将数据映射到特征空间中，其中从 $T \times T$ 到$\mathbb{R}^+$的自相关熵函数 $V_X(t_1, t_2)$定义为

$$V_X(t_1, t_2) = \mathrm{E}[\langle \Phi(X_{t_1}), \Phi(X_{t_2}) \rangle] = \mathrm{E}[\kappa(X_{t_1} - X_{t_2})] \tag{3-6}$$

式中，$\kappa(\cdot)$为高斯核。

自相关熵估计了高斯核的特征函数变换后的数据的二阶矩。它与自相关函数的共同之处在于它量化了两对滞后过程，因此它能够量化随机过程的时间结构。然后，它取代了传统的自相关函数，因为这种相似性并不局限于二阶矩。事实上，对于高斯核，由于核提供的非线性，因此所有随机变量的偶数矩都有助于相似性的估计。为进一步证明自相关熵是一个对称的正定函数，因此定义了一个新的重构核希尔伯特空间(Reproducing Kernel Hilbert Space，RKHS)。基于自相关熵，可以得到该空间中最优线性组合的解析解。

3.2.2　相关熵的概率意义和性质

相关熵是一种新提出的度量两个随机变量相似度的概念。假设两个任意的随机变量 X 和 Y，相关熵的一般形式为

$$V(X,Y) = \mathrm{E}[\langle \Phi(X), \Phi(Y) \rangle] = \mathrm{E}[\kappa(X - Y)] \tag{3-7}$$

式中，$X = X_{t_1}$，$Y = Y_{t_2}$。

根据式(3－6)的定义，这个新的函数称为互相关熵，或者简称为相关熵。可以看出，相关熵是自相关熵的直接延伸，但是现在涉及两个随机变量，所以理解在什么条件下这是 X 和 Y 之间相似度的合理度量是很重要的。核引入的非线性特性对计算节点概率密度函数的高阶矩具有重要的意义，但是高斯核也将分析限制在节点空间的局部区域，因此需要进行系统的分析。

在实际应用中，联合概率密度函数是未知的，只能通过有限个数据样本$\{(x_i, y_i), i = 1, 2, \cdots, N\}$来估计联合概率密度函数，其函数表达式表示为

$$V(X,Y) = \frac{1}{N}\sum_{i=1}^{N}\kappa(x_i - y_i) \tag{3-8}$$

现在证明相关熵实际上是沿着线 $x = y$ 上的数据的联合概率密度的积分，即

$$V(X,Y) \approx \int_{-\infty}^{+\infty} f_{X,Y}(x,y)\Big|_{x=y=u} \mathrm{d}u \tag{3-9}$$

当核大小 σ 趋近于零时，是严格相等。

从式(3－7)的定义中可以得到

$$V(X,Y)=\mathrm{E}[\kappa(X-Y)]=\iint_{x,y}\kappa(x-y)f_{X,Y}(x,y)\mathrm{d}x\mathrm{d}y \tag{3-10}$$

高斯核函数 $\kappa(x-y)$ 实际上就是一个沿着线 $x=y$ 的岭函数。事实上，只有 $x\approx y$ 时，高斯核才具有较高的价值；当 x 与 y 不相似时，高斯核呈指数下降。当核大小 σ 趋近于零时，它就变成了一个狄拉克 δ 函数(Dirac Delta Function) $\Delta(x-y)$，式(3－10)则为

$$\lim_{\sigma\to 0}V(X,Y)=\iint_{x,y}\Delta(x-y)f_{X,Y}(x,y)\mathrm{d}x\mathrm{d}y=\int_{x=-\infty}^{+\infty}f_{X,Y}(x,x)\mathrm{d}x \tag{3-11}$$

通常使用数据样本来估计互相关熵，而不是估计期望值。假设数据样本 $\{(x_i,y_i),i=1,2,\cdots,N\}$ 可以用来估计式(3－8)的相关熵。另外，使用这些数据，Parzen 方法可以用来估计联合概率密度函数 $f_{X,Y}(x,y)$，表达式为

$$f_{X,Y}(x,y)\approx\frac{1}{N}\sum_{i=1}^{N}\kappa(x-x_i)\cdot\kappa(y-y_i) \tag{3-12}$$

根据 Parzen 方法，当核大小 σ 趋近于零，乘积 N_σ 趋近于无穷时，严格相等适用于式(3－12)。对式(3－12)沿线 $x=y$ 进行积分，有

$$\begin{aligned}
&\int_{-\infty}^{+\infty}f_{X,Y}(x,y)\Big|_{x=y=u}\mathrm{d}u\\
&\approx\int_{-\infty}^{+\infty}\frac{1}{N}\sum_{i=1}^{N}\kappa(x-x_i)\cdot\kappa(y-y_i)\Big|_{x=y=u}\mathrm{d}u\\
&=\int_{-\infty}^{+\infty}\frac{1}{N}\sum_{i=1}^{N}\kappa(u-x_i)\cdot\kappa(u-y_i)\mathrm{d}u\\
&=\frac{1}{N}\sum_{i=1}^{N}\kappa(u-x_i)\cdot\kappa(u-y_i)\mathrm{d}u\\
&=\frac{1}{N}\sum_{i=1}^{N}\kappa_{\sqrt{2}\sigma}(x_i-y_i)
\end{aligned} \tag{3-13}$$

最后一项是核为 $\sqrt{2}\sigma$ 的相关熵的估计。虽然是从相互关联的扩展开始，但是实际上能够量化两个事件相等的概率。因此，相关熵无法很好地评估整个连接空间中的相似性，但对于 $X=Y$，它给出了概率密度的估计值。

在实际应用中，联合概率密度是未知的，只能用有限的数据样本来估计相关熵。有限数量的数据也限制了相关熵的核不能太小，因为较小的核可能导致无意义的估计。假设相关熵使用的核是 σ，且相对于数据分布的方差较小。因此一个带宽为 $\sqrt{\pi/2}\sigma$ 的矩形近似可以用于式(3－10)中替换高斯核，这样将得到一个更精确的相关熵的近

似，即

$$V(X,Y) = \mathrm{E}[\kappa(X-Y)] \approx \frac{P(|Y-X| < \sqrt{\pi/2}\sigma)}{\sqrt{2\pi}\sigma} \tag{3-14}$$

给定核 σ 的相关熵可以直接从数据的概率 $P(|Y-X| < \sqrt{\pi/2}\sigma)$ 评估，它可以作为局部相似性度量，可以应用在传统的均方误差准则应用的领域。事实上，当将自适应系统的输出与训练集合的期望响应进行比较时，最终会问：这两个测量值相等的概率是多少？因此，提出相关熵作为自适应系统的新的代价函数，它的优点是一种局部相似准则，对于量测噪声是非零均值、非高斯且有较大异常值的情况应该会非常有用。

针对协同导航实际应用中得到的有限的数据量，联合分布函数 $F_{X,Y}(x,y)$ 未知的情况，可通过有限样本平均估计量来估计互相关熵，即

$$\hat{V}(X,Y) = \frac{1}{N}\sum_{i=1}^{N} G_{\sigma}(e_i) \tag{3-15}$$

式中，e_i 为联合分布函数 $F_{XY}(x,y)$ 的 N 个采样点，$e_i = x_i - y_i$，$\{(x_i, y_i)\}_{i=1}^{N}$。

这个高斯核通过泰勒展开可以得到

$$\hat{V}(X,Y) = \sum_{N=0}^{\infty} \frac{(-1)^n}{2^n \sigma^{2n} n!} \mathrm{E}[(X-Y)^{2n}] \tag{3-16}$$

从式(3-16)中可以看出，相关熵信息包含了误差变量 $e = X - Y$ 所有偶数阶矩的加权和。核带宽 σ 作为一种二阶项和更高阶项的参数加权。相关熵信息用来测量两个随机变量在由内核宽度 σ 控制的邻域内的相似程度。一旦核宽度的值 σ 增加，高阶项将显著衰减，此时二阶项占主要优势。这种属性对于减少异常值或者脉冲噪声的不良影响非常有用。

3.2.3　M 估计和最大互相关熵准则

M 估计利用组合的代价函数来抑制厚尾野值量测对状态估计的影响，但是它没有利用非高斯厚尾噪声的厚尾特性，使其估计精度有限。而相关熵是用来刻画两个随机变量之间的近似性，相关熵越大，说明两个随机变量越相似。最大互相关熵准则是所有误差项的偶数阶矩之和，因此不仅具有二阶统计量信息，还携带高阶矩信息，其鲁棒性更好。

令 X 和 Y 是两个随机变量，均方误差定义为

$$\begin{aligned}\mathrm{MSE}(X,Y) &= \mathrm{E}[(X-Y)^2] \\ &= \iint_{x,y}(x-y)^2 f_{X,Y}(x,y)\mathrm{d}x\mathrm{d}y = \int_e e^2 f_{\mathrm{E}}(e)\mathrm{d}e\end{aligned} \tag{3-17}$$

式中，$\mathrm{E}[\cdot]$ 代表期望，$\mathrm{E} = X - Y$，$e = x - y$。而互相关熵定义为

$$V(X,Y)=\mathrm{E}[\kappa(X-Y)]$$
$$=\iint_{x,y}\kappa(x-y)f_{X,Y}(x,y)\mathrm{d}x\mathrm{d}y=\int_{e}\kappa(e)f_{\mathrm{E}}(e)\mathrm{d}e \tag{3-18}$$

注意,MSE 是节点空间的一个二次函数,沿直线 $x=y$ 有一个谷值。由于相似度量化了概率的不同,因此这直观地解释了为什么 MSE 是节点空间中的相似度度量。然而对于远离直线的值的二次增长有放大远离误差分布平均值的样本的效应,这就是为什么高斯分布残差为 MSE 过程提供了最优性。但这也是其他数据分布会使 MSE 非最优的原因,特别是当误差分布有离群值、非对称或非零均值时。

通过比较 MSE 和互相关熵,这两种相似度度量方法评估相似度的方式是不同的:互相关熵是局部的,而 MSE 是全局的。所谓全局,就是指节点空间中所有样本对相似性度量的值都有显著贡献,而互相关熵的局部性意味着该值主要由直线 $x=y$ 上的核函数决定。因此,相关熵的误差式(3-20)可以作为鲁棒系统中一种新的代价函数,称为最大相关熵准则(Maximum Correntropy Criterion,MCC)。MCC 的优点在于它是一种局部相似准则,对于量测噪声是非零均值、非高斯和大的异常值的情况非常有用,比最小熵误差(Minimum Error-Entropy,MEE)准则更容易估计。

此外,MCC 可以放在一个更一般的框架中,并且它与 M 估计有着密切的联系。M 估计是 Huber 提出的在代价函数 $\min\limits_{\theta}\sum\limits_{i=1}^{N}\rho(e_i|\theta)$ 下估计参数 θ 的一种广义极大似然方法,其中 ρ 代表一个可微函数,满足:

(1)$\rho(e)\geqslant 0$;

(2)$\rho(0)=0$;

(3)$\rho(e)=\rho(-e)$;

(4)当 $|e_i|>|e_j|$ 时,$\rho(e_i)\geqslant\rho(e_j)$。

在鲁棒系统中,θ 是一组可调参数,e_i 是系统产生的误差。这种一般估计也等价于加权最小二乘问题:

$$\min_{\theta}\sum_{i=1}^{N}\omega(e_i)e_i^2 \tag{3-19}$$

式中,加权函数 $\omega(e)$ 定义为 $\omega(e)=\dfrac{\rho'(e)}{e}$,$\rho'$ 是 ρ 的导数。

定义 $\rho(e)=\dfrac{1-\exp\left(\dfrac{-e^2}{2\sigma^2}\right)}{\sqrt{2\pi}\sigma}$,很容易看出它满足上面所列的所有条件,而且它对应于核的误差,可以很容易地表示为

$$\min_{\theta}\sum_{i=1}^{N}\rho(e_i)=\min_{\theta}\sum_{i=1}^{N}\frac{1-\exp\left(\frac{-e_i^2}{2\sigma^2}\right)}{\sqrt{2\pi}\sigma}$$

$$\Leftrightarrow\max_{\theta}\sum_{i=1}^{N}\frac{\exp\left(\frac{-e_i^2}{2\sigma^2}\right)}{\sqrt{2\pi}\sigma}$$

$$=\max_{\theta}\sum_{i=1}^{N}\kappa_{\sigma}(e_i) \tag{3-20}$$

这种情况下的加权函数为

$$\omega(e)=\frac{\exp\left(\frac{-e^2}{2\sigma^2}\right)}{\sqrt{2\pi}\sigma^3} \tag{3-21}$$

为了方便对比,双平方的加权函数为

$$\omega_{\mathrm{B}}(e)=\begin{cases}\left[1-\left(\frac{e}{h}\right)^2\right]^2, & |e|\leqslant h\\ 0, & |e|>h\end{cases} \tag{3-22}$$

式中,h 为调谐常数。结果表明式(3-21)的一阶泰勒展开的平方是双平方的加权函数,核带宽是双平方加权函数中的调谐常数。注意,加权函数完全由代价函数中 ρ 的选择决定,不依赖于鲁棒系统。例如,MSE 代价函数使用的是常数加权函数,从这个意义上来说,高斯加权函数可以衰减较大的误差项,从而使异常值对系统的影响变小。

这是随机过程中对比 M 估计和 ITL 方法之间的关系,尽管它们在脉冲环境中的优越性能被反复报道。值得注意的是,互相关熵中没有阈值,内核带宽控制了估计器的所有属性。此外,这种联系还为互相关熵选择合适的核带宽提供了一种实用的方法。

3.3　基于 Stirling 多项式插值公式的分开差分滤波

由于协同导航数学模型是非线性的,因此无法使用经典的线性卡尔曼滤波对其状态进行估计。这里需要将卡尔曼滤波理论扩展到非线性高斯系统中,次优高斯滤波一般分成两种:一种是对系统方程和量测方程的近似,如 EKF;另一种是近似状态的概率密度函数。第二种近似方法不需要对非线性状态和量测函数进行线性化,而是对状态的概率密度函数进行近似。本节讨论基于 Stirling 多项式插值的分开差分滤波方法,EKF 是卡尔曼滤波的一阶线性化近似,而分开差分滤波避免了雅可比矩阵的计算,因此可以得到计算复杂度与 EKF 近似的二阶近似结果,比 EKF 的状态估计精度更高。

3.3.1 Stirling 多项式插值公式

首先只考虑一个变量的函数，然后将其处理扩展到多维。x 是一维的情况，假设函数 $z=f(x)$ 是可微的，将其围绕 $x=\bar{x}$ 进行泰勒级数展开，即

$$z=f(x)=f(\bar{x})+f'(\bar{x})(x-\bar{x})+\frac{f''(x)}{2!}(x-\bar{x})^2+\frac{f^{(3)}(x)}{3!}(x-\bar{x})^3+\cdots \tag{3-23}$$

将上述幂级数在有限项之后截断就可以得到函数 $z=f(x)$ 的级数逼近形式，截断的幂级数里包含的项数越多，级数逼近精度也就越高。泰勒级数的原理是随着项数的增加，近似值继承了真实函数在某个特定点的更多特征。假设 $f(x)$ 是可微的也意味着只要截断的幂级数里包含的项数越多，那么在扩展点周围的任意区间都可以达到任意期望的精度。然而，一般建议只在接近扩展点时使用截断幂级数，除非对剩余项进行了适当的分析。

一般而言，有很多插值公式可以用来推导多项式近似，这些插值公式大多数不需要求导，而仅仅利用有限点的函数值，通过插值公式得到所获得近似公式也要更加简单。接下来，采用一种特殊的插值公式，即 Stirling 插值公式。让差分算子 δ 和 μ 执行以下操作，即

$$\delta f(x)=f\left(x+\frac{h}{2}\right)-f\left(x-\frac{h}{2}\right) \tag{3-24}$$

$$\mu f(x)=\frac{1}{2}\left(f\left(x+\frac{h}{2}\right)+f\left(x-\frac{h}{2}\right)\right) \tag{3-25}$$

式中，h 为一个给定的区间长度。根据这些差分算子，非线性函数 $f(x)$ 在点 $x=\bar{x}$ 附近的 Stirling 插值公式可以表示为

$$f(x)=f(\bar{x}+ph)=f(\bar{x})+p\mu\delta f(\bar{x})+\frac{p^2}{2!}\delta^2 f(\bar{x})+\begin{bmatrix}p+1\\3\end{bmatrix}\mu\delta^3 f(\bar{x})+\frac{p^2(p^2-1)}{4!}\delta^4 f(\bar{x})+\begin{bmatrix}p+2\\5\end{bmatrix}\mu\delta^5 f(\bar{x})+\cdots \tag{3-26}$$

式中，$ph=x-\bar{x}$，且 $-1<p<1$。本书仅关注一阶和二阶的多项式近似，则式(3-26)可以简化成

$$f(x)\approx f(\bar{x})+f'_{\mathrm{DD}}(\bar{x})(x-\bar{x})+\frac{f''_{\mathrm{DD}}(\bar{x})}{2!}(x-\bar{x})^2 \tag{3-27}$$

式中，$f'_{\mathrm{DD}}(\bar{x})$ 和 $f''_{\mathrm{DD}}(\bar{x})$ 分别表示一阶和二阶差分系数，且

$$f'_{\mathrm{DD}}(\bar{x}) = \frac{f(\bar{x}+h) - f(\bar{x}-h)}{2h} \tag{3-28}$$

$$f''_{\mathrm{DD}}(\bar{x}) = \frac{f(\bar{x}+h) + f(\bar{x}-h) - 2f(\bar{x})}{h^2} \tag{3-29}$$

式(3-27)可以解释为泰勒近似的导数被差分取代。为了分析该式子的逼近精度，可以将式中$f(\bar{x}+h)$和$f(\bar{x}-h)$围绕$x=\bar{x}$进行泰勒展开，则有

$$\begin{aligned} & f(\bar{x}) + f'_{\mathrm{DD}}(\bar{x})(x-\bar{x}) + \frac{f''_{\mathrm{DD}}(\bar{x})}{2!}(x-\bar{x})^2 \\ &= f(\bar{x}) + f'(\bar{x})(x-\bar{x}) + \frac{f''(\bar{x})}{2!}(x-\bar{x})^2 + \\ &\left(\frac{f^{(3)}(\bar{x})}{3!}h^2 + \frac{f^{(5)}(\bar{x})}{5!}h^4 + \cdots\right)(x-\bar{x}) + \\ &\left(\frac{f^{(4)}(\bar{x})}{4!}h^2 + \frac{f^{(6)}(\bar{x})}{6!}h^4 + \cdots\right)(x-\bar{x})^2 \end{aligned} \tag{3-30}$$

式(3-30)右边的前三项与区间长度h无关，可以看作泰勒展开的前三项。由式(3-30)和二阶泰勒近似的插值给出的余数项由h控制，一般来说它与$f(x)$的泰勒级数展开的高阶项不同。控制余项的可能性使插值公式在某些应用中比泰勒近似更有吸引力，合理地选择区间长度可以确保余数项在某种意义上接近完整泰勒级数展开的高阶项。

现在考虑多维的情况。假设$\boldsymbol{x}\in\mathbb{R}^n$是一个向量，且$\boldsymbol{z}=f(\boldsymbol{x})$是一个向量函数。插值公式可以扩展到多维的方法有很多，但在解决这个问题之前，先将$f(\boldsymbol{x})$围绕$\boldsymbol{x}=\bar{\boldsymbol{x}}$进行泰勒展开

$$\boldsymbol{z} = f(\boldsymbol{x}) = f(\bar{\boldsymbol{x}} + \Delta\boldsymbol{x}) = \sum_{i=0}^{\infty} \frac{1}{i!}\boldsymbol{D}^i_{\Delta x} f \tag{3-31}$$

式中，$\Delta\boldsymbol{x}=\boldsymbol{x}-\bar{\boldsymbol{x}}$。$\boldsymbol{D}^i_{\Delta x}f$可以写成

$$\boldsymbol{D}^i_{\Delta x} f = \left(\sum_{j=1}^{n} \Delta x_j \frac{\partial}{\partial x_j}\right)^i f(\boldsymbol{x})\bigg|_{\boldsymbol{x}=\bar{\boldsymbol{x}}} \tag{3-32}$$

对式(3-32)进行泰勒级数二阶截断，其中一阶项和二阶项可以表示为

$$f(\boldsymbol{x}) \approx f(\bar{\boldsymbol{x}}) + \boldsymbol{D}_{\Delta x} f + \frac{\boldsymbol{D}^2_{\Delta x}}{2!} f \tag{3-33}$$

$$\boldsymbol{D}_{\Delta x} f = \left(\sum_{i=1}^{n} \Delta x_i \frac{\partial}{\partial x_i}\right) f(\boldsymbol{x})\bigg|_{\boldsymbol{x}=\bar{\boldsymbol{x}}} \tag{3-34}$$

$$\boldsymbol{D}^2_{\Delta x} f = \left(\sum_{i=1}^{n}\sum_{j=1}^{n} \Delta x_i \Delta x_j \frac{\partial}{\partial x_i \partial x_j}\right) f(\boldsymbol{x})\bigg|_{\boldsymbol{x}=\bar{\boldsymbol{x}}}$$

$$= \left(\sum_{i=1}^{n} (\Delta x_i)^2 \frac{\partial^2}{\partial x_i^2} + \sum_{i=1,j=1,i\neq j}^{n} \Delta x_i \Delta x_j \frac{\partial^2}{\partial x_i \partial x_j} \right) f(\boldsymbol{x}) \bigg|_{\boldsymbol{x}=\bar{\boldsymbol{x}}} \tag{3-35}$$

利用多维 Stirling 插值公式对向量函数进行二阶项的近似，得

$$f(\boldsymbol{x}) \approx f(\bar{\boldsymbol{x}}) + \tilde{\boldsymbol{D}}_{\Delta x} f + \frac{1}{2!} \tilde{\boldsymbol{D}}_{\Delta x}^2 f \tag{3-36}$$

式中，$\tilde{\boldsymbol{D}}_{\Delta x} f$ 和 $\tilde{\boldsymbol{D}}_{\Delta x}^2 f$ 分别为一阶和二阶的分开差分项，可以表示为

$$\tilde{\boldsymbol{D}}_{\Delta x} f = \frac{1}{h} \left(\sum_{i=1}^{n} \Delta x_i \mu_i \delta_i \right) f(\bar{\boldsymbol{x}}) \tag{3-37}$$

$$\tilde{\boldsymbol{D}}_{\Delta x}^2 f = \frac{1}{h^2} \left(\sum_{i=1}^{n} (\Delta x_i)^2 \delta_i^2 + \sum_{i=1}^{n} \sum_{j=1,i\neq j}^{n} \Delta x_i \Delta x_j (\mu_i \delta_i)(\mu_i \delta_i) \right) f(\bar{\boldsymbol{x}}) \tag{3-38}$$

式中，μ_i 和 δ_i 为局部差分算子，定义为

$$\delta_i f(\bar{\boldsymbol{x}}) = f\left(\bar{\boldsymbol{x}} + \frac{h}{2}\boldsymbol{e}_i\right) - f\left(\bar{\boldsymbol{x}} - \frac{h}{2}\boldsymbol{e}_i\right) \tag{3-39}$$

$$\mu_i f(\bar{\boldsymbol{x}}) = \frac{1}{2}\left(f\left(\bar{\boldsymbol{x}} + \frac{h}{2}\boldsymbol{e}_i\right) + f\left(\bar{\boldsymbol{x}} - \frac{h}{2}\boldsymbol{e}_i\right)\right) \tag{3-40}$$

式中，$\boldsymbol{e}_i$ 为第 i 个元素为 1 的单位向量。

均值和协方差的近似。假设 $\boldsymbol{x}$ 是一个多维的随机变量，它的均值和协方差都是存在的，则有

$$\bar{\boldsymbol{x}} = \mathrm{E}[\boldsymbol{x}], \quad \boldsymbol{P}_x = \mathrm{E}[(\boldsymbol{x} - \bar{\boldsymbol{x}})(\boldsymbol{x} - \bar{\boldsymbol{x}})^{\mathrm{T}}] \tag{3-41}$$

现在定义

$$\bar{z} = \mathrm{E}[f(\boldsymbol{x})] \tag{3-42}$$

$$\boldsymbol{P}_z = \mathrm{E}[(f(\boldsymbol{x}) - \bar{z})(f(\boldsymbol{x}) - \bar{z})^{\mathrm{T}}] \tag{3-43}$$

$$\boldsymbol{P}_{xz} = \mathrm{E}[(\boldsymbol{x} - \bar{\boldsymbol{x}})(f(\boldsymbol{x}) - \bar{z})^{\mathrm{T}}] \tag{3-44}$$

可以看出，由于 $f(\boldsymbol{x})$ 是非线性的，很难求出准确的期望，因此利用插值公式对其近似求取期望的估计。为了方便计算，首先对 $\boldsymbol{x}$ 的协方差 $\boldsymbol{P}_x$ 进行 Chloesky 分解，并利用 Chloesky 因子进行如下的线性变换，即

$$\boldsymbol{y} = \boldsymbol{S}_x^{-1}\boldsymbol{x}, \quad \boldsymbol{P}_x = \boldsymbol{S}_x \boldsymbol{S}_x^{\mathrm{T}} \tag{3-45}$$

式中，$\boldsymbol{S}_x$ 为 x 的协方差的 Cholesky 分解因子。这种变换相当于对变量 $\boldsymbol{x}$ 的随机解耦，使得 $\boldsymbol{y}$ 变成了各个元素互不相关的随机变量。经过线性变换的 $\boldsymbol{y}$ 统计特性为

$$\begin{cases} \bar{\boldsymbol{y}} = \mathrm{E}(\boldsymbol{y}) = \boldsymbol{S}_x^{-1}\bar{\boldsymbol{x}} \\ \mathrm{E}[(\boldsymbol{y} - \bar{\boldsymbol{y}})](\boldsymbol{y} - \bar{\boldsymbol{y}})^{\mathrm{T}} = \boldsymbol{I} \end{cases} \tag{3-46}$$

对于任何对称矩阵的乘积形式 $\boldsymbol{M} = \boldsymbol{S}\boldsymbol{S}^{\mathrm{T}}$，将 $\boldsymbol{S}$ 称为一个 Cholesky 因子，Cholesky 因子不需要是正方形或者三角形。然而，在大多数情况下，三角形的 Cholesky 因子被认为

是计算效率高的方法，所以一般执行这类分解。相应地，$\Delta\boldsymbol{y}=\boldsymbol{y}-\bar{\boldsymbol{y}}$ 的统计特性为($\Delta\boldsymbol{y}$; $0,\boldsymbol{I}$)，即 $\Delta\boldsymbol{y}$ 的各个元素也是互不相关的。

定义函数：

$$\tilde{f}(\boldsymbol{y})=f(\boldsymbol{S}_x\boldsymbol{y})=f(\boldsymbol{x}) \tag{3-47}$$

虽然 $\tilde{f}$ 的泰勒展开和 f 的泰勒展开相同，但显然，利用多维插值公式对 $\tilde{f}$ 和 f 的展开是不同的。在后续章节，将直接使用 $\tilde{f}(\boldsymbol{z})$ 进行均值和协方差的求取，这样将会使问题简单化。一些关于 $\tilde{f}$ 和 $\boldsymbol{y}$ 的假设将会提及，$\boldsymbol{y}\in\mathbb{R}^n$ 且 $\Delta\boldsymbol{y}=\boldsymbol{y}-\mathrm{E}[\Delta\boldsymbol{y}]$ 的元素都假定为零均值分布，在下节中介绍的分开差分卡尔曼滤波中 $\Delta\boldsymbol{y}$ 是满足高斯分布的。

$$\delta_i\tilde{f}(\bar{\boldsymbol{y}})=f\left(\bar{\boldsymbol{y}}+\frac{h}{2}\boldsymbol{e}_i\right)-f\left(\bar{\boldsymbol{y}}-\frac{h}{2}\boldsymbol{e}_i\right)=f\left(\bar{\boldsymbol{x}}+\frac{h}{2}\boldsymbol{s}_i\right)-f\left(\bar{\boldsymbol{x}}-\frac{h}{2}\boldsymbol{s}_i\right) \tag{3-48}$$

$$\mu_i\tilde{f}(\bar{\boldsymbol{y}})=\frac{1}{2}\left(f\left(\bar{\boldsymbol{y}}+\frac{h}{2}\boldsymbol{e}_i\right)+f\left(\bar{\boldsymbol{y}}-\frac{h}{2}\boldsymbol{e}_i\right)\right)=\frac{1}{2}\left(f\left(\bar{\boldsymbol{x}}+\frac{h}{2}\boldsymbol{s}_i\right)+f\left(\bar{\boldsymbol{x}}-\frac{h}{2}\boldsymbol{s}_i\right)\right) \tag{3-49}$$

$$\mu_i\delta_i\tilde{f}(\bar{\boldsymbol{y}})=\frac{\tilde{f}(\bar{\boldsymbol{y}}+h\boldsymbol{e}_i)-\tilde{f}(\bar{\boldsymbol{y}}-h\boldsymbol{e}_i)}{2}=\frac{\tilde{f}(\bar{\boldsymbol{x}}+h\boldsymbol{s}_i)-\tilde{f}(\bar{\boldsymbol{x}}-h\boldsymbol{s}_i)}{2} \tag{3-50}$$

$$\begin{aligned}\delta_i^2\tilde{f}(\bar{\boldsymbol{y}})&=\tilde{f}(\bar{\boldsymbol{y}}+h\boldsymbol{e}_i)+\tilde{f}(\bar{\boldsymbol{y}}-h\boldsymbol{e}_i)-2\tilde{f}(\bar{\boldsymbol{y}})\\&=\tilde{f}(\bar{\boldsymbol{x}}+h\boldsymbol{s}_i)+\tilde{f}(\bar{\boldsymbol{x}}-h\boldsymbol{s}_i)-2\tilde{f}(\bar{\boldsymbol{x}})\end{aligned} \tag{3-51}$$

式中，$\boldsymbol{s}_i$ 为矩阵 $\boldsymbol{S}_x$ 的第 i 列。

3.3.2　线性化近似

(1)一阶线性近似。

通过使用一阶插值公式来近似计算 z 的后验分布，即

$$\boldsymbol{z}=f(\boldsymbol{x})=\tilde{f}(\boldsymbol{y})=\tilde{f}(\bar{\boldsymbol{y}}+\Delta\boldsymbol{y})\approx\tilde{f}(\bar{\boldsymbol{y}})+\tilde{\boldsymbol{D}}_{\Delta y}\tilde{f} \tag{3-52}$$

通过定义得知 $\mathrm{E}[\Delta\boldsymbol{y}]=0$，则式(3-52)的期望为

$$\bar{z}=\mathrm{E}[\tilde{f}(\bar{\boldsymbol{y}})+\tilde{\boldsymbol{D}}_{\Delta y}\tilde{f}]=\tilde{f}(\bar{\boldsymbol{y}})=f(\bar{\boldsymbol{x}}) \tag{3-53}$$

如前所述，根据变量 $\Delta\boldsymbol{y}$ 的期望为零，方差为 $\boldsymbol{I}$ 及各元素互不相关性可知

$$\begin{cases}\mathrm{E}[(\Delta y_i)^2]=\sigma^2=1, & i=1,2,\cdots,n\\ \mathrm{E}[\Delta y_i\Delta y_j]=0, & i\neq j\end{cases} \tag{3-54}$$

而 $\Delta\boldsymbol{y}$ 的元素高阶矩需根据 $\Delta\boldsymbol{y}$ 的分布而定。

于是根据式(3－37)和式(3－48)～(3－51)得到一阶分开差分协方差矩阵为

$$\begin{aligned}
\boldsymbol{P}_z &= \mathrm{E}[(z-\bar{z})(z-\bar{z})^{\mathrm{T}}] \\
&= \mathrm{E}[(\tilde{f}(\bar{\boldsymbol{y}})+\tilde{\boldsymbol{D}}_{\Delta y}\tilde{f}-\tilde{f}(\bar{\boldsymbol{y}}))(\tilde{f}(\bar{\boldsymbol{y}})+\tilde{\boldsymbol{D}}_{\Delta y}\tilde{f}-\tilde{f}(\bar{\boldsymbol{y}}))^{\mathrm{T}}] \\
&= \mathrm{E}\{[\frac{1}{h}(\sum_{i=1}^{n}\Delta y_i\mu_i\delta_i)\tilde{f}(\bar{\boldsymbol{y}})][\frac{1}{h}(\sum_{i=1}^{n}\Delta y_i\mu_i\delta_i)\tilde{f}(\bar{\boldsymbol{y}})]^{\mathrm{T}}\} \\
&= \frac{1}{h^2}\sum_{i=1}^{n}[(\mu_i\delta_i\tilde{f}(\bar{\boldsymbol{y}}))(\mu_i\delta_i\tilde{f}(\bar{\boldsymbol{y}}))^{\mathrm{T}}] \\
&= \frac{1}{4h^2}\sum_{i=1}^{n}[\tilde{f}(\bar{\boldsymbol{y}}+h\boldsymbol{e}_i)-\tilde{f}(\bar{\boldsymbol{y}}-h\boldsymbol{e}_i)][\tilde{f}(\bar{\boldsymbol{y}}+h\boldsymbol{e}_i)-\tilde{f}(\bar{\boldsymbol{y}}-h\boldsymbol{e}_i)]^{\mathrm{T}} \\
&= \frac{1}{4h^2}\sum_{i=1}^{n}[\tilde{f}(\bar{\boldsymbol{x}}+h\boldsymbol{s}_i)-\tilde{f}(\bar{\boldsymbol{x}}-h\boldsymbol{s}_i)][\tilde{f}(\bar{\boldsymbol{x}}+h\boldsymbol{s}_i)-\tilde{f}(\bar{\boldsymbol{x}}-h\boldsymbol{s}_i)]^{\mathrm{T}}
\end{aligned} \tag{3-55}$$

根据类似的方差可以求出互协方差的一阶分开差分估计为

$$\begin{aligned}
P_{xz} &= \mathrm{E}[(\boldsymbol{x}-\bar{\boldsymbol{x}})(z-\bar{z})^{\mathrm{T}}] \\
&= \mathrm{E}[(\boldsymbol{S}_x\Delta\boldsymbol{y})(\tilde{f}(\bar{\boldsymbol{y}})+\tilde{\boldsymbol{D}}_{\Delta y}\tilde{f}-\tilde{f}(\bar{\boldsymbol{y}}))^{\mathrm{T}}] \\
&= \mathrm{E}\{[\sum_{i=1}^{n}\boldsymbol{s}_i\Delta y_i][\frac{1}{h}(\sum_{i=1}^{n}\Delta y_i\mu_i\delta_i)\tilde{f}(\bar{\boldsymbol{y}})]^{\mathrm{T}}\} \\
&= \frac{1}{h}\sum_{i=1}^{n}[\mathrm{E}(\Delta y_i)^2\boldsymbol{s}_i(\mu_i\delta_i\tilde{f}(\bar{\boldsymbol{y}}))^{\mathrm{T}}] \\
&= \frac{1}{h}\sum_{i=1}^{n}[\sigma_2\boldsymbol{s}_i(\mu_i\delta_i\tilde{f}(\bar{\boldsymbol{y}}))^{\mathrm{T}}] \\
&= \frac{1}{2h}\sum_{i=1}^{n}\{\boldsymbol{s}_i[\tilde{f}(\bar{\boldsymbol{y}}+h\boldsymbol{e}_i)-\tilde{f}(\bar{\boldsymbol{y}}-h\boldsymbol{e}_i)]^{\mathrm{T}}\} \\
&= \frac{1}{2h}\sum_{i=1}^{n}\{\boldsymbol{s}_i[\tilde{f}(\bar{\boldsymbol{x}}+h\boldsymbol{s}_i)-\tilde{f}(\bar{\boldsymbol{x}}-h\boldsymbol{s}_i)]^{\mathrm{T}}\}
\end{aligned} \tag{3-56}$$

从推导中还不清楚如何选择区间长度。区间长度与期望估计无关，但是对协方差矩阵的估计有明显影响。在文献[123]中对估计进行了分析，结果表明 h 的最优设置是由 $\Delta\boldsymbol{y}$ 的分布决定的，h^2 应该等于分布的峰值，即 $h^2=\sigma_4$。这种选择是由真实均值和协方差的泰勒展开式和其估计量之间的比较引起的。当 $h^2=\sigma_4$ 时，这些级数很匹配。对于高斯分布来说，$\sigma_4=3\sigma_2=3$。

(2)二阶线性化近似。

通过使用插值公式导出的二阶多项式逼近函数，可以得到更加精确的 z 的均值和

协方差估计,即

$$\begin{aligned}
\boldsymbol{z} = f(\boldsymbol{x}) &= \tilde{f}(\boldsymbol{y}) = \tilde{f}(\bar{\boldsymbol{y}} + \Delta\boldsymbol{y}) \\
&\approx \tilde{f}(\bar{\boldsymbol{y}}) + \tilde{\boldsymbol{D}}_{\Delta y}\tilde{f} + \frac{1}{2}\tilde{\boldsymbol{D}}_{\Delta y}^{2}\tilde{f} \\
&= \tilde{f}(\bar{\boldsymbol{y}}) + \frac{1}{h}\left(\sum_{i=1}^{n}\Delta y_i\mu_i\delta_i\right)\tilde{f}(\bar{\boldsymbol{y}}) + \\
&\quad \frac{1}{2h^2}\left(\sum_{i=1}^{n}(\Delta y_i)^2\delta_i^2 + \sum_{i=1}^{n}\sum_{j=1,i\neq j}^{n}\Delta y_i\Delta y_j(\mu_i\delta_i)(\mu_i\delta_i)\right)\tilde{f}(\bar{\boldsymbol{y}})
\end{aligned} \tag{3-57}$$

根据 $\Delta\boldsymbol{y}$ 是零均值且各元素互不相关,可利用式(3-57)近似来求取 $\boldsymbol{z}$ 的期望为

$$\begin{aligned}
\bar{\boldsymbol{z}} &= \mathrm{E}\left[\tilde{f}(\bar{\boldsymbol{y}}) + \frac{1}{2h^2}\left(\sum_{i=1}^{n}(\Delta y_i)^2\delta_i^2\right)\tilde{f}(\bar{\boldsymbol{y}})\right] \\
&= \tilde{f}(\bar{\boldsymbol{y}}) + \frac{1}{2h^2}\sum_{i=1}^{n}\left[\mathrm{E}(\Delta y_i)^2\delta_i^2\tilde{f}(\bar{\boldsymbol{y}})\right] \\
&= \tilde{f}(\bar{\boldsymbol{y}}) + \frac{1}{2h^2}\sum_{i=1}^{n}\left[\sigma_2\delta_i^2\tilde{f}(\bar{\boldsymbol{y}})\right] \\
&= \tilde{f}(\bar{\boldsymbol{y}}) + \frac{1}{2h^2}\sum_{i=1}^{n}\left[\tilde{f}(\bar{\boldsymbol{y}} + h\boldsymbol{e}_i) + \tilde{f}(\bar{\boldsymbol{y}} - h\boldsymbol{e}_i) - 2\tilde{f}(\bar{\boldsymbol{y}})\right] \\
&= \frac{h^2 - n}{h^2}\tilde{f}(\bar{\boldsymbol{y}}) + \frac{1}{2h^2}\sum_{i=1}^{n}\left[\tilde{f}(\bar{\boldsymbol{y}} + h\boldsymbol{e}_i) + \tilde{f}(\bar{\boldsymbol{y}} - h\boldsymbol{e}_i)\right] \\
&= \frac{h^2 - n}{h^2}\tilde{f}(\bar{\boldsymbol{x}}) + \frac{1}{2h^2}\sum_{i=1}^{n}\left[\tilde{f}(\bar{\boldsymbol{x}} + h\boldsymbol{e}_i) + \tilde{f}(\bar{\boldsymbol{x}} - h\boldsymbol{e}_i)\right]
\end{aligned} \tag{3-58}$$

现在来推导协方差估计。首先观察到

$$\begin{aligned}
\boldsymbol{P}_z &= \mathrm{E}\left[(\boldsymbol{z} - \bar{\boldsymbol{z}})(\boldsymbol{z} - \bar{\boldsymbol{z}})^{\mathrm{T}}\right] \\
&= \mathrm{E}\left\{\left[(\boldsymbol{z} - \tilde{f}(\bar{\boldsymbol{y}})) - \mathrm{E}(\boldsymbol{z} - \tilde{f}(\bar{\boldsymbol{y}}))\right]\left[(\boldsymbol{z} - \tilde{f}(\bar{\boldsymbol{y}})) - \mathrm{E}(\boldsymbol{z} - \tilde{f}(\bar{\boldsymbol{y}}))\right]^{\mathrm{T}}\right\} \\
&= \mathrm{E}\left[(\boldsymbol{z} - \tilde{f}(\bar{\boldsymbol{y}}))(\boldsymbol{z} - \tilde{f}(\bar{\boldsymbol{y}}))^{\mathrm{T}}\right] - \mathrm{E}\left[\boldsymbol{z} - \tilde{f}(\bar{\boldsymbol{y}})\right]\mathrm{E}\left[\boldsymbol{z} - \tilde{f}(\bar{\boldsymbol{y}})\right]^{\mathrm{T}}
\end{aligned} \tag{3-59}$$

所以协方差估计可以写成

$$\begin{aligned}
\boldsymbol{P}_z &= \mathrm{E}\left[\left(\tilde{\boldsymbol{D}}_{\Delta y}\tilde{f} + \frac{1}{2}\tilde{\boldsymbol{D}}_{\Delta y}^2\tilde{f}\right)\left(\tilde{\boldsymbol{D}}_{\Delta y}\tilde{f} + \frac{1}{2}\tilde{\boldsymbol{D}}_{\Delta y}^2\tilde{f}\right)^{\mathrm{T}}\right] - \\
&\quad \mathrm{E}\left[\tilde{\boldsymbol{D}}_{\Delta y}\tilde{f} + \frac{1}{2}\tilde{\boldsymbol{D}}_{\Delta y}^2\tilde{f}\right]\mathrm{E}\left[\tilde{\boldsymbol{D}}_{\Delta y}\tilde{f} + \frac{1}{2}\tilde{\boldsymbol{D}}_{\Delta y}^2\tilde{f}\right]^{\mathrm{T}} \\
&= \mathrm{E}\left[(\tilde{\boldsymbol{D}}_{\Delta y}\tilde{f})(\tilde{\boldsymbol{D}}_{\Delta y}\tilde{f})^{\mathrm{T}}\right] + \frac{1}{4}\mathrm{E}\left[(\tilde{\boldsymbol{D}}_{\Delta y}^2\tilde{f})(\tilde{\boldsymbol{D}}_{\Delta y}^2\tilde{f})^{\mathrm{T}}\right] - \frac{1}{4}\mathrm{E}\left[\tilde{\boldsymbol{D}}_{\Delta y}^2\tilde{f}\right]\mathrm{E}\left[\tilde{\boldsymbol{D}}_{\Delta y}^2\tilde{f}\right]^{\mathrm{T}}
\end{aligned} \tag{3-60}$$

由于 $\Delta\boldsymbol{y}$ 的各元素是独立的,并且分布是对称的,因此第二步可以将所有奇数矩约掉,则有

$$\mathrm{E}[(\Delta\boldsymbol{y}_i)^k] = 0,\quad k\text{ 为奇数} \tag{3-61}$$

$$\mathrm{E}[(\Delta\boldsymbol{y}_i)^k(\Delta\boldsymbol{y}_i)^m] = 0,\quad i \neq j,\quad k\text{ 或 }m\text{ 为奇数} \tag{3-62}$$

$$\mathrm{E}[(\Delta\boldsymbol{y}_i)^4] = \sigma_4 = 3 \tag{3-63}$$

且式(3-60)的右边第一项已经在一阶近似中处理过,现在来计算第二项和第三项,可以发现$\mathrm{E}[(\tilde{\boldsymbol{D}}_{\Delta y}^2\tilde{f})(\tilde{\boldsymbol{D}}_{\Delta y}^2\tilde{f})^{\mathrm{T}}]$含有以下三项,分别是

$$\mathrm{E}[(\Delta\boldsymbol{y}_i)^4][\delta_i^2\tilde{f}(\bar{\boldsymbol{y}})][\delta_i^2\tilde{f}(\bar{\boldsymbol{y}})]^{\mathrm{T}} = \sigma_4[\delta_i^2\tilde{f}(\bar{\boldsymbol{y}})][\delta_i^2\tilde{f}(\bar{\boldsymbol{y}})]^{\mathrm{T}} \tag{3-64}$$

$$\mathrm{E}[(\Delta\boldsymbol{y}_i)^2(\Delta\boldsymbol{y}_j)^2][\delta_i^2\tilde{f}(\bar{\boldsymbol{y}})][\delta_j^2\tilde{f}(\bar{\boldsymbol{y}})]^{\mathrm{T}} = \sigma_2^2[\delta_i^2\tilde{f}(\bar{\boldsymbol{y}})][\delta_j^2\tilde{f}(\bar{\boldsymbol{y}})]^{\mathrm{T}} \tag{3-65}$$

$$\begin{aligned}&\mathrm{E}[(\Delta\boldsymbol{y}_i)^2(\Delta\boldsymbol{y}_j)^2][(\mu_i\delta_i)(\mu_j\delta_j)\tilde{f}(\bar{\boldsymbol{y}})][(\mu_i\delta_i)(\mu_j\delta_j)\tilde{f}(\bar{\boldsymbol{y}})]^{\mathrm{T}}\\&= \sigma_2^2[(\mu_i\delta_i)(\mu_j\delta_j)\tilde{f}(\bar{\boldsymbol{y}})][(\mu_i\delta_i)(\mu_j\delta_j)\tilde{f}(\bar{\boldsymbol{y}})]^{\mathrm{T}}\end{aligned} \tag{3-66}$$

$\mathrm{E}[\tilde{\boldsymbol{D}}_{\Delta y}^2\tilde{f}]\mathrm{E}[\tilde{\boldsymbol{D}}_{\Delta y}^2\tilde{f}]^{\mathrm{T}}$ 中含有两项

$$\mathrm{E}[(\Delta\boldsymbol{y}_i)^2\delta_i^2\tilde{f}(\bar{\boldsymbol{y}})]\mathrm{E}[(\Delta\boldsymbol{y}_i)^2\delta_i^2\tilde{f}(\bar{\boldsymbol{y}})]^{\mathrm{T}} = \sigma_2^2[\delta_i^2\tilde{f}(\bar{\boldsymbol{y}})][\delta_i^2\tilde{f}(\bar{\boldsymbol{y}})]^{\mathrm{T}} \tag{3-67}$$

$$\mathrm{E}[(\Delta\boldsymbol{y}_i)^2(\Delta\boldsymbol{y}_j)^2][\delta_i^2\tilde{f}(\bar{\boldsymbol{y}})][\delta_j^2\tilde{f}(\bar{\boldsymbol{y}})]^{\mathrm{T}} = \sigma_2^2[\delta_i^2\tilde{f}(\bar{\boldsymbol{y}})][\delta_j^2\tilde{f}(\bar{\boldsymbol{y}})]^{\mathrm{T}} \tag{3-68}$$

以上所有项出现的$\forall i, \forall j, i\neq j$。

可以看出,式(3-65)和式(3-68)是相同的,可以相互抵消。另外忽略式(3-66)所示的项,计算此项将大大增加计算量,因为这些项的数量随着 y 的维数的快速增长而增加,更重要的是利用二阶插值公式是无法捕捉到所有的四阶矩的,这需要三阶多项式近似。

因此得到了以下的协方差估计:

$$\begin{aligned}\boldsymbol{P}_z &= \sigma_2\sum_{i=1}^{n}\{[\mu_i\delta_i\tilde{f}(\bar{\boldsymbol{y}})][\mu_i\delta_i\tilde{f}(\bar{\boldsymbol{y}})]^{\mathrm{T}}\} + \frac{\sigma_4-\sigma_2^2}{4}\sum_{i=1}^{n}\{[\delta_i^2\tilde{f}(\bar{\boldsymbol{y}})][\delta_i^2\tilde{f}(\bar{\boldsymbol{y}})]^{\mathrm{T}}\}\\&= \frac{1}{4h^2}\sum_{i=1}^{n}[\tilde{f}(\bar{\boldsymbol{y}}+h\boldsymbol{e}_i)-\tilde{f}(\bar{\boldsymbol{y}}-h\boldsymbol{e}_i)][\tilde{f}(\bar{\boldsymbol{y}}+h\boldsymbol{e}_i)-\tilde{f}(\bar{\boldsymbol{y}}-h\boldsymbol{e}_i)]^{\mathrm{T}} +\\&\quad\frac{\sigma_4-1}{4}\sum_{i=1}^{n}[\tilde{f}(\bar{\boldsymbol{y}}+h\boldsymbol{e}_i)+\tilde{f}(\bar{\boldsymbol{y}}-h\boldsymbol{e}_i)-2\tilde{f}(\bar{\boldsymbol{y}})]\times\\&\quad[\tilde{f}(\bar{\boldsymbol{y}}+h\boldsymbol{e}_i)+\tilde{f}(\bar{\boldsymbol{y}}-h\boldsymbol{e}_i)-2\tilde{f}(\bar{\boldsymbol{y}})]^{\mathrm{T}}\end{aligned}$$

$$= \frac{1}{4h^2}\sum_{i=1}^{n}[\tilde{f}(\bar{\boldsymbol{x}}+h\boldsymbol{s}_i)-\tilde{f}(\bar{\boldsymbol{x}}-h\boldsymbol{s}_i)][\tilde{f}(\bar{\boldsymbol{x}}+h\boldsymbol{s}_i)-\tilde{f}(\bar{\boldsymbol{x}}-h\boldsymbol{s}_i)]^{\mathrm{T}}+$$

$$\frac{h^2-1}{4}\sum_{i=1}^{n}[\tilde{f}(\bar{\boldsymbol{x}}+h\boldsymbol{s}_i)+\tilde{f}(\bar{\boldsymbol{x}}-h\boldsymbol{s}_i)-2\tilde{f}(\bar{\boldsymbol{x}})]\times$$

$$[\tilde{f}(\bar{\boldsymbol{x}}+h\boldsymbol{s}_i)+\tilde{f}(\bar{\boldsymbol{x}}-h\boldsymbol{s}_i)-2\tilde{f}(\bar{\boldsymbol{x}})]^{\mathrm{T}} \tag{3-69}$$

因为

$$\begin{aligned}\sigma_4-\sigma_2^2&=\mathrm{E}[(\Delta\boldsymbol{y}_i)^4]-\mathrm{E}[(\Delta\boldsymbol{y}_i)^2]^2\\&=\mathrm{E}\{[(\Delta\boldsymbol{y}_i)^2-\mathrm{E}(\Delta\boldsymbol{y}_i)^2][(\Delta\boldsymbol{y}_i)^2-\mathrm{E}(\Delta\boldsymbol{y}_i)^2]^{\mathrm{T}}\}\geqslant 0\end{aligned} \tag{3-70}$$

所以对于任何概率分布都有 $\sigma_4 \geqslant \sigma_2^2$，应选择 $h^2 \geqslant 1$。显然，这意味着二阶分开差分协方差估计始终是半正定的。

对于二阶的互协方差估计，有

$$\begin{aligned}\boldsymbol{P}_{xz}&=\mathrm{E}[(\boldsymbol{S}_x\Delta\boldsymbol{y})(\tilde{\boldsymbol{D}}_{\Delta y}\tilde{f}+\frac{1}{2}\tilde{\boldsymbol{D}}_{\Delta y}^2\tilde{f})^{\mathrm{T}}]\\&=\mathrm{E}[(\boldsymbol{S}_x\Delta\boldsymbol{y})(\tilde{\boldsymbol{D}}_{\Delta y}\tilde{f})^{\mathrm{T}}]\\&=\frac{1}{2h}\sum_{i=1}^{n}\{\boldsymbol{s}_i[\tilde{f}(\bar{\boldsymbol{x}}+h\boldsymbol{s}_i)-\tilde{f}(\bar{\boldsymbol{x}}-h\boldsymbol{s}_i)]^{\mathrm{T}}\}\end{aligned} \tag{3-71}$$

显然，二阶分开差分互协方差估计与一阶分开差分互协方差估计相同。

从上面的理论分析可以看出，二阶分开差分均值和协方差估计与 h 有关，故适当选取 h 可以使二阶分开差分变换更加贴近真实后验协方差的高阶项。

3.3.3　基于 Stirling 多项式插值公式的分开差分卡尔曼滤波

基于多维插值公式的多项式近似，推导出非线性系统的状态估计。结果表明，在一定的假设条件下，估计器的性能要优于泰勒近似估计器的性能。而且新的插值滤波器不需要求导，只需要进行功能评估。这使得滤波器的实现变得简单，甚至在存在奇异点无法求导的情况下，也可以进行状态估计。尽管实现比基于泰勒展开的滤波器更简单，但计算量通常是大小相当的。此外，在对估计误差的分布的某种假设下，新的插值滤波器表现出了类似的，甚至更优越的性能。

一阶分开差分卡尔曼滤波，考虑下列状态空间模型的离散时间的非线性随机动态系统，即

$$\boldsymbol{x}_k=f(\boldsymbol{x}_{k-1},\boldsymbol{u}_{k-1},\boldsymbol{w}_{k-1})\text{（过程方程）} \tag{3-72}$$

$$\boldsymbol{z}_k=h(\boldsymbol{x}_k,\boldsymbol{v}_k)\text{（量测方程）} \tag{3-73}$$

式中，k 为离散时间序列；$\boldsymbol{x}_k\in\mathbb{R}^n$ 为状态向量；$\boldsymbol{z}_k\in\mathbb{R}^m$ 为量测向量；$\boldsymbol{w}_k\in\mathbb{R}^n$ 和$\boldsymbol{v}_k\in\mathbb{R}^m$

为不相关的高斯白噪声，分别满足 $E[\boldsymbol{w}_k\boldsymbol{w}_l^{\mathrm{T}}]=\boldsymbol{Q}_k\delta_{kl}$ 和 $E[\boldsymbol{v}_k\boldsymbol{v}_l^{\mathrm{T}}]=\boldsymbol{R}_k\delta_{kl}$，其中

$$\delta_{kl}=\begin{cases}1, & k=j\\ 0, & k\neq j\end{cases} \tag{3-74}$$

是克罗内克 δ 函数，初始状态 $\boldsymbol{x}_0$ 是一个均值和协方差矩阵分别为 $\hat{\boldsymbol{x}}_{0|0}$ 和 $\boldsymbol{P}_{0|0}$ 的高斯随机向量，$\boldsymbol{Q}_k\geqslant 0$ 是系统噪声的协方差矩阵，$\boldsymbol{R}_k>0$ 是量测噪声的协方差矩阵。

非线性滤波的目的是根据现有的噪声量测值 $z_{1:k}=\{z_j\}_{j=1}^{k}$ 来估计未知的系统状态 $\boldsymbol{x}_k$。根据 3.2 节的推导，可以利用一阶截断 Stirling 插值公式和二阶截断 Stirling 插值公式来近似计算系统状态的后验均值和协方差，从而得到一阶分开差分卡尔曼滤波和二阶差分卡尔曼滤波。

根据前面所述的一阶差分近似，一阶 DDF 具体算法如下。

（1）初始状态统计特性为

$$\boldsymbol{x}_0=E(\boldsymbol{x}_0),\quad \boldsymbol{P}_0=\mathrm{Var}(\boldsymbol{x}_0)=E[(\boldsymbol{x}_0-\boldsymbol{x}_0)(\boldsymbol{x}_0-\boldsymbol{x}_0)^{\mathrm{T}}] \tag{3-75}$$

对 $\boldsymbol{P}_0$ 进行 Cholesky 分解有

$$\boldsymbol{P}_0=\boldsymbol{S}_0^x(\boldsymbol{S}_0^x)^{\mathrm{T}} \tag{3-76}$$

（2）引入 4 个平方根算子。已知 $k-1$ 时刻的状态估计 $\hat{\boldsymbol{x}}_{k-1}$ 和协方差 $\boldsymbol{P}_{k-1}$，利用 Cholesky 分解引入四个平方根分解算子，即

$$\begin{aligned}&\boldsymbol{P}_{k-1}=\boldsymbol{S}_{k-1}^x(\boldsymbol{S}_{k-1}^x)^{\mathrm{T}},\quad \boldsymbol{P}_{k|k-1}=\boldsymbol{S}_{k|k-1}^x(\boldsymbol{S}_{k|k-1}^x)^{\mathrm{T}}\\&\boldsymbol{Q}_{k-1}=\boldsymbol{S}_{k-1}^w(\boldsymbol{S}_{k-1}^w)^{\mathrm{T}},\quad \boldsymbol{R}_{k-1}=\boldsymbol{S}_{k-1}^v(\boldsymbol{S}_{k-1}^v)^{\mathrm{T}}\end{aligned} \tag{3-77}$$

式中，$\boldsymbol{P}_{k-1}$ 和 $\boldsymbol{P}_{k|k-1}$ 分别为状态估计和一步预测的协方差矩阵；$\boldsymbol{S}_{k-1}^x$、$\boldsymbol{S}_{k|k-1}^x$、$\boldsymbol{S}_{k-1}^w$、$\boldsymbol{S}_{k-1}^v$ 分别为矩阵 $\boldsymbol{P}_{k-1}$、$\boldsymbol{P}_{k|k-1}$、$\boldsymbol{Q}_{k-1}$、$\boldsymbol{R}_{k-1}$ 的 Cholesky 因子。噪声协方差矩阵 $\boldsymbol{Q}_{k-1}$、$\boldsymbol{R}_{k-1}$ 的 Cholesky 分解算子通常可以提前计算，$\boldsymbol{P}_{k-1}$ 和 $\boldsymbol{P}_{k|k-1}$ 在滤波过程中不断更新和修正。一阶 DDF 通常使用一阶差分来近似系统和量测动态系统，而 EKF 是使用泰勒级数展开。一阶差分的 4 个矩阵定义为

$$\begin{aligned}\boldsymbol{S}_{k-1}^{xx\,(1)}&=\{\boldsymbol{S}_{k-1\,(i,j)}^{xx\,(1)}\}\\&=\frac{1}{2h}\{f_i(\hat{\boldsymbol{x}}_{k-1}+h\boldsymbol{s}_{k-1}^{x,j},\boldsymbol{u}_{k-1},\bar{\boldsymbol{w}}_{k-1})-f_i(\hat{\boldsymbol{x}}_{k-1}-h\boldsymbol{s}_{k-1}^{x,j},\boldsymbol{u}_{k-1},\bar{\boldsymbol{w}}_{k-1})\}\end{aligned} \tag{3-78}$$

$$\begin{aligned}\boldsymbol{S}_{k-1}^{xw\,(1)}&=\{\boldsymbol{S}_{k-1\,(i,j)}^{xw\,(1)}\}\\&=\frac{1}{2h}\{f_i(\hat{\boldsymbol{x}}_{k-1},\boldsymbol{u}_{k-1},\bar{\boldsymbol{w}}_{k-1}+h\boldsymbol{s}_{k-1}^{w,j})-f_i(\hat{\boldsymbol{x}}_{k-1},\boldsymbol{u}_{k-1},\bar{\boldsymbol{w}}_{k-1}-h\boldsymbol{s}_{k-1}^{w,j})\}\end{aligned} \tag{3-79}$$

$$\begin{aligned}\boldsymbol{S}_{k|k-1}^{zx\,(1)}&=\{\boldsymbol{S}_{k|k-1\,(i,j)}^{zx\,(1)}\}\\&=\frac{1}{2h}\{g_i(\hat{\boldsymbol{x}}_{k|k-1}+h\boldsymbol{s}_{k|k-1}^{x,j},\bar{\boldsymbol{v}}_{k-1})-g_i(\hat{\boldsymbol{x}}_{k|k-1}-h\boldsymbol{s}_{k|k-1}^{x,j},\bar{\boldsymbol{v}}_{k-1})\}\end{aligned} \tag{3-80}$$

$$\begin{aligned}\boldsymbol{S}_{k-1}^{zv\ (1)} &= \{\boldsymbol{S}_{k-1\ (i,j)}^{zv\ (1)}\} \\ &= \frac{1}{2h}\{g_i(\hat{\boldsymbol{x}}_{k|k-1},\bar{\boldsymbol{v}}_{k-1}+h\boldsymbol{s}_{k-1}^{v,j})-g_i(\hat{\boldsymbol{x}}_{k|k-1},\bar{\boldsymbol{v}}_{k-1}-h\boldsymbol{s}_{k-1}^{v,j})\}\end{aligned} \tag{3-81}$$

式中，$\bar{\boldsymbol{w}}_{k-1}$和 $\bar{\boldsymbol{v}}_{k-1}$分别为过程噪声和量测噪声的均值。假设状态估计误差是高斯且无偏的，那么 $h^2=3$。

(3)时间更新为

$$\hat{\boldsymbol{x}}_{k|k-1}\approx f(\hat{\boldsymbol{x}}_{k-1},\boldsymbol{u}_{k-1},\bar{\boldsymbol{w}}_{k-1}) \tag{3-82}$$

式中，状态估计的一步预测过程与 EKF 是相同的。

通过应用式(3 - 78)和式(3 - 79)，协方差更新可以表示为以下对称矩阵相乘的形式，即

$$\begin{aligned}\boldsymbol{P}_{k|k-1} &= [\boldsymbol{S}_{k-1}^{xx\ (1)}\quad \boldsymbol{S}_{k-1}^{xw\ (1)}][\boldsymbol{S}_{k-1}^{xx\ (1)}\quad \boldsymbol{S}_{k-1}^{xw\ (1)}]^{\mathrm{T}} \\ &= \boldsymbol{S}_{k-1}^{xx\ (1)}(\boldsymbol{S}_{k-1}^{xx\ (1)})^{-1}+\boldsymbol{S}_{k-1}^{xw\ (1)}(\boldsymbol{S}_{k-1}^{xw\ (1)})^{-1}\end{aligned} \tag{3-83}$$

由于状态 $\boldsymbol{x}_k$ 和噪声 $\boldsymbol{w}_k$ 是相互独立的，因此一步预测的协方差更新可以写成两个矩阵相乘的和的形式。

众所周知，EKF 在经过多次迭代后，由于舍入误差的影响导致数值问题，因此协方差矩阵不对称甚至非正定。通常的补救办法是通过平方根来更新。从式(3 - 83)中可以看出协方差更新是两个平方的和，一阶 DDF 中不存在 EKF 存在的数值问题。然而，依然可以使用平方根的形式进行更新，因为量测更新也需要用到平方根的形式，所以 Cholesky 因子可以写成下面复合矩阵的形式：

$$\boldsymbol{S}_{k|k-1}^{x} = [\boldsymbol{S}_{k-1}^{xx\ (1)}\quad \boldsymbol{S}_{k-1}^{xw\ (1)}] \tag{3-84}$$

在以后的使用中，矩阵必须转换成一个方形的 Cholesky 因子，可以通过 Householder 三角化来实现。

(4)量测更新。推导一步预测的量测向量及其协方差矩阵为

$$\boldsymbol{z}_{k|k-1} = g(\boldsymbol{x}_{k|k-1},\bar{\boldsymbol{v}}_k) \tag{3-85}$$

$$\boldsymbol{S}_{k|k-1}^{z} = [\boldsymbol{S}_{k|k-1}^{zx\ (1)}\quad \boldsymbol{S}_{k-1}^{zv\ (1)}] \tag{3-86}$$

$$\boldsymbol{P}_{k|k-1}^{z} = \boldsymbol{S}_{k|k-1}^{z}(\boldsymbol{S}_{k|k-1}^{z})^{\mathrm{T}} \tag{3-87}$$

状态和量测估计误差的交叉协方差为

$$\boldsymbol{P}_{k|k-1}^{xy} = \boldsymbol{S}_{k|k-1}^{x}(\boldsymbol{S}_{k|k-1}^{zx\ (1)})^{\mathrm{T}} \tag{3-88}$$

卡尔曼增益为

$$\boldsymbol{K}_k = \boldsymbol{P}_{k|k-1}^{xy}[\boldsymbol{S}_{k|k-1}^{z}(\boldsymbol{S}_{k|k-1}^{z})^{\mathrm{T}}]^{-1} \tag{3-89}$$

更新后的状态为

$$\hat{\boldsymbol{x}}_k = \boldsymbol{x}_{k|k-1} + \boldsymbol{K}_k(\boldsymbol{z}_k - \boldsymbol{z}_{k|k-1}) \tag{3-90}$$

$\boldsymbol{P}^y_{k|k-1}$的因子分解在式(3－89)中被有意保留，因为它在实际的增益计算中是有用的。由于$\boldsymbol{S}^z_{k|k-1}$是三角矩阵，因此式(3－89)可以变换成

$$[\boldsymbol{S}^z_{k|k-1}(\boldsymbol{S}^z_{k|k-1})^{\mathrm{T}}]\boldsymbol{K}_k = \boldsymbol{P}^{xy}_{k|k-1} \tag{3-91}$$

则

$$\begin{aligned}\boldsymbol{K}_k\boldsymbol{P}_z\boldsymbol{K}_k^{\mathrm{T}} &= \boldsymbol{S}^x_{k|k-1}(\boldsymbol{S}^{zx}_{k|k-1}{}^{(1)})^{\mathrm{T}}\boldsymbol{K}_k^{\mathrm{T}} \\ &= \boldsymbol{K}_k\boldsymbol{S}^{zx}_{k|k-1}{}^{(1)}(\boldsymbol{S}^x_{k|k-1})^{\mathrm{T}} \\ &= \boldsymbol{K}_k\boldsymbol{S}^{zx}_{k|k-1}{}^{(1)}(\boldsymbol{S}^{zx}_{k|k-1}{}^{(1)})^{\mathrm{T}}\boldsymbol{K}_k^{\mathrm{T}} + \boldsymbol{K}_k\boldsymbol{S}^{zv}_{k-1}{}^{(1)}(\boldsymbol{S}^{zv}_{k-1}{}^{(1)})^{\mathrm{T}}\boldsymbol{K}_k^{\mathrm{T}}\end{aligned} \tag{3-92}$$

状态协方差的更新可以改写成

$$\boldsymbol{P}_k = (\boldsymbol{S}^x_{k|k-1} - \boldsymbol{K}_k\boldsymbol{S}^{zx}_{k|k-1}{}^{(1)})(\boldsymbol{S}^x_{k|k-1} - \boldsymbol{K}_k\boldsymbol{S}^{zx}_{k|k-1}{}^{(1)})^{\mathrm{T}} + \boldsymbol{K}_k\boldsymbol{S}^{zv}_{k-1}{}^{(1)}(\boldsymbol{K}_k\boldsymbol{S}^{zv}_{k-1}{}^{(1)})^{\mathrm{T}} \tag{3-93}$$

那么

$$\boldsymbol{S}^x_k = [\boldsymbol{S}^x_{k|k-1} - \boldsymbol{K}_k\boldsymbol{S}^{zx}_{k|k-1}{}^{(1)} \quad \boldsymbol{K}_k\boldsymbol{S}^{zv}_{k-1}{}^{(1)}] \tag{3-94}$$

一阶分开差分滤波见表3.1。

表3.1 一阶分开差分滤波

输入：$\hat{\boldsymbol{x}}_{k-1}, \boldsymbol{P}_{k-1}, \boldsymbol{u}_{k-1}, \boldsymbol{Q}_{k-1}, z_k, \boldsymbol{R}_k, h$

1. Cholesky 分解及 Cholesky 因子更新

$\boldsymbol{P}_{k-1} = \boldsymbol{S}^x_{k-1}(\boldsymbol{S}^x_{k-1})^{\mathrm{T}}, \boldsymbol{Q}_{k-1} = \boldsymbol{S}^w_{k-1}(\boldsymbol{S}^w_{k-1})^{\mathrm{T}}$

利用式(3－78)、式(3－79)得到$\boldsymbol{S}^{xx}_{k-1}{}^{(1)}, \boldsymbol{S}^{xw}_{k-1}{}^{(1)}$

2. 状态及协方差的一步预测

$\hat{\boldsymbol{x}}_{k|k-1} = f(\hat{\boldsymbol{x}}_{k-1}, \boldsymbol{u}_{k-1}, \bar{\boldsymbol{w}}_{k-1})$；$\boldsymbol{S}^x_{k|k-1} = [\boldsymbol{S}^{xx}_{k-1}{}^{(1)} \quad \boldsymbol{S}^{xw}_{k-1}{}^{(1)}]$；$\boldsymbol{P}_{k|k-1} = \boldsymbol{S}^x_{k|k-1}(\boldsymbol{S}^x_{k|k-1})^{\mathrm{T}}$

3. Cholesky 分解及 Cholesky 因子更新

$\boldsymbol{R}_{k-1} = \boldsymbol{S}^v_{k-1}(\boldsymbol{S}^v_{k-1})^{\mathrm{T}}$

利用式(3－80)、式(3－81)得到$\boldsymbol{S}^{zx\,k|k-1\,(1)}_{k-1}, \boldsymbol{S}^{zv}_{k-1}{}^{(1)}$

4. 量测及协方差的一步预测

$\boldsymbol{z}_{k|k-1} = g(\hat{\boldsymbol{x}}_{k|k-1}, \bar{\boldsymbol{v}}_k)$；$\boldsymbol{S}^z_{k|k-1} = [\boldsymbol{S}^{zx}_{k|k-1}{}^{(1)} \quad \boldsymbol{S}^{zv}_{k-1}{}^{(1)}]$；$\boldsymbol{P}^z_{k|k-1} = \boldsymbol{S}^z_{k|k-1}(\boldsymbol{S}^z_{k|k-1})^{\mathrm{T}}$

5. 增益及状态更新

$\boldsymbol{P}^{xy}_{k|k-1} = \boldsymbol{S}^x_{k|k-1}(\boldsymbol{S}^{zx}_{k|k-1}{}^{(1)})^{\mathrm{T}}$

$\boldsymbol{K}_k = \boldsymbol{P}^{xy}_{k|k-1}[\boldsymbol{S}^z_{k|k-1}(\boldsymbol{S}^z_{k|k-1})^{\mathrm{T}}]^{-1}$

$\hat{\boldsymbol{x}}_k = \hat{\boldsymbol{x}}_{k|k-1} + \boldsymbol{K}_k(z_k - z_{k|k-1})$

$\boldsymbol{S}^x_k = [\boldsymbol{S}^x_{k|k-1} - \boldsymbol{K}_k\boldsymbol{S}^{zx}_{k|k-1}{}^{(1)} \quad \boldsymbol{K}_k\boldsymbol{S}^{zv}_{k-1}{}^{(1)}]$；$\boldsymbol{P}_k = \boldsymbol{S}^x_k(\boldsymbol{S}^x_k)^{\mathrm{T}}$

输出：$\hat{\boldsymbol{x}}_k, \boldsymbol{P}_k$

二阶分开差分卡尔曼滤波,利用二阶截断的 Stirling 插值公式来近似计算系统状态的后验均值和协方差,即得到二阶 DDF。以下是基于非线性系统式(3 - 72),式(3 - 73)的二阶 DDF 滤波的推导公式。

(1)初始状态统计特性为

$$\hat{\boldsymbol{x}}_0 = \mathrm{E}(\boldsymbol{x}_0),\quad \boldsymbol{P}_0 = \mathrm{Var}(\boldsymbol{x}_0) = \mathrm{E}[(\boldsymbol{x}_0 - \hat{\boldsymbol{x}}_0)(\boldsymbol{x}_0 - \hat{\boldsymbol{x}}_0)^{\mathrm{T}}] \tag{3-95}$$

(2)引入 4 个平方根算子。已知 $k-1$ 时刻的状态估计 $\hat{\boldsymbol{x}}_{k-1}$ 和协方差 $\boldsymbol{P}_{k-1}$,利用 Cholesky 分解引入四个平方根分解算子,即

$$\begin{aligned}\boldsymbol{S}_{k-1}^{xx\ (2)} &= \{\boldsymbol{S}_{k-1\ (i,j)}^{xx\ (2)}\} \\ &= \frac{\sqrt{h^2-1}}{2h^2}\{f_i(\hat{\boldsymbol{x}}_{k-1} + h\boldsymbol{s}_{k-1}^{x,j}, \boldsymbol{u}_{k-1}, \bar{\boldsymbol{w}}_{k-1}) + \\ &\quad f_i(\hat{\boldsymbol{x}}_{k-1} - h\boldsymbol{s}_{k-1}^{x,j}, \boldsymbol{u}_{k-1}, \bar{\boldsymbol{w}}_{k-1}) - 2f_i(\hat{\boldsymbol{x}}_{k-1}, \boldsymbol{u}_{k-1}, \bar{\boldsymbol{w}}_{k-1})\}\end{aligned} \tag{3-96}$$

$$\begin{aligned}\boldsymbol{S}_{k-1}^{xw\ (2)} &= \{\boldsymbol{S}_{k-1\ (i,j)}^{xw\ (2)}\} \\ &= \frac{\sqrt{h^2-1}}{2h^2}\{f_i(\hat{\boldsymbol{x}}_{k-1}, \boldsymbol{u}_{k-1}, \bar{\boldsymbol{w}}_{k-1} + h\boldsymbol{s}_{k-1}^{x,j}) + \\ &\quad f_i(\hat{\boldsymbol{x}}_{k-1}, \boldsymbol{u}_{k-1}, \bar{\boldsymbol{w}}_{k-1} - h\boldsymbol{s}_{k-1}^{x,j}) - 2f_i(\hat{\boldsymbol{x}}_{k-1}, \boldsymbol{u}_{k-1}, \bar{\boldsymbol{w}}_{k-1})\}\end{aligned} \tag{3-97}$$

$$\begin{aligned}\boldsymbol{S}_{k|k-1}^{zx\ (2)} &= \{\boldsymbol{S}_{k-1\ (i,j)}^{zx\ (2)}\} \\ &= \frac{\sqrt{h^2-1}}{2h^2}\{g_i(\hat{\boldsymbol{x}}_{k|k-1} + h\boldsymbol{s}_{k|k-1}^{x,j}, \bar{\boldsymbol{v}}_{k-1}) + \\ &\quad g_i(\hat{\boldsymbol{x}}_{k|k-1} - h\boldsymbol{s}_{k|k-1}^{x,j}, \bar{\boldsymbol{v}}_{k-1}) - 2g_i(\boldsymbol{x}_{k|k-1}, \bar{\boldsymbol{v}}_{k-1})\}\end{aligned} \tag{3-98}$$

$$\begin{aligned}\boldsymbol{S}_{k-1}^{zv\ (2)} &= \{\boldsymbol{S}_{k-1\ (i,j)}^{zv\ (2)}\} \\ &= \frac{\sqrt{h^2-1}}{2h^2}\{g_i(\hat{\boldsymbol{x}}_{k|k-1}, \bar{\boldsymbol{v}}_{k-1} + h\boldsymbol{s}_{k-1}^{v,j}) + \\ &\quad g_i(\hat{\boldsymbol{x}}_{k|k-1}, \bar{\boldsymbol{v}}_{k-1} - h\boldsymbol{s}_{k-1}^{v,j}) - 2g_i(\boldsymbol{x}_{k|k-1}, \bar{\boldsymbol{v}}_{k-1})\}\end{aligned} \tag{3-99}$$

(3)时间更新为

$$\begin{aligned}\hat{\boldsymbol{x}}_{k|k-1} &= \frac{h^2 - n_x - n_w}{h^2} f(\hat{\boldsymbol{x}}_{k-1}, \boldsymbol{u}_{k-1}, \boldsymbol{w}_{k-1}) + \\ &\quad \frac{1}{2h^2}\sum_{i=1}^{n_x}\{f(\hat{\boldsymbol{x}}_{k-1} + h\boldsymbol{s}_{k-1}^{x,i}, \boldsymbol{u}_{k-1}, \bar{\boldsymbol{w}}_{k-1}) + f(\hat{\boldsymbol{x}}_{k-1} - h\boldsymbol{s}_{k-1}^{x,i}, \boldsymbol{u}_{k-1}, \bar{\boldsymbol{w}}_{k-1})\} + \\ &\quad \frac{1}{2h^2}\sum_{i=1}^{n_w}\{f(\hat{\boldsymbol{x}}_{k-1}, \boldsymbol{u}_{k-1}, \bar{\boldsymbol{w}}_{k-1} + h\boldsymbol{s}_{k-1}^{w,i}) + f(\hat{\boldsymbol{x}}_{k-1}, \boldsymbol{u}_{k-1}, \bar{\boldsymbol{w}}_{k-1} - h\boldsymbol{s}_{k-1}^{w,i})\}\end{aligned} \tag{3-100}$$

式中,n_x 和 n_w 分别为状态向量和过程噪声向量的维数。

通过对矩阵进行 Householder 转换得到先验协方差的三角 Cholesky 因子,即

$$\boldsymbol{S}_{k|k-1}^{x}=\left[\boldsymbol{S}_{k-1}^{xx}{}^{(1)}\quad \boldsymbol{S}_{k-1}^{xw}{}^{(1)}\quad \boldsymbol{S}_{k-1}^{xx}{}^{(2)}\quad \boldsymbol{S}_{k-1}^{xw}{}^{(2)}\right] \tag{3-101}$$

一步预测的协方差矩阵 $\boldsymbol{P}_{k|k-1}$ 为

$$\boldsymbol{P}_{k|k-1}=\boldsymbol{S}_{k|k-1}^{x}(\boldsymbol{S}_{k|k-1}^{x})^{\mathrm{T}} \tag{3-102}$$

(4)量测更新。推导一步预测的量测向量及其协方差矩阵,即

$$\begin{aligned}\hat{\boldsymbol{z}}_{k|k-1}=&\frac{h^2-n_x-n_v}{h^2}g(\hat{\boldsymbol{x}}_{k|k-1},\bar{\boldsymbol{v}}_{k-1})+\\&\frac{1}{2h^2}\sum_{i=1}^{n_x}\{g(\hat{\boldsymbol{x}}_{k|k-1}+h\boldsymbol{s}_{k-1}^{x,i},\bar{\boldsymbol{v}}_{k-1})+g(\hat{\boldsymbol{x}}_{k|k-1}-h\boldsymbol{s}_{k-1}^{x,i},\bar{\boldsymbol{v}}_{k-1})\}+\\&\frac{1}{2h^2}\sum_{i=1}^{n_v}\{g(\hat{\boldsymbol{x}}_{k|k-1},\bar{\boldsymbol{v}}_{k-1}+h\boldsymbol{s}_{k-1}^{v,i})+g(\hat{\boldsymbol{x}}_{k|k-1},\bar{\boldsymbol{v}}_{k-1}-h\boldsymbol{s}_{k-1}^{v,i})\}\end{aligned} \tag{3-103}$$

$$\boldsymbol{S}_{k|k-1}^{z}=\left[\boldsymbol{S}_{k|k-1}^{zx}{}^{(1)}\quad \boldsymbol{S}_{k-1}^{zv}{}^{(1)}\quad \boldsymbol{S}_{k|k-1}^{zx}{}^{(2)}\quad \boldsymbol{S}_{k-1}^{zv}{}^{(2)}\right] \tag{3-104}$$

式中,n_v 表示量测噪声向量的维数。

状态和量测估计误差的互协方差为

$$\boldsymbol{P}_{k|k-1}^{xy}=\boldsymbol{S}_{k|k-1}^{x}(\boldsymbol{S}_{k|k-1}^{zx}{}^{(1)})^{\mathrm{T}} \tag{3-105}$$

卡尔曼增益为

$$\boldsymbol{K}_k=\boldsymbol{P}_{k|k-1}^{xy}[\boldsymbol{S}_{k|k-1}^{z}(\boldsymbol{S}_{k|k-1}^{z})^{\mathrm{T}}]^{-1} \tag{3-106}$$

状态向量的后验更新及其协方差更新为

$$\hat{\boldsymbol{x}}_k=\hat{\boldsymbol{x}}_{k|k-1}+\boldsymbol{K}_k(z_k-\hat{\boldsymbol{z}}_{k|k-1}) \tag{3-107}$$

$$\begin{aligned}\boldsymbol{P}_k=&(\boldsymbol{S}_{k|k-1}^{x}-\boldsymbol{K}_k\boldsymbol{S}_{k|k-1}^{zx}{}^{(1)})(\boldsymbol{S}_{k|k-1}^{x}-\boldsymbol{K}_k\boldsymbol{S}_{k|k-1}^{zx}{}^{(1)})^{\mathrm{T}}+\boldsymbol{K}_k\boldsymbol{S}_{k-1}^{zv}{}^{(1)}(\boldsymbol{K}_k\boldsymbol{S}_{k-1}^{zv}{}^{(1)})^{\mathrm{T}}+\\&\boldsymbol{K}_k\boldsymbol{S}_{k|k-1}^{zx}{}^{(2)}(\boldsymbol{K}_k\boldsymbol{S}_{k|k-1}^{zx}{}^{(2)})^{\mathrm{T}}+\boldsymbol{K}_k\boldsymbol{S}_{k-1}^{zv}{}^{(2)}(\boldsymbol{K}_k\boldsymbol{S}_{k-1}^{zv}{}^{(2)})^{\mathrm{T}}\end{aligned} \tag{3-108}$$

式中,协方差矩阵的 Cholesky 因子为

$$\boldsymbol{S}_k^{x}=\left[\boldsymbol{S}_{k|k-1}^{x}-\boldsymbol{K}_k\boldsymbol{S}_{k|k-1}^{zx}{}^{(1)}\quad \boldsymbol{K}_k\boldsymbol{S}_{k-1}^{zv}{}^{(1)}\quad \boldsymbol{K}_k\boldsymbol{S}_{k|k-1}^{zx}{}^{(2)}\quad \boldsymbol{K}_k\boldsymbol{S}_{k-1}^{zv}{}^{(2)}\right] \tag{3-109}$$

二阶分开差分滤波见表 3.2。基于高斯假设,在期望误差估计有一个较小的上限时,一阶 DDF 算法的精度略高于 EKF。此外,二阶 DDF 滤波器的精度比一般的高斯二阶滤波器的精度要更好。DDF 滤波器是基于多项式近似的,利用了状态估计的协方差,在高非线性系统和高噪声系统中都将优于传统的基于泰勒近似的滤波器。分开差分滤波不用线性化动态系统,它的传播是以当前估计为中心的一组点,以获得估计均值和协方差的改进逼近。分开差分滤波的滤波器的实现非常简单,因为不需要求导过程,而且计算量也相对有限,通常会与 EKF 的计算量相当。由于只需要提供系统模型和观测模型,因此在实现非线性滤波的通用计算机程序方面具有很高的吸引力。滤波器对于模型校准非常有用。在状态向量中含有可变数量的参数,以便同时进行状态和参数估计,实现简单。只需要初始化参数估计及其方程,然后运行滤波器过程即可。由于不需要

假设非线性映射的可微性且 EKF 需要雅可比矩阵，因此分开差分滤波应用范围比 EKF 要广。

表 3.2　二阶分开差分滤波

输入：$\hat{\boldsymbol{x}}_{k-1},\boldsymbol{P}_{k-1},\boldsymbol{u}_{k-1},\boldsymbol{Q}_{k-1},z_k,\boldsymbol{R}_k,h$

1. Cholesky 分解及 Cholesky 因子更新

$\boldsymbol{P}_{k-1}=\boldsymbol{S}^{x}_{k-1}(\boldsymbol{S}^{x}_{k-1})^{\mathrm{T}},\boldsymbol{Q}_{k-1}=\boldsymbol{S}^{w}_{k-1}(\boldsymbol{S}^{w}_{k-1})^{\mathrm{T}}$

利用式(3－78)、式(3－79)、式(3－96)、式(3－97)得到 ${\boldsymbol{S}^{xx}_{k-1}}^{(1)}$、${\boldsymbol{S}^{xw}_{k-1}}^{(1)}$、${\boldsymbol{S}^{xx}_{k-1}}^{(2)}$、${\boldsymbol{S}^{xw}_{k-1}}^{(2)}$

2. 状态及协方差的一步预测

利用式(3－100)得到 $\hat{\boldsymbol{x}}_{k|k-1}$

$\boldsymbol{S}^{x}_{k|k-1}=[{\boldsymbol{S}^{xx}_{k-1}}^{(1)}\quad {\boldsymbol{S}^{xw}_{k-1}}^{(1)}\quad {\boldsymbol{S}^{xx}_{k-1}}^{(2)}\quad {\boldsymbol{S}^{xw}_{k-1}}^{(2)}]$

$\boldsymbol{P}_{k|k-1}=\boldsymbol{S}^{x}_{k|k-1}(\boldsymbol{S}^{x}_{k|k-1})^{\mathrm{T}}$

3. Cholesky 分解及 Cholesky 因子更新

$\boldsymbol{R}_{k-1}=\boldsymbol{S}^{v}_{k-1}(\boldsymbol{S}^{v}_{k-1})^{\mathrm{T}}$

利用式(3－80)、式(3－81)、式(3－98)、式(3－99)得到 ${\boldsymbol{S}^{zx}_{k|k-1}}^{(1)}$、${\boldsymbol{S}^{zv}_{k-1}}^{(1)}$、${\boldsymbol{S}^{zx}_{k|k-1}}^{(2)}$、${\boldsymbol{S}^{zv}_{k-1}}^{(2)}$

4. 量测及协方差的一步预测

$z_{k|k-1}=g(\hat{\boldsymbol{x}}_{k|k-1},\bar{\boldsymbol{v}}_k)$

$\boldsymbol{S}^{z}_{k|k-1}=[{\boldsymbol{S}^{zx}_{k|k-1}}^{(1)}\quad {\boldsymbol{S}^{zv}_{k-1}}^{(1)}\quad {\boldsymbol{S}^{zx}_{k|k-1}}^{(2)}\quad {\boldsymbol{S}^{zv}_{k-1}}^{(2)}];\boldsymbol{P}^{z}_{k|k-1}=\boldsymbol{S}^{z}_{k|k-1}(\boldsymbol{S}^{z}_{k|k-1})^{\mathrm{T}}$

5. 增益及状态更新

$\boldsymbol{P}^{xy}_{k|k-1}=\boldsymbol{S}^{x}_{k|k-1}({\boldsymbol{S}^{zx}_{k|k-1}}^{(1)})^{\mathrm{T}}$

$\boldsymbol{K}_k=\boldsymbol{P}^{xy}_{k|k-1}[\boldsymbol{S}^{z}_{k|k-1}(\boldsymbol{S}^{z}_{k|k-1})^{\mathrm{T}}]^{-1}$

$\hat{\boldsymbol{x}}_k=\hat{\boldsymbol{x}}_{k|k-1}+\boldsymbol{K}_k(z_k-\hat{z}_{k|k-1})$

$\boldsymbol{S}^{x}_{k}=[\boldsymbol{S}^{x}_{k|k-1}-\boldsymbol{K}_k{\boldsymbol{S}^{zx}_{k|k-1}}^{(1)}\quad \boldsymbol{K}_k{\boldsymbol{S}^{zv}_{k-1}}^{(1)}\quad \boldsymbol{K}_k{\boldsymbol{S}^{zx}_{k|k-1}}^{(2)}\quad \boldsymbol{K}_k{\boldsymbol{S}^{zv}_{k-1}}^{(2)}]\boldsymbol{P}_k=\boldsymbol{S}^{x}_{k}(\boldsymbol{S}^{x}_{k})^{\mathrm{T}}$

输出：$\hat{\boldsymbol{x}}_k,\boldsymbol{P}_k$

3.4　基于最大熵的协同导航算法

卡尔曼滤波是最小 l_2 范数（样本或条件均值）的估计过程，是一种假设误差统计量服从高斯概率分布的最大似然估计方法，这个方法不是一种稳健的估计方法，因为当误差统计数据遵循非高斯概率分布时，特别是那些尾部比高斯分布厚很多的概率分布时，该方法不能充分地执行。与基本的卡尔曼滤波相同，分开差分滤波也采用 l_2 范数量测更新，因此对非高斯量测误差具有相同的敏感度。由于协同导航系统存在非高斯随机量测误差,因此针对这一问题,提出了一些鲁棒方法,如基于 Huber 的广义极大似然估计方法应用很普遍,它的代价函数是最小 l_1 与 l_2 范数的结合。一种基于 Huber 的鲁棒迭代分开差分滤波方法应用在协同导航中。Huber 方法将非高斯噪声视为高斯分布的一种发散,并使用组合的“分数”函数来抑制非高斯噪声对状态估计的影响。然后对于厚尾脉冲噪声或野值,基于 Huber 的滤波器仍然采用误差较大的量测值作为估计过程,因此不能很好地执行状态估计过程。

近年来信息理论学习中的优化准则提供了一种可替代的有效方法,该方法将直接从数据中估计出的信息理论量作为优化代价量,而不是使用通常的二阶统计量(如方差和协方差)。ITL 代价量可以捕获数据的高阶统计信息,可以作为一种鲁棒的自适应代价,在很多应用中都能实现卓越的性能。特别是基于最大熵的优化准则,称为最大熵准则,最近被成功地应用于存在厚尾非高斯噪声的鲁棒滤波中。在存在厚尾野值噪声的情况下,相对于只利用了二阶量测信息(方差和协方差)的 Huber 方法,MCC 的代价函数可以使用高阶量测信息,保证了 MCC 的鲁棒性。因此,接下来本章将提出一种基于 MCC 的非线性分开差分滤波,即最大熵协同导航算法,与现有的基于 Huber 的鲁棒协同导航算法进行对比。在最大熵分开差分滤波中,利用多项式插值公式得到一步预测的状态估计和相对应的协方差矩阵,在 MCC 下利用非线性回归模型重新表述量测信息,然后对量测方程进行插值处理,得到后验的状态估计和相对应的协方差矩阵。与原分开差分滤波类似,新的滤波器也具有递归结构,适合在线实现。

3.4.1 基于 Huber 的鲁棒协同导航算法

本节讨论如何使用 Huber 方法对 DDF 中的量测更新过程进行改进。这种方法首先是将量测更新过程构造成观测量和状态预测的回归问题。根据上节所示,预测状态误差可以写成 $\boldsymbol{\delta}_k = \boldsymbol{x}_k - \hat{\boldsymbol{x}}_{k|k-1}$,那么状态预测可以表示为 $\hat{\boldsymbol{x}}_{k|k-1} = \boldsymbol{x}_k - \boldsymbol{\delta}_k$。通过定义交叉协方差矩阵及伪量测矩阵,可以将其分别表示为 $\boldsymbol{P}^{xz}_{k|k-1} = \boldsymbol{S}_{k|k-1}(\boldsymbol{S}^{zx}_{k|k-1}{}^{(1)})^{\mathrm{T}}$ 和 $\bar{\boldsymbol{H}}_k = (\boldsymbol{P}^{xz}_{k|k-1})^{\mathrm{T}}\boldsymbol{P}^{-1}_{k|k-1} = \boldsymbol{S}^{zx}_{k|k-1}{}^{(1)}(\boldsymbol{S}^{\mathrm{T}}_{k|k-1})^{-1}$,近似量测方程为

$$z_k \approx h(\hat{\boldsymbol{x}}_{k|k-1}) + \bar{\boldsymbol{H}}_k(\boldsymbol{x}_k - \hat{\boldsymbol{x}}_{k|k-1}) \tag{3-110}$$

所以量测更新的过程可以写成一个线性回归的形式,即

$$\begin{Bmatrix} z_k - h(\hat{\boldsymbol{x}}_{k|k-1}) + \bar{\boldsymbol{H}}_k\hat{\boldsymbol{x}}_{k|k-1} \\ \hat{\boldsymbol{x}}_{k|k-1} \end{Bmatrix} = \begin{bmatrix} \bar{\boldsymbol{H}}_k \\ \boldsymbol{I} \end{bmatrix}\boldsymbol{x}_k + \begin{Bmatrix} \boldsymbol{v}_k \\ -\boldsymbol{\delta}_k \end{Bmatrix} \tag{3-111}$$

通过定义

$$T_k = \begin{bmatrix} S_k^v & 0 \\ 0 & S_{k|k-1} \end{bmatrix} \tag{3-112}$$

$$C_k = T_k^{-1}\begin{Bmatrix} z_k - h(\hat{x}_{k|k-1}) + \bar{H}_k\hat{x}_{k|k-1} \\ \hat{x}_{k|k-1} \end{Bmatrix} \tag{3-113}$$

$$G_k = T_k^{-1}\begin{bmatrix} \bar{H}_k \\ I \end{bmatrix} \tag{3-114}$$

$$\xi_k = T_k^{-1}\begin{Bmatrix} v_k \\ -\delta_k \end{Bmatrix} \tag{3-115}$$

可以将线性回归问题转换为

$$C_k = G_k x_k + \xi_k \tag{3-116}$$

这个回归问题可以通过 Huber 广义极大似然方法来解决，在这种方法中，通过最小化以下代价函数来找到解决方案，即

$$J(x_k) = \sum_{i=1}^{m+n}\rho(e_i) \tag{3-117}$$

式中，e_i 为残差向量 $e = z_k - h(x_k)$ 的第 i 项；$m+n$ 为 e 的维数；ρ 为 Huber 评价函数，有如下形式

$$\rho(e_i) = \begin{cases} \frac{1}{2}e_i^2, & |e_i| < \gamma \\ \gamma|e_i| - \frac{1}{2}\gamma^2, & |e_i| \geq \gamma \end{cases} \tag{3-118}$$

式中，γ 为微调参数。该函数是 l_1 范数和 l_2 范数函数的组合，通过使用该函数得到的估计具有理想的鲁棒性。特别地，当应用于非高斯量测噪声时，估计会是最大渐进估计方差最小化。如果函数是可微的，对于广义最大似然回归问题的解决方法是对代价函数求导，即

$$\sum_{i=1}^{m}\phi(e_i)\frac{\partial e_i}{\partial x_{k,i}} = 0 \tag{3-119}$$

式中，$\phi(e_i) = \rho'(e_i)$。根据函数的定义，$\psi(e_i) = \phi(e_i)/e_i$，即

$$\psi(e_i) = \begin{cases} 1, & |e_i| < \gamma \\ \mathrm{sgn}(e_i)\gamma/e_i, & |e_i| \geq \gamma \end{cases} \tag{3-120}$$

通过设置矩阵 $\boldsymbol{\Psi} = \mathrm{diag}[\psi(e_i)]$，式(3-119)的迭代解可以利用非线性函数 $h(\cdot)$ 的线性化或统计近似求得。

将 $\boldsymbol{\Psi}$ 分解成两个部分 $\boldsymbol{\Psi}_x$、$\boldsymbol{\Psi}_z$，对应的是状态预测和量测预测残差，则

$$\boldsymbol{\Psi} = \begin{bmatrix} \boldsymbol{\Psi}_z & 0 \\ 0 & \boldsymbol{\Psi}_x \end{bmatrix} \tag{3-121}$$

那么基于 Huber 的鲁棒一阶 DDF 的量测更新过程可以写成

$$\boldsymbol{S}_{k|k-1}^{z} = [\boldsymbol{S}_{k|k-1}^{zx\,(1)}\boldsymbol{\Psi}_x^{-1/2} \quad \boldsymbol{S}_{k-1}^{zv\,(1)}\boldsymbol{\Psi}_z^{-1/2}] \tag{3-122}$$

$$\boldsymbol{K}_k = \boldsymbol{S}_{k|k-1}^{x}\boldsymbol{\Psi}_x^{-1}(\boldsymbol{S}_{k|k-1}^{zx\,(1)})^{\mathrm{T}}[\boldsymbol{S}_{k|k-1}^{z}(\boldsymbol{S}_{k|k-1}^{z})^{\mathrm{T}}]^{-1} \tag{3-123}$$

$$\hat{\boldsymbol{x}}_k = \hat{\boldsymbol{x}}_{k|k-1} + \boldsymbol{K}_k(z_k - \hat{z}_{k|k-1}) \tag{3-124}$$

$$\boldsymbol{S}_k^{x} = [\boldsymbol{S}_{k|k-1}^{x}\boldsymbol{\Psi}_x^{-1/2} - \boldsymbol{K}_k\boldsymbol{S}_{k|k-1}^{zx\,(1)}\boldsymbol{\Psi}_x^{-1/2} \quad \boldsymbol{K}_k\boldsymbol{S}_{k-1}^{zv\,(1)}\boldsymbol{\Psi}_x^{-1/2}] \tag{3-125}$$

同样地，对于基于 Huber 的鲁棒二阶 DDF 的量测更新过程可以写成

$$\boldsymbol{S}_{k|k-1}^{z} = [\boldsymbol{S}_{k|k-1}^{zx\,(1)}\boldsymbol{\Psi}_x^{-1/2} \quad \boldsymbol{S}_{k-1}^{zv\,(1)}\boldsymbol{\Psi}_z^{-1/2} \quad \boldsymbol{S}_{k|k-1}^{zx\,(2)}\boldsymbol{\Psi}_x^{-1/2} \quad \boldsymbol{S}_{k-1}^{zv\,(2)}\boldsymbol{\Psi}_z^{-1/2}] \tag{3-126}$$

$$\boldsymbol{K}_k = \boldsymbol{S}_{k|k-1}^{x}\boldsymbol{\Psi}_x^{-1}(\boldsymbol{S}_{k|k-1}^{zx\,(1)})^{\mathrm{T}}[\boldsymbol{S}_{k|k-1}^{z}(\boldsymbol{S}_{k|k-1}^{z})^{\mathrm{T}}]^{-1} \tag{3-127}$$

$$\hat{\boldsymbol{x}}_k = \hat{\boldsymbol{x}}_{k|k-1} + \boldsymbol{K}_k(z_k - \hat{z}_{k|k-1}) \tag{3-128}$$

$$\begin{aligned}\boldsymbol{S}_k^{x} = [&\boldsymbol{S}_{k|k-1}^{x}\boldsymbol{\Psi}_x^{-1/2} - \boldsymbol{K}_k\boldsymbol{S}_{k|k-1}^{zx\,(1)}\boldsymbol{\Psi}_x^{-1/2} \quad \boldsymbol{K}_k\boldsymbol{S}_{k-1}^{zv\,(1)}\boldsymbol{\Psi}_z^{-1/2} \\ &\boldsymbol{K}_k\boldsymbol{S}_{k|k-1}^{zx\,(2)}\boldsymbol{\Psi}_x^{-1/2} \quad \boldsymbol{K}_k\boldsymbol{S}_{k-1}^{zv\,(2)}\boldsymbol{\Psi}_z^{-1/2}]\end{aligned} \tag{3-129}$$

3.4.2 基于最大熵的鲁棒协同导航算法

本节将提出一种新的基于最大熵的协同导航算法。为了处理水声通信中的多路径效应导致的量测厚尾噪声，本节利用基于最大相关熵准则的非线性回归方法重构量测信息，增强了分开差分滤波方法对厚尾噪声的鲁棒性。基于最大熵的协同导航算法通过状态向量扩维的方法建立带系统噪声的非线性量测方程，根据估计的系统偏差进行偏差匹配，提高了水下协同导航的状态估计精度。下面是所提出基于最大熵的协同导航算法的具体推导。

首先进行时间更新。赋予状态向量及协方差初值，可以写成如下形式：

$$\hat{\boldsymbol{x}}_{k-1} = \mathrm{E}[\boldsymbol{x}_{k-1}], \quad \boldsymbol{P}_{k-1} = \mathrm{E}[(\boldsymbol{x}_{k-1} - \hat{\boldsymbol{x}}_{k-1})(\boldsymbol{x}_{k-1} - \hat{\boldsymbol{x}}_{k-1})^{\mathrm{T}}] \tag{3-130}$$

考虑到 2.3 节协同导航的系统方程是线性的，相对应的时间更新过程与标准的卡尔曼滤波相同，可以写成如下形式：

$$\hat{\boldsymbol{x}}_{k|k-1} = \boldsymbol{F}\boldsymbol{x}_{k-1} + \boldsymbol{u}_k \tag{3-131}$$

$$\boldsymbol{P}_{k|k-1} = \boldsymbol{F}\boldsymbol{P}_{k-1}\boldsymbol{F}^{\mathrm{T}} + \boldsymbol{Q}_{k-1} \tag{3-132}$$

采用 Cholesky 分解法引入两个平方根分解算子，即

$$\boldsymbol{P}_{k|k-1} = \boldsymbol{S}^{k}_{k|k-1}(\boldsymbol{S}^{k}_{k|k-1})^{\mathrm{T}}, \quad \boldsymbol{P}_{k-1} = \boldsymbol{S}^{v}_{k-1}(\boldsymbol{S}^{v}_{k-1})^{\mathrm{T}} \tag{3-133}$$

式中，$\boldsymbol{P}_{k-1}$、$\boldsymbol{P}_{k|k-1}$分别为状态估计协方差矩阵和状态一步预测协方差矩阵；$\boldsymbol{S}^{x}_{k|k-1}$、$\boldsymbol{S}^{v}_{k-1}$分别为矩阵 $\boldsymbol{P}_{k|k-1}$、$\boldsymbol{P}_{k-1}$的 Cholesky 因子。通常情况下，过程噪声协方差矩阵 $\boldsymbol{Q}_{k-1}$和量测噪声协方差矩阵 $\boldsymbol{P}_{k-1}$的 Cholesky 因子可以事先计算获得，而状态误差协方差矩阵 $\boldsymbol{P}_{k-1}$、$\boldsymbol{P}_{k|k-1}$的 Cholesky 平方根分解因子需要在滤波过程中不断地更新和修正。

根据条件均值的插值近似公式定义如下差分矩阵：

$$\boldsymbol{S}^{zx}_{k|k-1}{}^{(1)} = \frac{1}{2h}\{h_i(\hat{\boldsymbol{x}}_{k|k-1} + h\boldsymbol{s}^{x,j}_{k|k-1}) - h_i(\hat{\boldsymbol{x}}_{k|k-1} - h\boldsymbol{s}^{x,j}_{k|k-1})\} \tag{3-134}$$

$$\boldsymbol{S}^{zv}_{k|k-1}{}^{(1)} = \frac{1}{2h}\{h_i(\hat{\boldsymbol{x}}_{k|k-1}, \bar{\boldsymbol{v}}_{k-1} + h\boldsymbol{s}^{v,j}_{k-1}) - h_i(\hat{\boldsymbol{x}}_{k|k-1}, \bar{\boldsymbol{v}}_{k-1} - h\boldsymbol{s}^{v,j}_{k-1})\} \tag{3-135}$$

$$\boldsymbol{S}^{zx}_{k|k-1}{}^{(2)} = \frac{\sqrt{h^2-1}}{2h^2}\{h_i(\hat{\boldsymbol{x}}_{k|k-1} + h\boldsymbol{s}^{x,j}_{k|k-1}) + h_i(\hat{\boldsymbol{x}}_{k|k-1} - h\boldsymbol{s}^{x,j}_{k|k-1}) - 2h_i(\hat{\boldsymbol{x}}_{k|k-1})\} \tag{3-136}$$

$$\boldsymbol{S}^{zv}_{k|k-1}{}^{(2)} = \frac{\sqrt{h^2-1}}{2h^2}\{h_i(\hat{\boldsymbol{x}}_{k|k-1} + h\boldsymbol{s}^{v,j}_{k-1}) + (h_i(\hat{\boldsymbol{x}}_{k|k-1}) - h\boldsymbol{s}^{v,j}_{k-1}) - 2h_i(\hat{\boldsymbol{x}}_{k|k-1})\} \tag{3-137}$$

式中，上标(1)、(2)分别为一阶、二阶中心差分；h 为给定的区间长度；$\boldsymbol{s}^{x,j}_{k|k-1}$为 $\boldsymbol{S}^{x}_{k|k-1}$的第 j 列向量。

计算预测量测向量及其预测协方差矩阵：

$$\begin{aligned}\hat{\boldsymbol{z}}_{k|k-1} = {} & \frac{h^2 - n_x - n_v}{h^2}h(\hat{\boldsymbol{x}}_{k|k-1}) + \\ & \frac{1}{2h^2}\sum_{i=1}^{n_x}\{h(\hat{\boldsymbol{x}}_{k|k-1} + h\boldsymbol{s}^{x,i}_{k|k-1}) + h(\hat{\boldsymbol{x}}_{k|k-1} - h\boldsymbol{s}^{x,i}_{k|k-1})\} + \\ & \frac{1}{2h^2}\sum_{i=1}^{n_v}\{h_i(\hat{\boldsymbol{x}}_{k|k-1} + h\boldsymbol{s}^{v,j}_{k-1}) + (h_i(\hat{\boldsymbol{x}}_{k|k-1}) - h\boldsymbol{s}^{v,j}_{k-1})\}\end{aligned} \tag{3-138}$$

式中，n_v 为量测噪声向量维数。

进行量测更新，为了进一步提高分开差分滤波的鲁棒性，将最大相关熵评价函数和滤波模型结合来提高对非高斯噪声的鲁棒性。接下来，利用一个基于 MCC 线性回归状态模型来完成量测更新，首先状态预测误差可以表示为

$$\boldsymbol{\delta}_k = \boldsymbol{x}_k - \hat{\boldsymbol{x}}_{k|k-1} \tag{3-139}$$

定义统计线性逼近量测矩阵为

$$\bar{\boldsymbol{H}}_k = (\boldsymbol{P}^{xz}_{k|k-1})^{\mathrm{T}}\boldsymbol{P}^{-1}_{k|k-1} = \boldsymbol{S}^{zx}_{k|k-1}{}^{(1)}(\boldsymbol{S}^{\mathrm{T}}_{k|k-1})^{-1} \tag{3-140}$$

式中，$\boldsymbol{S}^{zx}_{k|k-1}{}^{(1)}$和 $\boldsymbol{S}_{k|k-1}$分别由式(3－134)和式(3－133)计算得到。

协同导航的量测方程式(2-22)可以近似为

$$\boldsymbol{z}_k \approx h(\hat{\boldsymbol{x}}_{k|k-1}) + \bar{\boldsymbol{H}}_k(\boldsymbol{x}_k - \hat{\boldsymbol{x}}_{k|k-1}) \tag{3-141}$$

进一步考虑量测方程,可以重组一个线性回归模型:

$$\begin{bmatrix} \hat{\boldsymbol{x}}_{k|k-1} \\ \boldsymbol{z}_k - h(\hat{\boldsymbol{x}}_{k|k-1}) + \bar{\boldsymbol{H}}_k\hat{\boldsymbol{x}}_{k|k-1} \end{bmatrix} = \begin{bmatrix} \boldsymbol{I} \\ \bar{\boldsymbol{H}}_k \end{bmatrix} x_k + \begin{bmatrix} -\boldsymbol{\delta}_k \\ \boldsymbol{v}_k \end{bmatrix} \tag{3-142}$$

将 $\boldsymbol{\xi}(k)$ 定义为

$$\boldsymbol{\xi}_k = \begin{bmatrix} -\boldsymbol{\delta}_k \\ \boldsymbol{v}_k \end{bmatrix} \tag{3-143}$$

$$\mathrm{E}[\boldsymbol{\xi}_k\boldsymbol{\xi}_k^{\mathrm{T}}] = \begin{bmatrix} \boldsymbol{P}_{k|k-1}\boldsymbol{S}_{k|k-1}^{x} & \boldsymbol{0} \\ \boldsymbol{0} & \boldsymbol{R}_k \end{bmatrix} = \begin{bmatrix} \boldsymbol{S}_{k|k-1}^{x}(\boldsymbol{S}_{k|k-1}^{x})^{\mathrm{T}} & \boldsymbol{0} \\ \boldsymbol{0} & \boldsymbol{S}_{k-1}^{v}(\boldsymbol{S}_{k-1}^{v})^{\mathrm{T}} \end{bmatrix} = \boldsymbol{T}_k(\boldsymbol{T}_k)^{\mathrm{T}} \tag{3-144}$$

式中,$\boldsymbol{T}_k$ 是 $\mathrm{E}[\boldsymbol{\xi}_k\boldsymbol{\xi}_k^{\mathrm{T}}]$ 的 Cholesky 分解因子。

对式(3-142)两边同时左乘 $\boldsymbol{T}_k^{-1}$,得到如下等式:

$$\boldsymbol{D}_k = \boldsymbol{M}_k\boldsymbol{x}_k + \boldsymbol{e}_k \tag{3-145}$$

式中

$$\boldsymbol{D}_k = \boldsymbol{T}_k^{-1}\begin{bmatrix} \hat{\boldsymbol{x}}_{k|k-1} \\ \boldsymbol{z}_k - h(\hat{\boldsymbol{x}}_{k|k-1}) + \bar{\boldsymbol{H}}_k\hat{\boldsymbol{x}}_{k|k-1} \end{bmatrix}$$

$$\boldsymbol{M}_k = \boldsymbol{T}_k^{-1}\begin{bmatrix} \boldsymbol{I} \\ \bar{\boldsymbol{H}}_k \end{bmatrix}$$

$$\boldsymbol{e}_k = \boldsymbol{T}_k^{-1}\boldsymbol{\xi}_k \tag{3-146}$$

定义基于 MCC 的评价函数为

$$J_{\mathrm{MCC}}(\boldsymbol{x}_k) = \sum_{i=1}^{L}\boldsymbol{G}(\boldsymbol{d}_{i,k} - \boldsymbol{m}_{i,k}\boldsymbol{x}_k) \tag{3-147}$$

式中,$\boldsymbol{d}_i(\cdot)$、$\boldsymbol{m}_i(\cdot)$分别为向量 $\boldsymbol{D}(\cdot)$和 $\boldsymbol{M}(\cdot)$的第 i 个元素;$L = nx + ny$ 为向量 $\boldsymbol{G}(\cdot)$的维数,nx 和 ny 分别为状态向量和量测向量的维数。

根据 MCC 的性质,当代价函数最大时,可以得到状态 $\boldsymbol{x}_k$ 的最优估计为

$$\hat{\boldsymbol{x}}_k = \arg\max_{x_k} J_{\mathrm{MCC}}(\boldsymbol{x}_k) = \arg\max_{x_k}\sum_{i=1}^{L}\boldsymbol{G}_{\sigma}(\boldsymbol{e}_{i,k}) \tag{3-148}$$

式中,$\boldsymbol{e}_{i,k}$为 $\boldsymbol{e}_k$ 的第 i 个元素,而且

$$\boldsymbol{e}_{i,k} = \boldsymbol{d}_{i,k} - \boldsymbol{m}_{i,k}\boldsymbol{x}_k \tag{3-149}$$

由

$$\frac{\partial J_{\mathrm{MCC}}(\boldsymbol{x}_k)}{\partial \boldsymbol{x}_k}=0 \tag{3-150}$$

可以得到 $\boldsymbol{x}_k$ 的最优解。

因此，有

$$\boldsymbol{x}_k=\left(\sum_{i=1}^{L}[\boldsymbol{G}_\sigma(\boldsymbol{e}_{i,k})\boldsymbol{m}_{i,k}^{\mathrm{T}}\boldsymbol{m}_{i,k}]\right)^{-1}\times\left(\sum_{i=1}^{L}[\boldsymbol{G}_\sigma(\boldsymbol{e}_{i,k})\boldsymbol{m}_{i,k}^{\mathrm{T}}\boldsymbol{m}_{i,k}]\right) \tag{3-151}$$

根据式(3－149)可知，式(3－151)的最优解可以利用固定点迭代的方法来求解。重写式(3－151)，有

$$\boldsymbol{x}_k=g(\boldsymbol{x}_k) \tag{3-152}$$

这样就可以得到固定点迭代的算法过程：

$$(\hat{\boldsymbol{x}}_k)_{t+1}=g((\hat{\boldsymbol{x}}_k)_t) \tag{3-153}$$

式中，$(\hat{\boldsymbol{x}}_k)_t$ 为第 t 次固定点迭代的解。

固定点迭代方程可以写成矩阵的形式：

$$(\hat{\boldsymbol{x}}_k)_t=(\boldsymbol{M}_k^{\mathrm{T}}(\boldsymbol{C}_k)_{t-1}\boldsymbol{M}_k)^{-1}\boldsymbol{M}_k^{\mathrm{T}}\boldsymbol{C}_k\boldsymbol{D}_k \tag{3-154}$$

式中，$\boldsymbol{C}_k=\begin{bmatrix}\boldsymbol{C}_x & 0\\ 0 & \boldsymbol{C}_z\end{bmatrix}$，有

$$\begin{cases}\boldsymbol{C}_x=\mathrm{diag}(\boldsymbol{G}_\sigma(\boldsymbol{e}_1(k)),\cdots,\boldsymbol{G}_\sigma(\boldsymbol{e}_{nx}(k)))\\ \boldsymbol{C}_z=\mathrm{diag}(\boldsymbol{G}_\sigma(\boldsymbol{e}_{nx+1}(k)),\cdots,\boldsymbol{G}_\sigma(\boldsymbol{e}_{nx+ny}(k)))\end{cases}$$

所以 MCDDF 的量测更新可以写成

$$\boldsymbol{S}_{k|k-1}^{z}=[\boldsymbol{S}_{k|k-1}^{zx}{}^{(1)}\boldsymbol{C}_x^{-1/2}\quad \boldsymbol{S}_{k-1}^{zv}{}^{(1)}\boldsymbol{C}_z^{-1/2}\quad \boldsymbol{S}_{k|k-1}^{zx}{}^{(2)}\boldsymbol{C}_x^{-1/2}\quad \boldsymbol{S}_{k-1}^{zv}{}^{(2)}\boldsymbol{C}_z^{-1/2}] \tag{3-155}$$

$$\boldsymbol{K}_k=\boldsymbol{S}_{k|k-1}^{x}\boldsymbol{C}_x^{-1}(\boldsymbol{S}_{k|k-1}^{zx}{}^{(1)})^{\mathrm{T}}[\boldsymbol{S}_{k|k-1}^{z}(\boldsymbol{S}_{k|k-1}^{z})^{\mathrm{T}}]^{-1} \tag{3-156}$$

$$\hat{\boldsymbol{x}}_k=\hat{\boldsymbol{x}}_{k|k-1}+\boldsymbol{K}_k(z_k-\hat{z}_{k|k-1}) \tag{3-157}$$

$$\begin{aligned}\boldsymbol{S}_k^{x}=[&\boldsymbol{S}_{k|k-1}^{x}\boldsymbol{C}_x^{-1/2}-\boldsymbol{K}_k\boldsymbol{S}_{k|k-1}^{zx}{}^{(1)}\boldsymbol{C}_x^{-1/2}\quad \boldsymbol{K}_k\boldsymbol{S}_{k-1}^{zv}{}^{(1)}\boldsymbol{C}_z^{-1/2}\\ &\boldsymbol{K}_k\boldsymbol{S}_{k|k-1}^{zx}{}^{(2)}\boldsymbol{C}_x^{-1/2}\quad \boldsymbol{K}_k\boldsymbol{S}_{k-1}^{zv}{}^{(2)}\boldsymbol{C}_z^{-1/2}]\end{aligned} \tag{3-158}$$

最大熵分开差分滤波(MCDDF)算法见表 3.3。

表 3.3　最大熵分开差分滤波算法

输入：$\hat{\boldsymbol{x}}_{k-1},\boldsymbol{P}_{k-1},\boldsymbol{u}_{k-1},\boldsymbol{F},\boldsymbol{Q}_{k-1},z_k,\boldsymbol{h}(\cdot),\boldsymbol{R}_k,\boldsymbol{h},\sigma$
时间更新：
1. 利用式(3－131)和式(3－132)计算 $\hat{\boldsymbol{x}}_{k\|k-1}$ 和 $\boldsymbol{P}_{k\|k-1}$，计算 $\boldsymbol{S}_{k\|k-1}^{x}$ 并通过式(3－133)进行 Cholesky 分解
2. 利用式(3－135)～(3－138)计算 $\hat{z}_{k\|k-1}$，利用式(3－140)计算 $\bar{\boldsymbol{H}}_k$

续表 3.3

量测更新：

3. 重组线性回归模型式(3－142)。将式(3－142)代入式(3－145)，利用式(3－144)，

令 $t=1$，初始化 $(\hat{\boldsymbol{x}}_k)_0=(\boldsymbol{M}_k^{\mathrm{T}}\boldsymbol{M}_k)^{-1}\boldsymbol{M}_k^{\mathrm{T}}\boldsymbol{D}_k$

While 1

$\tilde{\boldsymbol{S}}^{z}_{k|k-1}=[\boldsymbol{S}^{zx}_{k|k-1}{}^{(1)}\tilde{\boldsymbol{C}}_x^{-1/2}\quad \boldsymbol{S}^{zv}_{k-1}{}^{(1)}\tilde{\boldsymbol{C}}_z^{-1/2}\quad \boldsymbol{S}^{zx}_{k|k-1}{}^{(2)}\tilde{\boldsymbol{C}}_x^{-1/2}\quad \boldsymbol{S}^{zv}_{k-1}{}^{(2)}\tilde{\boldsymbol{C}}_z^{-1/2}]$

$\tilde{\boldsymbol{K}}_k=\boldsymbol{S}^{x}_{k|k-1}\tilde{\boldsymbol{C}}_x^{-1}(\boldsymbol{S}^{zx}_{k|k-1}{}^{(1)})^{\mathrm{T}}[\tilde{\boldsymbol{S}}^{z}_{k|k-1}(\tilde{\boldsymbol{S}}^{z}_{k|k-1})^{\mathrm{T}}]^{-1}$

$\hat{\boldsymbol{x}}_k=\hat{\boldsymbol{x}}_{k|k-1}+\tilde{\boldsymbol{K}}_k(z_k-\hat{z}_{k|k-1})$

$\tilde{\boldsymbol{C}}_x=\mathrm{diag}(\boldsymbol{G}_\sigma(\boldsymbol{e}_1(k)),\cdots,\boldsymbol{G}_\sigma(\boldsymbol{e}_{nx}(k)))$

$\tilde{\boldsymbol{C}}_y=\mathrm{diag}(\boldsymbol{G}_\sigma(\boldsymbol{e}_{nx+1}(k)),\cdots,\boldsymbol{G}_\sigma(\boldsymbol{e}_{nx+ny}(k)))$

$t=t+1$

If $\dfrac{|(\hat{\boldsymbol{x}}_k)_t-(\hat{\boldsymbol{x}}_k)_{t-1}|}{|(\hat{\boldsymbol{x}}_k)_{t-1}|}\leqslant\varepsilon$ break

end

4. $\hat{\boldsymbol{x}}_k=(\hat{\boldsymbol{x}}_k)_t$, $\boldsymbol{P}_k=\boldsymbol{S}_k^x(\boldsymbol{S}_k^x)^{\mathrm{T}}$

输出：$\hat{\boldsymbol{x}}_k$, $\boldsymbol{P}_k$

3.5 协同导航仿真及实验分析

3.5.1 协同导航仿真

在这一小节中利用协同导航的仿真来验证本章提出的最大熵协同导航算法的性能的有效性。利用位置的均方根误差(Root Mean Square Error，RMSE)作为性能指标，则

$$\mathrm{RMSE}(k)=\sqrt{\frac{1}{N}\sum_{n=1}^{N}((x_k^n-\hat{x}_k^n)^2+(y_k^n-\hat{y}_k^n)^2)^2}\tag{3-159}$$

式中，(x_k^n,y_k^n)、$(\hat{x}_k^n,\hat{y}_k^n)$分别为第 n 次蒙特卡洛运行中的真实位置和估计位置。主、从艇运行轨迹图如图 3.2 所示，两个 CNA 分别位于从 AUV 两侧并且与从 AUV 按照平行轨迹航行。两个 CNA 的初始位置分别为(100，0)和(500，0)，以 2 m/s 的速度匀速前进；从 AUV 的初始位置为(300，0)，以 2.5 m/s 的速度匀速前进。仿真时间设置为 600 s，蒙特卡洛次数设置为 1 000 次，时间间隔为 3 s。本节将过程噪声设置为高斯噪声，将距离量测噪声设置为厚尾非高斯噪声，即混合高斯分布，则有

$$\omega_k \sim N(0,\mathrm{diag}[(0.1)^2,(0.1)^2]) \quad \upsilon_k : 0.8N(0,(5)^2)+0.2N(0,25\times(5)^2) \tag{3-160}$$

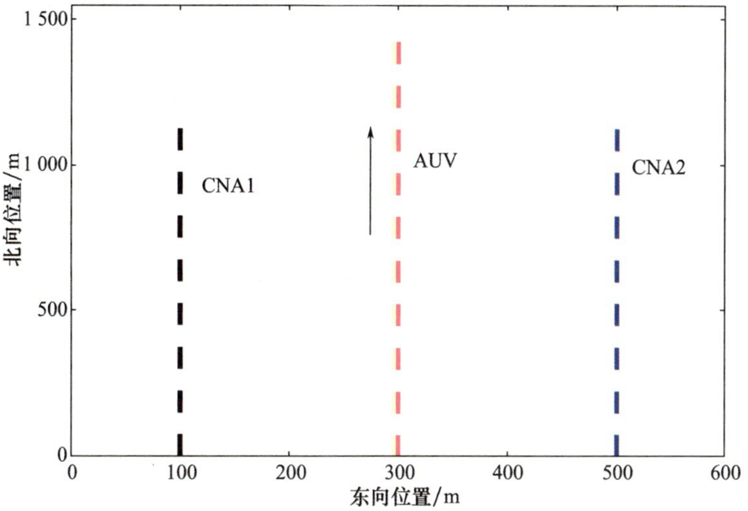

图 3.2　主、从艇运行轨迹图

在所提出的 MCDDF 中，参数设置为 $h=\sqrt{3}$，$\sigma=2$ 和 $\varepsilon=10^{-8}$；HDDF 的调节参数设置为 $\gamma=1.3$。所有的滤波算法都采用 MATLAB R2014a 进行编码，仿真则是在 CPU 为 3.20 GHz Intel Core i5－3470 的计算机上运行。

图 3.3 所示为高斯噪声和厚尾非高斯噪声的对比图，厚尾非高斯噪声比高斯噪声会有更多异常值的出现。仿真中将本章所提出的最大熵分开差分滤波（MCDDF）的协

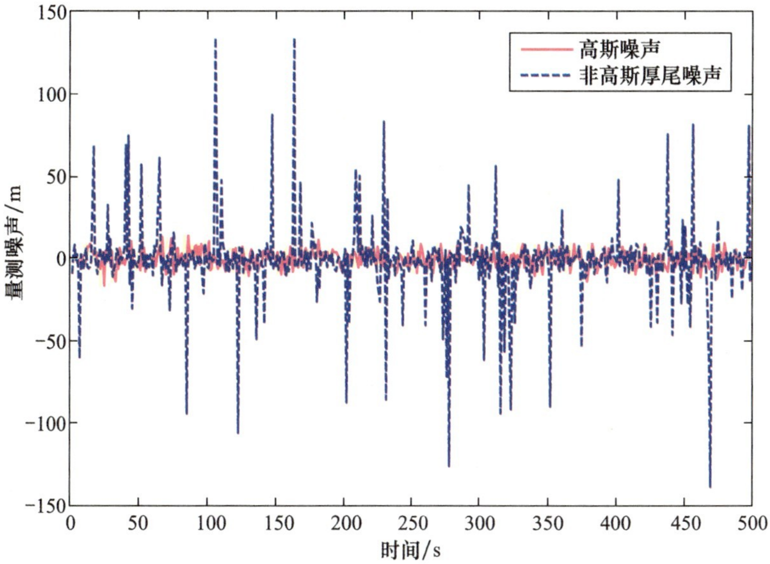

图 3.3　高斯噪声和厚尾非高斯噪声的对比图

同导航算法分别与现有的分开差分滤波(DDF)、扩展卡尔曼滤波(EKF)、Huber 分开差分滤波(HDDF)进行对比。从图 3.4 中可以看出,在厚尾非高斯量测噪声的协同导航系统中,本章提出的 MCDDF 分别比现有的 HDDF、DDF、EKF 具有更好的 RMSE,即具有更好的位置估计精度。协同仿真结果实验表明,在合适的核带宽情况下,MCDDF 具有更好的鲁棒估计性能。

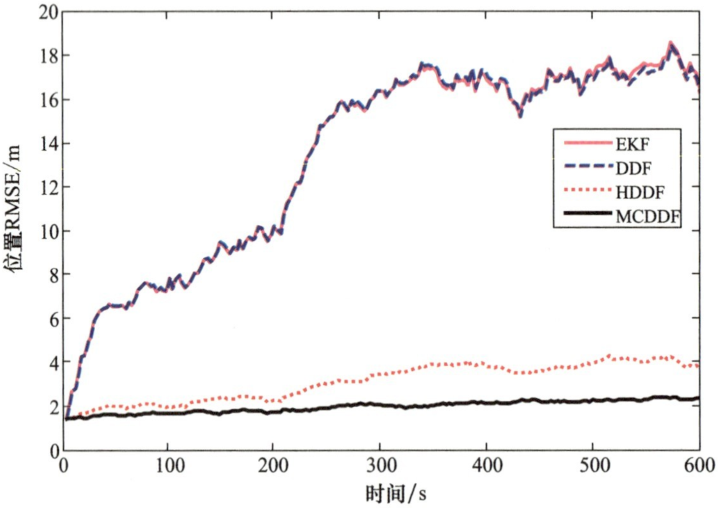

图 3.4　本章提出的方法和现有方法的位置的 RMSE

3.5.2　协同导航实验

本节展示了利用湖试中收集的后处理数据对所提出的最大熵鲁棒协同导航算法进行的性能分析。该实验的协同导航实验数据采集来自于本团队 2014 年 8 月在无锡太湖水域进行的湖上实验。由于条件受限,因此湖泊实验采用图 3.5 所示的水面艇进行,一共有三艘船充当水下航行器,其中两艘船充当水面领航艇并作为通信和导航辅助充当 CNA,另一艘充当从艇。图 3.6 所示为声学设备和 GPS。协同定位湖试实验构成方案如图 3.7 所示,两个 CNA 都配备高精度的 GPS,用于获得主艇的参考位置信息。从艇上配备 DVL 和磁罗经,根据 DVL 提供的速度信息和磁罗经提供的航向信息,通过航位推算对自身的位置信息进行估计。同时从艇还需要配备 GPS/PHINS 组合导航系统,为协同导航的状态估计提供参考基准。图 3.8 展示了双主艇水声通信方案。主艇以 5 s 的时间间隔交替给从艇发送各自的精确位置和相对距离量测信息。每艘船都配备水声调制解调器(图 3.6)用来构建水声通信网络,通过水声调制解调器使得从艇能够接收到 CNA 的位置信息和相对距离量测信息。由于从艇需要接收两个 CNA 的量测信息,因此使用标志位 0、1、2 对量测信息进行存储,1 和 2 代表两个 CNA 的序号,0 则代表水声通信失败。从艇根据 DVL 提供的速度信息、磁罗盘提供的航向信息及水声通信提供的主艇参考位置信息和相对距离信息进行状态估计,从而实现对自身位置误差的校正。协同导航实验中各传感器的参数见表 3.4。

图 3.5　实验用的水面艇

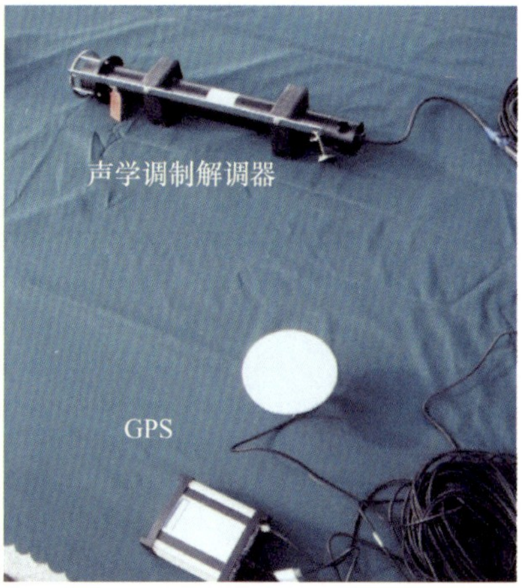

图 3.6　声学设备和 GPS

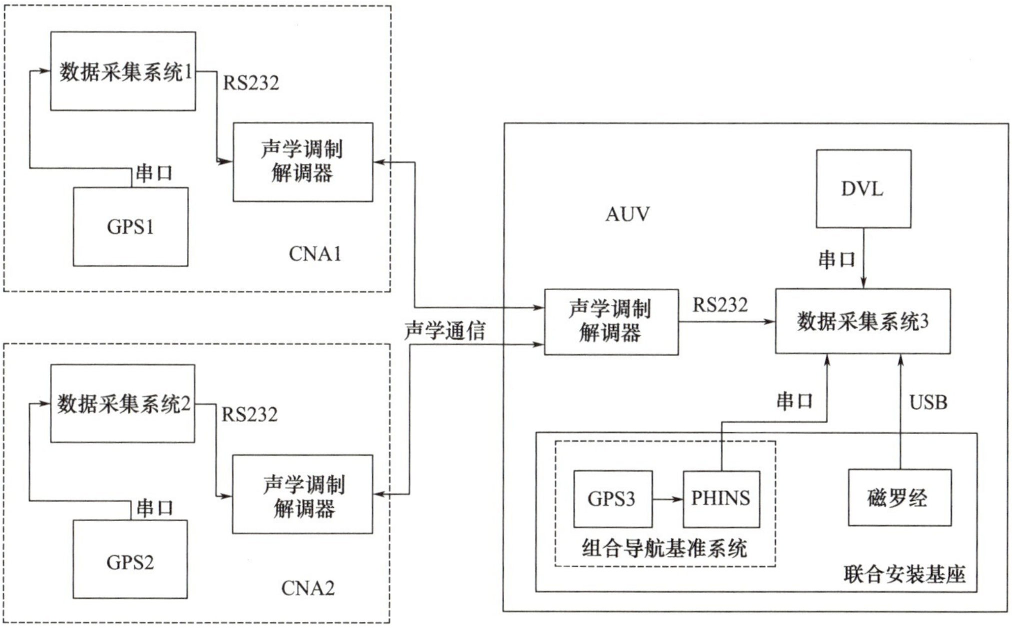

图 3.7　协同定位湖试实验构成方案

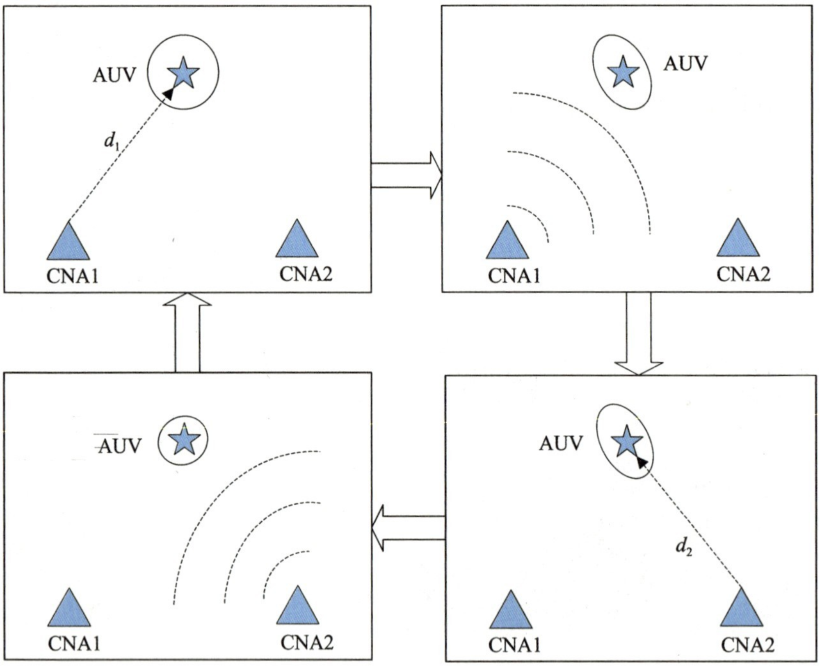

图 3.8　双主艇水声通信方案

表 3.4　协同导航实验中各传感器的参数

传感器	指标	参数
声学调制解调器 ATM－885	工作范围	高达 8 000 m
	数据传输速率	高达 6.9 kbit/s
	误差率	小于 10^{-7}
GPS	速度精度	0.1 m/s
	定位精度	小于 2.5 m(RMS)
	数据更新频率	10 Hz
磁罗经	航向精度	2°
DVL	速度精度	0.1%

距离测量噪声定义为

$$\hat{\delta}_k = z_k - \sqrt{(\hat{x}_k - \hat{x}_k^m)^2 + (\hat{y}_k - \hat{y}_k^m)^2} \tag{3-161}$$

式中，$\hat{\delta}_k$ 为相对距离量测噪声；$(\hat{x}_k, \hat{y}_k)$ 为 k 时刻 GPS 提供的从艇的参考位置。量测噪声及其概率密度曲线如图 3.9 所示，从图中可以看出，由于水下环境的复杂性，量测噪声不是标准的高斯分布。将现有的 EKF、DDF、基于 Huber 的鲁棒 DDF(HDDF)和所提出的 MCDDF 的性能通过协同导航的湖试实验得到了验证。从艇的初始状态估计 $\hat{x}_0$ 由 GPS 提供,过程噪声协方差矩阵设置为 $\boldsymbol{Q}_k = \mathrm{diag}[(0.5\ \mathrm{m})^2,(0.5\ \mathrm{m})^2]$,量测噪声协方差矩阵设置为 $\boldsymbol{R}_k = 2\ \mathrm{m}^2$。将提出的 MCDDF 和现有的滤波器算法用 MATLAB 在一台 CPU 为 3.20 GHz,内存为 4 GB 的计算机上进行数据处理。

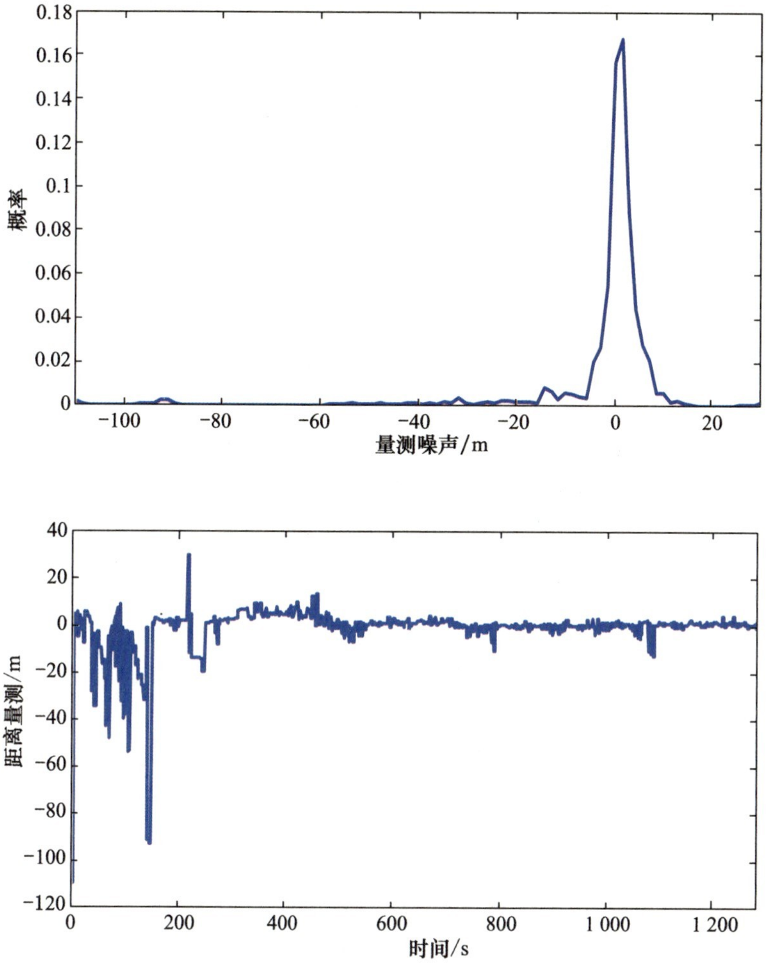

图 3.9　量测噪声及其概率密度曲线

为了比较协同导航算法的状态估计精度,选择位置误差(Position Error)和平均的位置误差作为性能指标函数,其定义为

$$\text{平均位置误差} = \frac{1}{T}\sum_{k=1}^{T}\sqrt{(x_k - \hat{x}_k)^2 + (y_k - \hat{y}_k)^2} \tag{3-162}$$

$$\text{位置误差}(k) = \sqrt{(x_k - \hat{x}_k)^2 + (y_k - \hat{y}_k)^2} \tag{3-163}$$

式中,(x_k, y_k)、$(\hat{x}_k, \hat{y}_k)$ 分别为 k 时刻 GPS 提供的从艇的参考位置和估计位置;T 是实验时间,$T = 1\ 280$ s。

湖试中 CNA 和从艇的真实轨迹及航位推算和 MCDDF 估计的从艇轨迹如图 3.10 所示。实验持续 1 280 s,从艇的总航程为 2 829 m,平均航速为 2.2 m/s。从航位推算和 MCDDF 的导航轨迹可以看出,航位推算的轨迹逐渐偏离从艇真实轨迹。这是因为航位推算只使用磁罗经和 DVL 作为航位和速度测量传感器,导致其位置误差随时间增加而无限增加,而所提出 MCDDF 的估计轨迹利用了 CNA 的相对距离量测信息进行协同导航,即其位置误差是有界的。

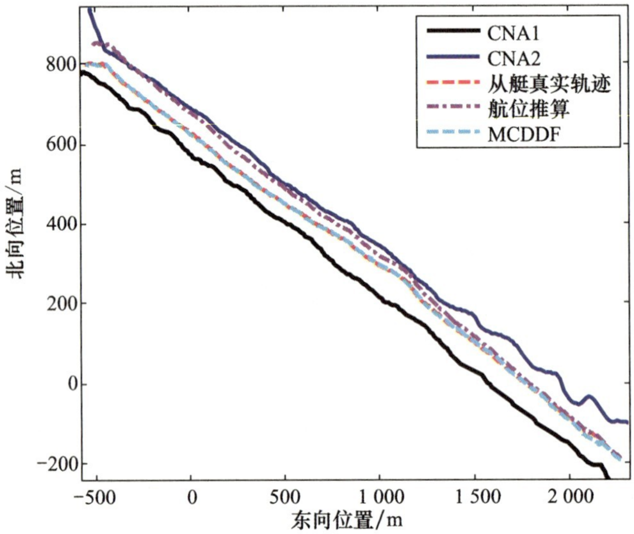

图 3.10　湖试中 CNA 和从艇的真实轨迹及航位推算和 MCDDF 估计的从艇轨迹

本节所提出的 MCDDF 和现有滤波器的平均位置误差及位置估计误差分别见表3.5 和图 3.11。从表 3.5 和图 3.11 可以看出,与现有滤波器方法对比,MCDDF 的平均位置误差和位置误差较小。与其他滤波器相比,MCDDF 的平均定位误差至少降低了 43%。而且通过使用 CNA 的相对距离量测信息,DDF 的性能始终优于 EKF,这主要是因为 DDF 使用 Stirling 插值公式的差分方法代替了非线性方程泰勒线性化的微分项,从而避免了对非线性系统的微分处理,对函数的连续性无要求,因此 DDF 比 EKF 更能精确地处理非线性问题。但由于 DDF 是专门为高斯噪声设计的,因此当出现较大的位置误差值时,对异常值非常敏感会导致位置估计不准确。由于所提出的 MCDDF 滤波算法能够比 Huber 鲁棒方法更好地处理异常值,因此所提出的 MCDDF 的估计精度明显优于现有的 HDDF 算法。

表 3.5　所提出的算法与现有算法的平均位置误差

滤波	DR	EKF	DDF	HDDF	MCDDF
平均位置误差/m	28.97	10.16	9.36	6.67	3.79

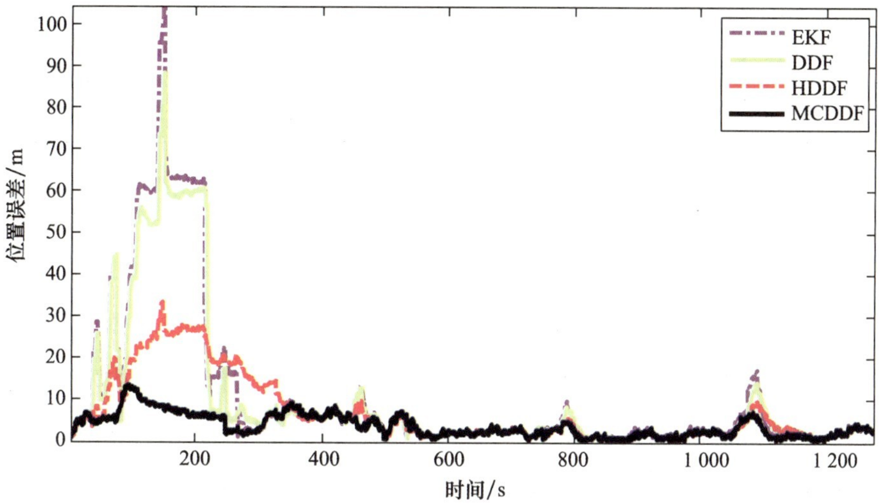

图 3.11　EKF、DDF、HDDF 和所提出 MCDDF 的位置估计误差

本节将进一步研究 MCDDF 中核带宽对算法性能的影响，图 3.12 所示为不同 σ 值下 DDF 和 MCDDF 的误差对比，表 3.6 为不同 σ 值下基于 MCDDF 的协同导航算法的平均位置误差。由前面可知，核带宽 σ 是 MCDDF 滤波器的一个关键参数。当核带宽非常大，如 $\sigma = 10$ 时，MCDDF 的估计性能几乎与 DDF 相同。相比之下，在较小的核带宽，如 $\sigma = 1.8$ 时，MCDDF 的平均定位误差是所有算法中最小的。当 $\sigma < 1.8$ 时，一个太小的核带宽会导致算法发散。

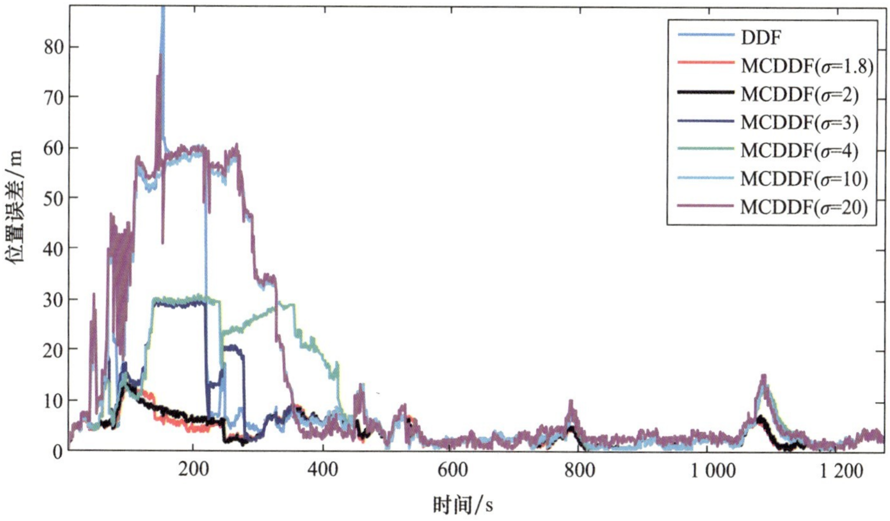

图 3.12　不同的 σ 值下 DDF 和 MCDDF 的误差对比

表 3.6　不同 σ 值下基于 MCDDF 的协同导航算法的平均位置误差

滤波	$\sigma=1.8$	$\sigma=2$	$\sigma=3$	$\sigma=4$	$\sigma=10$	$\sigma=20$
平均位置误差/m	3.68	3.79	6.33	8.64	12.93	13.23

3.6　本章小结

本章致力于解决带厚尾量测噪声的水下协同导航状态估计问题。首先介绍了两种处理厚尾噪声的鲁棒估计方法，即 M 估计和最大相关熵准则，并讨论了它们之间的联系和差异；其次针对协同导航的非线性系统，介绍了基于 Stirling 多项式插值公式的分开差分滤波，并针对协同导航的厚尾量测噪声问题，提出了一种新的分开差分滤波器，即最大熵分开差分滤波器（MCDDF），利用二阶插值公式得到状态协方差矩阵的先验估计，将 MCC 应用于线性化回归模型，得到了协同导航系统的状态和状态协方差的后验估计；最后仿真和协同导航实验结果表明该滤波器在水下航行器协同导航中的鲁棒性和算法精度都优于现有滤波器。

第4章　带未知噪声参数的水下协同导航状态估计方法

多AUV协同导航系统的传感器包括各种导航传感器、通信传感器和检测传感器，是实现协同导航的主要信息源，在第2章中有具体的传感器介绍。在实际的基于声学测距的协同导航中，这些传感器在水下环境中受到温度、盐度、深度、水流、界面反射和折射等诸多因素的影响，而水声信道也是混响强、信道带宽窄、多径效应强的高噪声信道。多传感器的协同导航受到这些因素的制约，使得传感器的噪声统计特性不准确，甚至随时间变化。此外，如果滤波器采用了不精确的系统噪声统计特性和量测噪声统计特性，其精度可能会下降甚至发散。因此，如果能够即时估计出未知系统噪声参数和量测噪声参数，滤波后的噪声协方差可以做一个自适应调节来满足实际系统的噪声特性，这将能够进一步改善多AUV协同导航系统状态估计的准确性。

近年来，为了解决传统滤波器中噪声统计量未知或存在时变的问题，提出了各种自适应滤波器。基于最大后验估计、Sage－Husa自适应卡尔曼滤波器等都可以实时估计过程噪声和量测噪声的统计特性，提高滤波的估计精度，但是它要求过程噪声协方差矩阵和量测噪声协方差矩阵必须是正定的，否则容易导致滤波发散。衰减自适应滤波通过增加一步预测协方差矩阵来调整新的量测数据的权重，但是标量渐近因子的计算过程烦琐，对每个滤波器通道具有相同的调节能力。虽然基于极大似然的自适应滤波可以在线估计和修正噪声的统计特性的二阶矩，但它需要依赖于准确的新息协方差估计。

本章介绍了水声通信中的环境噪声，受环境噪声的影响，多普勒计程仪和磁罗经的性能会发生相应的改变，使得系统噪声也发生相应的变化，同时，声学测距的量测噪声也会很难精确地获得其协方差矩阵。因此，面对协同导航中未知的系统噪声和量测噪声，本章采用了变分贝叶斯自适应扩展卡尔曼滤波算法用于协同导航系统中，因为它能利用变分贝叶斯方法自适应估计出状态及其一步预测误差协方差矩阵和量测噪声协方差矩阵，因此具有更高的导航精度。

4.1　水声通信中的环境噪声

海洋环境噪声是指海洋周边所有方向传到水听器所在处的噪声，是水声信道中的一种干扰背景场。在水下协同导航中进行相对距离预估方案设计时，要求充分掌握噪声场的时空统计特性，作为协同导航估计方法设计的重要依据。海洋环境噪声的来源有自然噪声，也有人为造成的噪声。它是一种随机过程，总体来说是非平稳的。不同的噪声源呈现不同的方向特性和频谱特性。地震的干扰，风、雨使海面的搅动和水分子的热运动等都属于自然噪声。各种发声的鱼类也对海洋噪声做出了贡献。人为的噪声主要指的是远处航船产生的噪声。表 4.1 总结了一些常见的海洋环境噪声源。水介质的分布不均匀、各种浮游生物、海底地貌和声学特性的随机性都是导致海洋环境的时变、空变、随机性的原因，使得 AUV 接收的相对距离水声信号的统计特性未知或不确定。

表 4.1　常见的海洋环境噪声源

海洋噪声	潮、涌、浪引起的低频压力脉动（伪声）
	川流引起的压力脉动（伪声）
	地震活动
	风动海面、冰面
	降雨
	热骚动
	生物群体
技术噪声	交通航运（船）
	工业
	钻探
	空中航运

Wenz 利用海底深水水听器对 1 Hz ~ 25 kHz 的深海环境噪声做了总结，给出了 Wenz 谱级曲线，大体上可以分为互相覆盖的三个部分，低频段 1 ~ 100 Hz 的噪声级主要来源于远处的风暴、地震，以及潮、涌、浪的压力脉动，与风速关系不大；而 100 ~ 500 Hz 频段的噪声级主要来源于远处的航运噪声；高频段 0.5 ~ 25 kHz 存在与风速、海况相关的谱级。深海环境噪声在不同的频段会有不同的特性，但是对应不同频段，其中的某几个噪声源起着主要作用，因此相对而言，深海环境噪声是比较确定的。一般情况下，低频噪声源来自远方，而高频噪声源则大多出现在海面上。与相对确定的深海噪声相反，浅海的环境噪声特性随时空的不同而变化。在海湾、港口及近海区域中，环境噪声大概由以下三类不同形式的噪声混合而成：行船及工业噪声、风成噪声、生物噪声。在特定的时间和地点，噪声级取决于这些源的“混合”情况。除了深海环境噪声和浅海环境噪

声外，还有一种间歇性的噪声源，如降雨和海洋生物噪声。由于海洋环境噪声的多变性和复杂性，因此噪声级是随时间和空间变化的不确定函数，相应的水声测距量测和系统噪声也会发生变化，导致协同导航系统的数学模型的噪声统计参数不准确，因此需要使用自适应估计方法对未知的噪声进行处理，从而准确地进行 AUV 协同导航定位。

4.2　带未知噪声的估计方法

在很多实际系统中，系统过程噪声协方差和量测噪声协方差事先是不知道的，估计器需要同时估计未知的状态向量和未知参数。不准确的模型参数会导致滤波估计发散，因此一般使用自适应估计方法来估计带未知噪声的数学模型。本节首先介绍高斯滤波的一般形式，然后介绍两种估计状态和未知参数的自适应方法：Sage – Husa 方法和变分贝叶斯方法。

4.2.1　高斯滤波的一般形式

为了方便描述，系统状态空间模型简写如下：

$$\boldsymbol{x}_k = \boldsymbol{f}(\boldsymbol{x}_{k-1}) + \boldsymbol{w}_{k-1} \tag{4-1}$$

$$\boldsymbol{z}_k = \boldsymbol{h}(\boldsymbol{x}_k) + \boldsymbol{v}_k \tag{4-2}$$

根据上述的非线性系统模型，协方差在已知的情况下，滤波问题可以简化为经典的非线性（高斯）最优滤波问题。一种很普遍的方法是高斯滤波方法，它的思想是假设滤波分布近似为高斯分布。如果概率密度函数近似于高斯分布，则卡尔曼结构中的高斯滤波器（使用线性更新规则）可用于处理估计任务。高斯分布具有其独特的一阶矩和二阶矩（均值和协方差），一般的高斯滤波器表示为时间更新，即

$$\begin{aligned}\hat{\boldsymbol{x}}_{k|k-1} &= \mathrm{E}[\boldsymbol{f}(\boldsymbol{x}_{k-1}) \mid \boldsymbol{z}_{1:k-1}] \\ &= \int_{n_x} \boldsymbol{f}(\boldsymbol{x}_{k-1}) p(\boldsymbol{x}_{k-1} \mid \boldsymbol{z}_{1:k-1}) \mathrm{d}\boldsymbol{x}_{k-1} \\ &= \int_{n_x} \boldsymbol{f}(\boldsymbol{x}_{k-1}) N(\boldsymbol{x}_{k-1}; \hat{\boldsymbol{x}}_{k-1}, \boldsymbol{P}_{k-1}) \mathrm{d}\boldsymbol{x}_{k-1}\end{aligned} \tag{4-3}$$

$$\begin{aligned}\boldsymbol{P}_{k|k-1} &= \mathrm{E}[(\boldsymbol{x}_k - \hat{\boldsymbol{x}}_{k|k-1})(\boldsymbol{x}_k - \hat{\boldsymbol{x}}_{k|k-1})^{\mathrm{T}} \mid \boldsymbol{z}_{1:k-1}] \\ &= \int_{n_x} \boldsymbol{f}(\boldsymbol{x}_{k-1}) \boldsymbol{f}^{\mathrm{T}}(\boldsymbol{x}_{k-1}) N(\boldsymbol{x}_{k-1}; \hat{\boldsymbol{x}}_{k-1}, \boldsymbol{P}_{k-1}) \mathrm{d}\boldsymbol{x}_{k-1} - \hat{\boldsymbol{x}}_{k-1}\hat{\boldsymbol{x}}_{k-1}^{\mathrm{T}} + \boldsymbol{Q}_{k-1}\end{aligned} \tag{4-4}$$

量测更新为

$$\hat{\boldsymbol{z}}_{k|k-1} = \mathrm{E}[\boldsymbol{h}(\boldsymbol{x}_k) \mid \boldsymbol{z}_{1:k-1}]$$

$$= \int_{n_z} \boldsymbol{h}(\boldsymbol{x}_k) N(\boldsymbol{x}_k; \hat{\boldsymbol{x}}_{k|k-1}, \boldsymbol{P}_{k|k-1}) \mathrm{d}\boldsymbol{x}_k \tag{4-5}$$

$$\boldsymbol{P}^{zz}_{k|k-1} = \mathrm{E}[(\boldsymbol{z}_k - \hat{\boldsymbol{z}}_{k|k-1})(\boldsymbol{z}_k - \hat{\boldsymbol{z}}_{k|k-1})^{\mathrm{T}} | \boldsymbol{z}_{1:k-1}]$$

$$= \int_{n_x} h(\boldsymbol{x}_k) h^{\mathrm{T}}(\boldsymbol{x}_k) N(\boldsymbol{x}_k; \hat{\boldsymbol{x}}_{k|k-1}, \boldsymbol{P}_{k|k-1}) \mathrm{d}\boldsymbol{x}_k - \hat{\boldsymbol{z}}_{k|k-1}\hat{\boldsymbol{z}}^{\mathrm{T}}_{k|k-1} + \boldsymbol{R}_k \tag{4-6}$$

$$\boldsymbol{P}^{xz}_{k|k-1} = \mathrm{E}[(\boldsymbol{x}_k - \hat{\boldsymbol{x}}_{k|k-1})(\boldsymbol{z}_k - \hat{\boldsymbol{z}}_{k|k-1})^{\mathrm{T}} | \boldsymbol{z}_{1:k-1}]$$

$$= \int_{n_x} \boldsymbol{x}_k \boldsymbol{h}^{\mathrm{T}}(\boldsymbol{x}_k) N(\boldsymbol{x}_k; \hat{\boldsymbol{x}}_{k|k-1}, \boldsymbol{P}_{k|k-1}) \mathrm{d}\boldsymbol{x}_k - \hat{\boldsymbol{x}}_{k|k-1}\hat{\boldsymbol{z}}^{\mathrm{T}}_{k|k-1} \tag{4-7}$$

$$\boldsymbol{K}_k = \boldsymbol{P}^{xz}_{k|k-1}(\boldsymbol{P}^{xz}_{k|k-1})^{-1} \tag{4-8}$$

$$\hat{\boldsymbol{x}}_k = \hat{\boldsymbol{x}}_{k|k-1} + \boldsymbol{K}_k(\boldsymbol{z}_k - \hat{\boldsymbol{z}}_{k|k-1}) \tag{4-9}$$

$$\boldsymbol{P}_k = \boldsymbol{P}_{k|k-1} - \boldsymbol{K}_k \boldsymbol{P}^{zz}_{k|k-1} \boldsymbol{K}^{\mathrm{T}}_k \tag{4-10}$$

从上面的更新中可以看出,一般高斯滤波器由状态和量测的一步预测和线性最小均方误差的量测更新组成。高斯滤波的核心是计算式(4－3)～(4－7)中的高斯加权积分,用不同的数值方法可以得到不同的高斯滤波器。例如,通过使用无迹变换来计算式(4－3)～(4－7)的高斯加权积分,从而得到无迹卡尔曼滤波(Unscented Kalman Filter,UKF)。这里假设状态量、过程噪声和量测噪声都是满足高斯分布的,在实际应用中,系统误差问题、数值不稳定性等问题导致噪声协方差不是已知的,甚至不是满足高斯分布的。接下来将通过引入变分贝叶斯方法来解决过程噪声和量测噪声未知的问题。

4.2.2 指数渐消的 Sage－Husa 方法

Sage－Husa 自适应估计方法是递推的估计过程噪声和量测噪声的前二阶矩。一般认为当系统干扰存在某种稳定性时,重视新近量测值可以防止滤波发散,则应该对过程噪声和量测噪声的变化给予特别关注。指数渐消的 Sage－Husa 自适应方法是利用指数加权,即利用不同的权系数对最新的量测信息和过去的量测信息赋值,使得最近的量测信息的影响力相对较高,时间久远的量测值影响力变低。

首先取任意 b,令 $0<b<1$,有如下因式分解公式成立,即

$$1 - b^{k+1} = (1-b)(b^0 + b^1 + b^2 + \cdots + b^k)$$

$$\Rightarrow \frac{1-b}{1-b^{k+1}}(b^0 + b^1 + b^2 + \cdots + b^k) = 1 \tag{4-11}$$

利用负指数函数给权系数取值,使得权系数序列 $\{d_{k,i}\}$ 满足以下的方程

$$d_{k,i} = \frac{1-b}{1-b^{k+1}} b^i, \quad i = 1,2,\cdots,k \tag{4-12}$$

则显然有

$$d_{k,i} = b \cdot d_{k,i-1}, \quad \sum_{i=0}^{k} d_{k,i} = 1 \tag{4-13}$$

假如某一输出 y_k 在 k 时刻是输入序列 $x_1, x_2, \cdots, x_k$ 的加权平均,则有

$$y_k = d_{k,1}x_1 + d_{k,2}x_2 + \cdots + d_{k,k-1}x_{k-1} + d_{k,k}x_k = \sum_{i=1}^{k} d_{k,i}x_i \tag{4-14}$$

从式(4-12)中加权系数 $d_{k,i}$ 的定义可知,式(4-14)中的陈旧数据的利用率以 b 的指数次方衰减,所以称这种方法为指数渐消记忆加权平均方法。该方法强调了新近数据的作用,而对陈旧数据的作用渐渐遗忘,相应地,将底数 b 称为遗忘因子或渐消记忆因子。

同理,对于 $k-1$ 时刻的输出 y_{k-1},有

$$y_{k-1} = d_{k,1}x_1 + d_{k,2}x_2 + \cdots + d_{k-1,k-2}x_{k-2} + d_{k-1,k-1}x_{k-1} = \sum_{i=1}^{k} d_{k-1,i}x_i \tag{4-15}$$

为了方便应用,将式(4-14)写成递推形式,则有

$$\begin{aligned} y_k &= \sum_{i=1}^{k} d_{k,i}x_i = \sum_{i=1}^{k-1} d_{k,i}x_i + d_{k,k}x_k \\ &= \sum_{i=1}^{k-1} \frac{1-b}{1-b^k} b^{k-i} x_i + d_{k,k}x_k = \frac{(1-b^{k-1})b}{1-b^k} \sum_{i=1}^{k-1} \frac{1-b}{1-b^{k-1}} b^{k-1-i} x_i + d_{k,k}x_k \\ &= \frac{(1-b^k)-(1-b)}{1-b^k} \sum_{i=1}^{k-1} d_{k-1,i}x_i + d_{k,k}x_k = (1-d_{k,k})y_{k-1} + d_{k,k}x_k \end{aligned} \tag{4-16}$$

不妨将 $d_{k,k}$ 简写成 d_k,则有 d_k 的递推公式为

$$d_k = \frac{1-b}{1-b^{k+1}} = \frac{1-b}{1-b+b(1-b^{k+1})} = \frac{\dfrac{(1-b)}{(1-b^{k+1})}}{\dfrac{(1-b)}{(1-b^{k+1})}+b} = \frac{d_k}{d_k+b} \tag{4-17}$$

式中,遗忘因子 b 的一般取值为 0.95~0.99,初始值取为 $d_1=1$。将加权系数代入即可得到指数渐消的 Sage-Husa 自适应算法。$\boldsymbol{w}_{k-1}$ 和 $\boldsymbol{v}_k$ 被假设为独立的高斯噪声,具有如下统计特性:

$$\begin{cases} \mathrm{E}[\boldsymbol{w}_k] = \boldsymbol{q}_k, \quad \mathrm{E}[\boldsymbol{w}_k \boldsymbol{w}_j^{\mathrm{T}}] = \boldsymbol{Q}_k \boldsymbol{\delta}_{kj} \\ \mathrm{E}[\boldsymbol{v}_k] = \boldsymbol{r}_k, \quad \mathrm{E}[\boldsymbol{v}_k \boldsymbol{v}_j^{\mathrm{T}}] = \boldsymbol{R}_k \boldsymbol{\delta}_{kj} \\ \mathrm{E}[\boldsymbol{w}_k \boldsymbol{v}_j^{\mathrm{T}}] = 0 \end{cases} \tag{4-18}$$

在求取噪声统计参数 $\hat{\boldsymbol{r}}_k$、$\hat{\boldsymbol{R}}_k$、$\hat{\boldsymbol{q}}_k$、$\hat{\boldsymbol{Q}}_k$ 时,每项分别乘加权系数 d_k,则以下时变噪声统计估值器递推获得

$$\hat{\boldsymbol{r}}_{k+1} = (1-d_k)\hat{\boldsymbol{r}}_k + d_k(\boldsymbol{z}_{k+1} - \boldsymbol{H}\hat{\boldsymbol{x}}_{k+1|k}) \tag{4-19}$$

$$\hat{\boldsymbol{R}}_{k+1} = (1-d_k)\hat{\boldsymbol{R}}_k + d_k(\tilde{z}_{k+1}\tilde{z}_{k+1}^{\mathrm{T}} - \boldsymbol{H}_{k+1}\boldsymbol{P}_{k+1|k}\boldsymbol{H}_{k+1}^{\mathrm{T}}) \tag{4-20}$$

$$\hat{\boldsymbol{q}}_{k+1} = (1-d_k)\hat{\boldsymbol{q}}_k + d_k(\hat{\boldsymbol{x}}_{k+1} - \boldsymbol{F}\hat{\boldsymbol{x}}_k) \tag{4-21}$$

$$\hat{\boldsymbol{Q}}_{k+1} = (1-d_k)\hat{\boldsymbol{Q}}_k + d_k(\boldsymbol{K}_{k+1}\tilde{z}_{k+1}\boldsymbol{K}_{k+1}^{\mathrm{T}} + \boldsymbol{P}_k - \boldsymbol{F}\boldsymbol{P}_k\boldsymbol{F}^{\mathrm{T}}) \tag{4-22}$$

式中，d_k 为遗忘因子，$d_k = \dfrac{1-b}{1-b^{k+1}}, 0<b<1$。Sage – Husa 自适应方法原本的加权系数为 $\dfrac{1}{k}$，但对时变噪声，要重视最新数据的作用，需通过乘不同的权值来实现，则有了指数加权 Sage – Husa 自适应方法。

4.2.3 变分贝叶斯方法

在某些状态估计问题中，估计器需要同时估计未知的状态向量和未知的参数。由于状态向量是不可观测的，因此状态向量与未知参数之间存在强耦合，并且未知参数之间可能存在强耦合，从而使得在一般情况下无法同时获得状态向量和未知参数的联合最优估计。本节介绍一种近似联合推导方法——变分贝叶斯方法。

变分贝叶斯方法是一种用来求取联合后验密度函数的近似方法，它利用已知的模型信息、量测信息和先验信息来获取状态向量和未知参数联合后验概率密度的近似解。变分贝叶斯方法不能直接计算后验概率密度函数 $p(\boldsymbol{X},\boldsymbol{\theta}|\boldsymbol{Z})$，而是求取一个能够满足逼近真实的联合后验概率密度函数 $p(\boldsymbol{X},\boldsymbol{\theta}|\boldsymbol{Z})$ 的近似的、简单易求的、形式自由的联合密度函数 $q(\boldsymbol{X},\boldsymbol{\theta})$，使得 $p(\boldsymbol{X},\boldsymbol{\theta}|\boldsymbol{Z}) \approx q(\boldsymbol{X},\boldsymbol{\theta})$，其中 $\boldsymbol{X}$ 为未知的状态，$\boldsymbol{\theta}$ 为未知的估计参数，$\boldsymbol{Z}$ 为量测，$p(\boldsymbol{X},\boldsymbol{\theta}|\boldsymbol{Z})$ 为真实的联合后验概率密度函数，$q(\boldsymbol{X},\boldsymbol{\theta})$ 为近似的联合后验概率密度函数。为了获得这个形式的自由近似解，变分贝叶斯方法主要包含三个问题：第一个问题是如何选取概率密度函数 $q(\boldsymbol{X},\boldsymbol{\theta})$；第二个问题是如何处理状态向量和参数之间的耦合以及参数与参数之间的耦合；第三个问题是用什么准则来判断 $q(\boldsymbol{X},\boldsymbol{\theta})$ 与 $p(\boldsymbol{X},\boldsymbol{\theta}|\boldsymbol{Z})$ 之间的相似程度。对于第一个问题，变分贝叶斯方法将 $q(\boldsymbol{X},\boldsymbol{\theta})$ 选择为似然函数的共轭分布，其保证了随机变量的后验分布能够与先验分布在形式上是一致的。对于第二个问题，变分贝叶斯方法认为未知状态和未知参数的后验概率密度函数是相互独立的，参数与参数之间的后验概率密度也是相互独立的，因此近似的联合后验密度函数 $q(\boldsymbol{X},\boldsymbol{\theta})$ 可以被进一步近似为 $q(\boldsymbol{X},\boldsymbol{\theta}) \approx q(\boldsymbol{X})q(\boldsymbol{\theta})$。对于第三个问题，变分贝叶斯方法利用求取泛函的极值来衡量近似分布和真实后验分布的差异程度。其中 Kullback – Leibler(KL) 散度是一种常用的概率分布相似性的度量，它经常用来评价两个概率分布之间的差异。

根据变分贝叶斯方法，状态向量和未知参数的近似联合概率密度函数的推导可以

表示为当 $\int q(\boldsymbol{X})\,\mathrm{d}\boldsymbol{X}=1,\int q(\boldsymbol{\theta})\,\mathrm{d}\boldsymbol{\theta}=1$ 时，有

$$\{q(\boldsymbol{X}),\ q(\boldsymbol{\theta})\}=\arg\min \mathrm{KL}(q(\boldsymbol{X})q(\boldsymbol{\theta})\parallel p(\boldsymbol{X},\boldsymbol{\theta}|\boldsymbol{Z}))\tag{4-23}$$

这里 $\mathrm{KL}(q(\boldsymbol{X})q(\boldsymbol{\theta})\parallel p(\boldsymbol{X},\boldsymbol{\theta}|\boldsymbol{Z}))$ 为近似分布 $q(\boldsymbol{X})q(\boldsymbol{\theta})$ 与真实分布 $p(\boldsymbol{X},\boldsymbol{\theta}|\boldsymbol{Z})$ 之间的 KL 散度，即变分贝叶斯近似可以通过最小化真实分布和近似分布之间的 KL 散度获得，即

$$\mathrm{KL}[q(\boldsymbol{X})q(\boldsymbol{\theta})\parallel p(\boldsymbol{X},\boldsymbol{\theta}|\boldsymbol{Z})]\iint q(\boldsymbol{X})q(\boldsymbol{\theta})\log\frac{q(\boldsymbol{X}),q(\boldsymbol{\theta})}{p(\boldsymbol{X},\boldsymbol{\theta}|\boldsymbol{Z})}\mathrm{d}\boldsymbol{X}\mathrm{d}\boldsymbol{\theta}\tag{4-24}$$

KL 散度是非负的，即 $\mathrm{KL}(q(\boldsymbol{X})q(\boldsymbol{\theta})\parallel p(\boldsymbol{X},\boldsymbol{\theta}|\boldsymbol{Z}))\geqslant 0$，当 $q(\boldsymbol{X})q(\boldsymbol{\theta})=p(\boldsymbol{X},\boldsymbol{\theta}|\boldsymbol{Z})$ 时取值为零。一般情况下，真实分布 $p(\boldsymbol{X},\boldsymbol{\theta}|\boldsymbol{Z})$ 是未知的，所以需要引入负自由能量函数 $F(q(\boldsymbol{X}),q(\boldsymbol{\theta}))$，首先对似然函数 $p(\boldsymbol{Z})$ 取对数并做等价变形，即

$$\begin{aligned}\log p(\boldsymbol{Z})&=\log\frac{p(\boldsymbol{X},\boldsymbol{\theta},\boldsymbol{Z})}{p(\boldsymbol{X},\boldsymbol{\theta}|\boldsymbol{Z})}=\iint q(\boldsymbol{X})q(\boldsymbol{\theta})\log\frac{p(\boldsymbol{X},\boldsymbol{\theta},\boldsymbol{Z})}{p(\boldsymbol{X},\boldsymbol{\theta}|\boldsymbol{Z})}\mathrm{d}\boldsymbol{X}\mathrm{d}\boldsymbol{\theta}\\&=\iint q(\boldsymbol{X})q(\boldsymbol{\theta})\log\frac{p(\boldsymbol{X},\boldsymbol{\theta},\boldsymbol{Z})}{q(\boldsymbol{X})q(\boldsymbol{\theta})}\mathrm{d}\boldsymbol{X}\mathrm{d}\boldsymbol{\theta}+\iint q(\boldsymbol{X})q(\boldsymbol{\theta})\log\frac{q(\boldsymbol{X})q(\boldsymbol{\theta})}{p(\boldsymbol{X},\boldsymbol{\theta}|\boldsymbol{Z})}\mathrm{d}\boldsymbol{X}\mathrm{d}\boldsymbol{\theta}\\&=F(q(\boldsymbol{X}),q(\boldsymbol{\theta}))+\mathrm{KL}[q(\boldsymbol{X})q(\boldsymbol{\theta})\parallel p(\boldsymbol{X},\boldsymbol{\theta}|\boldsymbol{Z})]\end{aligned}\tag{4-25}$$

式中，$F(q(\boldsymbol{X}),q(\boldsymbol{\theta}))$ 为 $\log p(\boldsymbol{Z})$ 的下界函数，在统计物理领域中也称为负自由能量函数，有

$$F(q(\boldsymbol{X}),q(\boldsymbol{\theta}))=\iint q(\boldsymbol{X})q(\boldsymbol{\theta})\log\frac{p(\boldsymbol{X},\boldsymbol{\theta},\boldsymbol{Z})}{q(\boldsymbol{X})q(\boldsymbol{\theta})}\mathrm{d}\boldsymbol{X}\mathrm{d}\boldsymbol{\theta}\tag{4-26}$$

由于 $\log p(\boldsymbol{Z})$ 是与近似分布 $q(\boldsymbol{X})q(\boldsymbol{\theta})$ 无关的常值，因此由式(4-25)可知，KL 散度最小化过程就是负自由能量函数 $F(q(\boldsymbol{X}),q(\boldsymbol{\theta}))$ 最大化过程。当 KL 散度取最小值时，可以解出真实分布 $p(\boldsymbol{X},\boldsymbol{\theta}|\boldsymbol{Z})$ 的近似解 $q(\boldsymbol{X})q(\boldsymbol{\theta})$。

利用贝叶斯定理和密度的归一性质，负自由能量函数可以重写成

$$\begin{aligned}F(q(\boldsymbol{X}),q(\boldsymbol{\theta}))&=\iint q(\boldsymbol{X})q(\boldsymbol{\theta})\log\frac{p(\boldsymbol{X},\boldsymbol{\theta},\boldsymbol{Z})}{q(\boldsymbol{X})q(\boldsymbol{\theta})}\mathrm{d}\boldsymbol{X}\mathrm{d}\boldsymbol{\theta}\\&=\iint q(\boldsymbol{X})q(\boldsymbol{\theta})\log p(\boldsymbol{X},\boldsymbol{\theta},\boldsymbol{Z})\mathrm{d}\boldsymbol{X}\mathrm{d}\boldsymbol{\theta}-\iint q(\boldsymbol{X})q(\boldsymbol{\theta})\log q(\boldsymbol{X})q(\boldsymbol{\theta})\mathrm{d}\boldsymbol{X}\mathrm{d}\boldsymbol{\theta}\\&=\iint q(\boldsymbol{X})q(\boldsymbol{\theta})\log p(\boldsymbol{X},\boldsymbol{\theta},\boldsymbol{Z})\mathrm{d}\boldsymbol{X}\mathrm{d}\boldsymbol{\theta}-\int q(\boldsymbol{X})\log q(\boldsymbol{X})\mathrm{d}\boldsymbol{X}-\\&\quad\int q(\boldsymbol{\theta})\log q(\boldsymbol{\theta})\mathrm{d}\boldsymbol{\theta}\end{aligned}\tag{4-27}$$

为了求解最优的近似解 $q(\boldsymbol{X})$，定义如下对数概率密度函数 $\log\tilde{p}(\boldsymbol{X})$，当 $\int\tilde{p}(\boldsymbol{X})\,\mathrm{d}\boldsymbol{X}=1$ 时，有

$$\log \tilde{p}(\boldsymbol{X}) = \int q(\boldsymbol{\theta}) \log p(\boldsymbol{X},\boldsymbol{\theta},\boldsymbol{Z})\, \mathrm{d}\boldsymbol{\theta} + c_X \tag{4-28}$$

式中,c_X 为与状态向量 $\boldsymbol{X}$ 无关的常值。

将式(4-28)代入式(4-27)中,有

$$\begin{aligned} F(q(\boldsymbol{X}),q(\boldsymbol{\theta})) &= \int q(\boldsymbol{X}) \log \tilde{p}(\boldsymbol{X})\,\mathrm{d}X - \int q(\boldsymbol{X}) \log q(\boldsymbol{X})\,\mathrm{d}\boldsymbol{X} - c_X \\ &= -\int q(\boldsymbol{X}) \log \frac{q(\boldsymbol{X})}{\tilde{p}(\boldsymbol{X})}\,\mathrm{d}\boldsymbol{X} - c_X \\ &= -\mathrm{KL}[q(\boldsymbol{X}) \mid \tilde{p}(\boldsymbol{X})] - c_X \end{aligned} \tag{4-29}$$

式中,$\int q(\boldsymbol{\theta}) \log q(\boldsymbol{\theta})\,\mathrm{d}\boldsymbol{\theta}$ 是与状态向量 $\boldsymbol{X}$ 无关的常值。由于 KL 散度总是非负的,只有 $\mathrm{KL}[q(\boldsymbol{X}) \parallel \tilde{p}(\boldsymbol{X})]=0$ 时,负自由能量函数 $F(q(\boldsymbol{X}),q(\boldsymbol{\theta}))$ 才能达到最大。也就是说,只有当 $q(\boldsymbol{X}) = \tilde{p}(\boldsymbol{X})$ 时,负自由能量函数 $F(q(\boldsymbol{X}),q(\boldsymbol{\theta}))$ 才能达到最大。将 $q(\boldsymbol{X}) = \tilde{p}(\boldsymbol{X})$ 代入式(4-28)中,得到

$$\log q(\boldsymbol{X}) = \int q(\boldsymbol{\theta}) \log p(\boldsymbol{X},\boldsymbol{\theta},\boldsymbol{Z})\,\mathrm{d}\boldsymbol{\theta} + c_X \tag{4-30}$$

同理,可以得到最优近似解 $q(\boldsymbol{\theta})$ 为

$$\log q(\boldsymbol{\theta}) = \int q(\boldsymbol{X}) \log p(\boldsymbol{X},\boldsymbol{\theta},\boldsymbol{Z})\,\mathrm{d}\boldsymbol{X} + c_\theta \tag{4-31}$$

近似最优解 $q(\boldsymbol{X})$ 和 $q(\boldsymbol{\theta})$ 可以统一写成如下形式:

$$\begin{cases} \log q(\boldsymbol{X}) = \mathrm{E}_\theta[\log p(\boldsymbol{X},\boldsymbol{\theta},\boldsymbol{Z})] + c_X \\ \log q(\boldsymbol{\theta}) = \mathrm{E}_X[\log p(\boldsymbol{X},\boldsymbol{\theta},\boldsymbol{Z})] + c_\theta \end{cases} \tag{4-32}$$

从式(4-30)和式(4-31)中可以看出,假如状态和未知参数是相耦合的,甚至未知参数与未知参数之间是相耦合的,将无法利用式(4-30)和式(4-31)得到 $q(\boldsymbol{X})$ 和 $q(\boldsymbol{\theta})$ 的解析解。因此,利用固定点迭代的方法来求取 $q(\boldsymbol{X})$ 和 $q(\boldsymbol{\theta})$ 的局部最优解。

4.3 基于变分贝叶斯滤波的协同导航算法

针对多水下航行器协同导航过程中,系统噪声和量测噪声的统计特性未知且时变,并且它们不具备可利用的先验分布这一问题,利用变分贝叶斯算法联合估计状态向量、预测误差协方差矩阵和量测噪声协方差矩阵,提出了一种新的基于变分贝叶斯方法的自适应滤波,来提高水下航行器的协同导航的估计精度。该方法联合估计预测误差协方差矩阵和量测噪声协方差矩阵,而不是联合估计过程噪声协方差矩阵和量测噪声协

方差矩阵,使得滤波估计器不仅考虑了过程噪声协方差矩阵,还考虑了预测误差协方差的变化。利用变分贝叶斯方法对协同导航系统的状态向量、预测误差协方差矩阵和量测噪声协方差矩阵进行了联合估计,使得提出的自适应协同算法具有更好的估计精度。

4.3.1 Sage－Husa 自适应协同导航算法

因为状态的先验噪声协方差是未知的,通常被认为是一个设计变量。但是如果先验统计信息是未知的,卡尔曼滤波估计就不是最优选择,有时甚至会引起发散。为了避免发散,自适应估计方法被用来估计噪声统计特性。其中一种估计方法就是自适应卡尔曼滤波算法。自适应卡尔曼滤波是用于通过卡尔曼滤波输出的残差来实时估计未知模型参数的自适应算法。Sage－Husa 自适应卡尔曼滤波对系统过程噪声和量测噪声的前两个时刻进行序列估计。这是一个使用卡尔曼滤波来实时估计未知模型参数的自适应算法,在卡尔曼滤波的框架下加入时变噪声估计器,可以实时估计噪声的统计特性。它可以对系统输入和输出的量测进行滤波,从而在实时更新统计参数的同时,对动态系统的状态进行智能估计,减少估计误差,抑制滤波发散。本节简要地推导基于水下协同导航的 Sage－Husa 自适应算法。

协同导航的一步预测的估计可以写成

$$\hat{\boldsymbol{x}}_{k|k-1}=\boldsymbol{F}\hat{\boldsymbol{x}}_{k-1|k-1}+\boldsymbol{u}_k \tag{4-33}$$

状态的误差协方差可以写成

$$\boldsymbol{P}_{k|k-1}=\boldsymbol{F}\boldsymbol{P}_{k-1}\boldsymbol{F}^{\mathrm{T}}+\hat{\boldsymbol{Q}}_{k-1} \tag{4-34}$$

卡尔曼增益矩阵为

$$\boldsymbol{K}_k=\boldsymbol{P}_{k|k-1}\bar{\boldsymbol{H}}_k^{\mathrm{T}}(\bar{\boldsymbol{H}}_k\boldsymbol{P}_{k|k-1}\bar{\boldsymbol{H}}_k^{\mathrm{T}}+\hat{\boldsymbol{R}})^{-1} \tag{4-35}$$

量测的一步更新为

$$\hat{\boldsymbol{z}}_{k|k-1}=h(\hat{\boldsymbol{x}}_{k|k-1}) \tag{4-36}$$

误差协方差的量测更新为

$$\boldsymbol{P}_k=(\boldsymbol{I}-\boldsymbol{K}_k\bar{\boldsymbol{H}}_k)\boldsymbol{P}_{k|k-1} \tag{4-37}$$

在求取噪声统计参数 $\hat{\boldsymbol{R}}_k$、$\hat{\boldsymbol{Q}}_k$ 时,每项分别乘加权系数 d_k,则以下时变噪声统计估值器递推获得

$$\hat{\boldsymbol{R}}_{k+1}=(1-d_k)\boldsymbol{R}_k+d_k(\tilde{z}_{k+1}\tilde{z}_{k+1}^{\mathrm{T}}-\boldsymbol{H}_{k+1}\boldsymbol{P}_{k+1|k}\boldsymbol{H}_{k+1}^{\mathrm{T}}) \tag{4-38}$$

$$\hat{\boldsymbol{Q}}_{k+1}=(1-d_k)\hat{\boldsymbol{Q}}_k+d_k(\boldsymbol{K}_{k+1}\tilde{z}_{k+1}\boldsymbol{K}_{k+1}^{\mathrm{T}}+\boldsymbol{P}_k-\boldsymbol{F}\boldsymbol{P}_k\boldsymbol{F}^{\mathrm{T}}) \tag{4-39}$$

式中,$d_k=\dfrac{1-b}{1-b^{k+1}}$,$0<b<1$ 为遗忘因子。值得注意的是,在 $\hat{\boldsymbol{R}}_k$ 和 $\hat{\boldsymbol{Q}}_k$ 的估计过程中,当

前时刻的校正权值最大，随着时间的推移，权系数逐渐趋于 $1-b$，同时初值 $\hat{\boldsymbol{R}}_0$、$\hat{\boldsymbol{Q}}_0$ 在 $\hat{\boldsymbol{R}}_k$、$\hat{\boldsymbol{Q}}_k$ 上的分布权值逐渐减小，趋于零。这表明估计量的自适应程度得随着滤波的进行而逐渐降低，趋于稳定后的噪声估计插值会使 $\hat{\boldsymbol{R}}_k$ 和 $\hat{\boldsymbol{Q}}_k$ 的估计失去正定性，失去正定后的噪声很可能会导致滤波发散。

4.3.2 基于变分贝叶斯的自适应协同导航算法

在 AUV 的实际航行过程中，水下环境受温度、季节、流层、水域等因素的影响，水声距离观测受到环境噪声的影响，导致距离量测噪声及其协方差矩阵往往是未知的或者是不准确的。此外，距离量测误差还可能与时间有关，从而导致出现有色时变量测噪声。同时系统的状态方程因为受从 AUV 上的航位推算传感器影响，所以过程噪声也往往不可能是常值噪声。Sage – Husa 自适应方法利用时变噪声估计器对系统噪声和量测噪声进行在线估计，对于阶数较高的系统，该方法有时会因计算失去半正定性和正定性而导致滤波发散。为此，本章设计出了基于变分贝叶斯的协同导航算法，通过变分贝叶斯方法自适应地估计一步预测误差协方差矩阵和量测噪声协方差矩阵，减少了系统噪声和量测噪声模型不准确的负面影响。实验结果表明，该方法考虑了一步预测误差协方差，一步预测误差协方差比系统噪声协方差对状态估计的影响更直接，所以本章提出的协同导航方法具有较好的估计精度，优于现有的状态估计方法。

在常规的卡尔曼滤波模型中，一步预测的概率密度函数（Probability Density Function，PDF）$p(\boldsymbol{x}_k|\boldsymbol{z}_{1:k-1})$ 和似然 PDF $p(\boldsymbol{z}_k|\boldsymbol{x}_k)$ 都是高斯的，即

$$p(\boldsymbol{x}_k|\boldsymbol{z}_{1:k-1}) = N(\boldsymbol{m}_k;\hat{\boldsymbol{x}}_{k|k-1},\boldsymbol{P}_{k|k-1}) \tag{4-40}$$

$$p(z_k|x_k) = N(z_k;h(\boldsymbol{x}_k),\boldsymbol{R}_k) \tag{4-41}$$

式中，$N(\boldsymbol{A};\boldsymbol{\mu},\boldsymbol{\Sigma})$ 表示均值为 $\boldsymbol{\mu}$，方差为 $\boldsymbol{\Sigma}$ 的高斯分布，高斯分布的概率密度函数为

$$N(A;\boldsymbol{\mu},\boldsymbol{\Sigma}) = \frac{1}{\sqrt{|2\pi\boldsymbol{\Sigma}|}}\mathrm{e}^{-\frac{1}{2}(\boldsymbol{A}-\boldsymbol{\mu})^{\mathrm{T}}\boldsymbol{\Sigma}^{-1}(\boldsymbol{A}-\boldsymbol{\mu})} \tag{4-42}$$

根据协同导航的数学模型，预测状态向量 $\hat{\boldsymbol{x}}_{k|k-1}$ 和对应的一步预测协方差矩阵 $\boldsymbol{P}_{k|k-1}$ 可以写成

$$\hat{\boldsymbol{x}}_{k|k-1} = \boldsymbol{F}\hat{\boldsymbol{x}}_{k-1} + \boldsymbol{u}_k \tag{4-43}$$

$$\boldsymbol{P}_{k|k-1} = \boldsymbol{F}\boldsymbol{P}_{k-1}\boldsymbol{F}^{\mathrm{T}} + \boldsymbol{Q}_{k-1} \tag{4-44}$$

式中，$\hat{\boldsymbol{x}}_{k-1}$ 和 $\boldsymbol{P}_{k-1}$ 分别代表 $k-1$ 时刻的状态估计和对应的状态误差协方差矩阵。注意式(4 – 44)中 $\boldsymbol{P}_{k|k-1}$ 的求取是不精确的，因为受水下复杂环境的影响，真正的过程噪声协方差矩阵 $\boldsymbol{Q}_k$ 是未知的。

可通过变分贝叶斯的方法来求取真正的 $\boldsymbol{P}_{k|k-1}$ 和 $\boldsymbol{R}_k$。在贝叶斯统计中，IW 分布（Inverse Wishart Distribution）可以看成多变量高斯分布的协方差矩阵的共轭先验分布。共轭性是指模型参数经过贝叶斯推理得到的后验概率密度函数，拥有与先验概率密度函数一样的函数形式。如果一个正定矩阵 $\boldsymbol{B}$ 的逆矩阵 $\boldsymbol{B}^{-1}$ 遵从 W 分布，那么矩阵 $\boldsymbol{B}$ 遵从 IW 分布，即

$$\mathrm{IW}(\boldsymbol{B};\lambda,\boldsymbol{\Psi}) = \frac{|\boldsymbol{\Psi}|^{\lambda/2}|\boldsymbol{B}|^{-(\lambda+d+1)/2}\mathrm{e}^{-\mathrm{tr}(\boldsymbol{\Psi}\boldsymbol{B}^{-1})/2}}{2^{d\lambda/2}\Gamma_d(\lambda/2)} \tag{4-45}$$

式中，$\lambda > d+1$ 是自由度；$\boldsymbol{\Psi}$ 是 $d\times d$ 的正定矩阵；$\Gamma_d(\cdot)$ 是多维的伽马分布；$\mathrm{tr}(\cdot)$ 是矩阵的迹计算。如果矩阵 $\boldsymbol{B}\sim\mathrm{IW}(\boldsymbol{B};\lambda,\boldsymbol{\Psi})$ 服从 IW 分布，那么矩阵 $\boldsymbol{B}$ 的期望为

$$\mathrm{E}(\boldsymbol{B}) = \frac{\boldsymbol{\Psi}}{\lambda-d-1} \tag{4-46}$$

因为 $\boldsymbol{P}_{k|k-1}$ 和 $\boldsymbol{R}_k$ 是高斯分布的协方差矩阵，所以它们的先验分布 $p(\boldsymbol{P}_{k|k-1}|z_{1:k-1})$ 和 $p(\boldsymbol{R}_k|z_{1:k-1})$ 可以写成 IW 分布，即

$$p(\boldsymbol{P}_{k|k-1}|z_{1:k-1}) = \mathrm{IW}(\boldsymbol{P}_{k|k-1};\hat{t}_{k|k-1},\hat{\boldsymbol{T}}_{k|k-1}) \tag{4-47}$$

$$p(\boldsymbol{R}_k|z_{1:k-1}) = \mathrm{IW}(\boldsymbol{R}_k;\hat{u}_{k|k-1},\hat{\boldsymbol{U}}_{k|k-1}) \tag{4-48}$$

式中，$\hat{t}_{k|k-1}$、$\hat{\boldsymbol{T}}_{k|k-1}$ 分别为 $p(\boldsymbol{P}_{k|k-1}|z_{1:k-1})$ 的自由度和尺度矩阵；$\hat{u}_{k|k-1}$、$\hat{\boldsymbol{U}}_{k|k-1}$ 分别为 $p(\boldsymbol{R}_k|z_{1:k-1})$ 的自由度和尺度矩阵。接下来需要求取 $\hat{t}_{k|k-1}$、$\hat{\boldsymbol{T}}_{k|k-1}$、$\hat{u}_{k|k-1}$、$\hat{\boldsymbol{U}}_{k|k-1}$ 的值。

$\boldsymbol{P}_{k|k-1}$ 的均值可以设为名义上的预测误差协方差矩阵 $\tilde{\boldsymbol{P}}_{k|k-1}$，根据式（4-46），则有

$$\frac{\hat{\boldsymbol{P}}_{k|k-1}}{\hat{t}_{k|k-1}-n-1} = \tilde{\boldsymbol{P}}_{k|k-1} = \boldsymbol{F}\boldsymbol{P}_{k-1}\boldsymbol{F}^{\mathrm{T}} + \tilde{\boldsymbol{Q}}_{k-1} \tag{4-49}$$

式中，n 为状态的维数；$\tilde{\boldsymbol{Q}}_{k-1}$ 为名义上的过程噪声协方差。令

$$\hat{t}_{k|k-1} = n+\tau+1 \tag{4-50}$$

式中，$\tau\geqslant 0$ 是调谐参数。将式（4-49）代入式（4-50）中得到

$$\hat{\boldsymbol{T}}_{k|k-1} = \tau\tilde{\boldsymbol{P}}_{k|k-1} \tag{4-51}$$

根据贝叶斯定理，先验分布 $p(\boldsymbol{R}_k|z_{1:k-1})$ 可以写成

$$p(\boldsymbol{R}_k|z_{1:k-1}) = \int p(\boldsymbol{R}_k|\boldsymbol{R}_{k-1})p(\boldsymbol{R}_{k-1}|z_{1:k-1})\mathrm{d}\boldsymbol{R}_{k-1} \tag{4-52}$$

式中，$p(\boldsymbol{R}_k|z_{1:k-1})$ 是量测噪声协方差矩阵 $\boldsymbol{R}_{k-1}$ 的后验概率密度函数。

根据式（4-48）量测噪声协方差矩阵 $\boldsymbol{R}_{k-1}$ 的先验分布 $p(\boldsymbol{R}_{k-1}|z_{1:k-2})$ 是服从 IW 分布的，那么它的后验分布 $p(\boldsymbol{R}_{k-1}|z_{1:k-1})$ 也应该是服从 IW 分布，即

$$p(\boldsymbol{R}_{k-1}|z_{1:k-1}) = \mathrm{IW}(\boldsymbol{R}_{k-1};\hat{u}_{k-1},\hat{\boldsymbol{U}}_{k-1|k-1}) \tag{4-53}$$

在实际应用中,式(4-52)的噪声方差的动态模型 $p(\boldsymbol{R}_k|\boldsymbol{R}_{k-1})$ 是未知的,本节选择了与文献[99]类似的启发,选择一个因数 ρ 来保留并传播之前时刻的近似后验。那么,先验参数可以写成

$$\hat{\boldsymbol{u}}_{k|k-1}=\rho(\hat{\boldsymbol{u}}_{k-1|k-1}-m-1)+m+1 \tag{4-54}$$

$$\hat{\boldsymbol{U}}_{k|k-1}=\rho\hat{\boldsymbol{U}}_{k-1|k-1} \tag{4-55}$$

式中,$\rho\in(0,1]$ 是遗忘因子,为随时间波动的程度。当 $\rho=1$ 时为稳态方差,ρ 的取值越小,量测噪声协方差随时间波动的频率越大。

由于变分贝叶斯的方法是线性的,因此不能直接应用在非线性的协同导航模型中,需要将其扩展到 EKF 中,应用在协同导航系统里面,这样本章提出的算法既能实现对未知的过程噪声和量测噪声的实时估计,又能减少实际工程中的计算机负担。为了估计状态量 $\boldsymbol{x}_k$、先验状态噪声协方差 $\boldsymbol{P}_{k|k-1}$ 和量测噪声协方差矩阵 $\boldsymbol{R}_k$ 的值,需要计算它们的联合后验概率密度函数 $p(\boldsymbol{x}_k,\boldsymbol{P}_{k|k-1},\boldsymbol{R}_k|z_{1:k})$。本章利用变分贝叶斯的方法并寻找一种自由格式的近似分布如下:

$$p(\boldsymbol{x}_k,\boldsymbol{P}_{k|k-1},\boldsymbol{R}_k,\boldsymbol{z}_{1:k})\approx q(\boldsymbol{x}_k)q(\boldsymbol{P}_{k|k-1})q(\boldsymbol{R}_k) \tag{4-56}$$

式中,$q(\cdot)$ 为 $p(\cdot)$ 的近似后验 PDF。

变分贝叶斯近似的方法可以通过最小化分开近似后验 $q(\boldsymbol{x}_k)$、$q(\boldsymbol{P}_{k|k-1})$、$q(\boldsymbol{R}_k)$ 与真实后验 $p(\boldsymbol{x}_k,\boldsymbol{P}_{k|k-1}$、$\boldsymbol{R}_k|z_{1:k})$ 之间的 KL 散度来得到,即

$$\{q(\boldsymbol{x}_k)q(\boldsymbol{P}_{k|k-1})q(\boldsymbol{R}_k)\}=\arg\min \mathrm{KLD}(q(\boldsymbol{x}_k)q(\boldsymbol{P}_{k|k-1})q(\boldsymbol{R}_k)\parallel p(\boldsymbol{x}_k,\boldsymbol{P}_{k|k-1},\boldsymbol{R}_k|z_{1:k})) \tag{4-57}$$

式中,KLD 表示 KL 散度,其定义为

$$\mathrm{KLD}(q(\boldsymbol{X})\parallel p(\boldsymbol{X}))=\int q(\boldsymbol{X})\log\frac{q(\boldsymbol{X})}{p(\boldsymbol{X})}\mathrm{d}\boldsymbol{X} \tag{4-58}$$

则式(4-56)的最优解满足如下方程,即

$$\log q(\boldsymbol{X}_k)=\mathrm{E}_{\boldsymbol{P}_{k|k-1},\boldsymbol{R}_k}[\log p(\boldsymbol{x}_k,\boldsymbol{P}_{k|k-1},\boldsymbol{R}_k,\boldsymbol{z}_{1:k})]+c_{\boldsymbol{x}_k} \tag{4-59}$$

$$\log q(\boldsymbol{P}_{k|k-1})=\mathrm{E}_{\boldsymbol{x}_k,\boldsymbol{R}_k}[\log p(\boldsymbol{x}_k,\boldsymbol{P}_{k|k-1},\boldsymbol{R}_k,\boldsymbol{z}_{1:k})]+c_{\boldsymbol{P}_{k|k-1}} \tag{4-60}$$

$$\log q(\boldsymbol{R}_k)=\mathrm{E}_{\boldsymbol{x}_k,\boldsymbol{P}_{k|k-1}}[\log p(\boldsymbol{x}_k,\boldsymbol{P}_{k|k-1},\boldsymbol{R}_k,\boldsymbol{z}_{1:k})]+c_{\boldsymbol{R}_x} \tag{4-61}$$

式中,$c_{\boldsymbol{x}_k}$、$c_{\boldsymbol{P}_{k|k-1}}$、$c_{\boldsymbol{R}_x}$ 分别为与状态量 $\boldsymbol{x}_k$、先验状态噪声协方差 $\boldsymbol{P}_{k|k-1}$ 和量测噪声协方差矩阵 $\boldsymbol{R}_k$ 无关的常值;$\log(\cdot)$ 为自然对数函数;$\mathrm{E}_{\boldsymbol{X}}[\cdot]$ 为关于变量 $\boldsymbol{X}$ 的近似后验 PDF 的期望。因为 $q(\boldsymbol{x}_k)$、$q(\boldsymbol{P}_{k|k-1})$、$q(\boldsymbol{R}_k)$ 相互耦合,所以不能直接求解出式(4-59)~(4-61),而需要利用固定点迭代的方法来求解。固定点迭代方法是在迭代更新 $q(\boldsymbol{x}_k)$、$q(\boldsymbol{P}_{k|k-1})$、$q(\boldsymbol{R}_k)$ 中某一个 PDF 时,需要固定其他的 PDF 为上次的迭代值。

根据贝叶斯定理,联合 PDF 可以表示为

$$
\begin{aligned}
& p(\boldsymbol{x}_k,\boldsymbol{P}_{k|k-1},\boldsymbol{R}_k,\boldsymbol{z}_{1:k}) \\
&= p(z_k|\boldsymbol{x}_k,\boldsymbol{R}_k)p(\boldsymbol{x}_k|z_{1:k-1},\boldsymbol{P}_{k|k-1})p(\boldsymbol{P}_{k|k-1}|z_{1:k-1})p(\boldsymbol{R}_k|z_{1:k-1})p(z_{1:k-1})
\end{aligned} \tag{4-62}
$$

将式(4－40)、式(4－41)、式(4－47)、式(4－48)代入式(4－62)中，可以得到

$$
\begin{aligned}
p(\boldsymbol{x}_k,\boldsymbol{P}_{k|k-1},\boldsymbol{R}_k,z_{1:k}) =\ & N(z_k;h(\boldsymbol{x}_k),\boldsymbol{R}_k)N(\boldsymbol{x}_k;\hat{\boldsymbol{x}}_{k|k-1},\boldsymbol{P}_{k|k-1})\times \\
& \mathrm{IW}(\boldsymbol{P}_{k|k-1};\hat{\boldsymbol{t}}_{k|k-1},\hat{\boldsymbol{T}}_{k|k-1})\mathrm{IW}(\boldsymbol{R}_{k|k-1};\hat{\boldsymbol{u}}_{k|k-1},\hat{\boldsymbol{U}}_{k|k-1})p(\boldsymbol{z}_{1:k-1})
\end{aligned} \tag{4-63}
$$

利用式(4－45)，对联合 PDF 求对数，有

$$
\begin{aligned}
& \log p(\boldsymbol{x}_k,\boldsymbol{P}_{k|k-1},\boldsymbol{R}_k,\boldsymbol{z}_{1:k}) \\
&= -\frac{1}{2}(m+\hat{\boldsymbol{u}}_{k|k-1}+2)\log|\boldsymbol{R}_k| \\
&\quad -\frac{1}{2}(z_k-h(\boldsymbol{x}_k))^{\mathrm{T}}\boldsymbol{R}_k^{-1}(z_k-h(z_k)) - \frac{1}{2}\mathrm{tr}(\hat{\boldsymbol{U}}_{k|k-1}\boldsymbol{R}_k^{-1}) \\
&\quad -\frac{1}{2}(n+\hat{\boldsymbol{t}}_{k|k-1}+2)\log|\boldsymbol{R}_{k|k-1}| - \frac{1}{2}(\boldsymbol{x}_k-\hat{\boldsymbol{x}}_{k|k-1})^{\mathrm{T}}\boldsymbol{P}_{k|k-1}^{-1}(\boldsymbol{x}_k-\hat{\boldsymbol{x}}_{k|k-1}) \\
&\quad -\frac{1}{2}\mathrm{tr}(\hat{\boldsymbol{T}}_{k|k-1}\boldsymbol{p}_{k|k-1}^{-1}) + c_X
\end{aligned} \tag{4-64}
$$

将式(4－64)代入式(4－60)中，有

$$
\log q^{(i+1)}(\boldsymbol{P}_{k|k-1}) = -\frac{1}{2}(n+\hat{\boldsymbol{t}}_{k|k-1}+2)\log|\boldsymbol{R}_{k|k-1}| - \frac{1}{2}\mathrm{tr}((\boldsymbol{A}_k^{(i)}+\hat{\boldsymbol{T}}_{k|k-1})\boldsymbol{P}_{k|k-1}^{-1}) + c_P \tag{4-65}
$$

式中，$q^{(i+1)}(\cdot)$为 $q(\cdot)$的第 $i+1$ 次迭代的近似 PDF；$\boldsymbol{A}_k^{(i)}$ 为

$$
\begin{aligned}
\boldsymbol{A}_k^{(i)} &= \mathrm{E}^i[(\boldsymbol{x}_k-\hat{\boldsymbol{x}}_{k|k-1})(\boldsymbol{x}_k-\hat{\boldsymbol{x}}_{k|k-1})^{\mathrm{T}}] \\
&= \mathrm{E}^i[(\boldsymbol{x}_k-\hat{\boldsymbol{x}}_{k|k}^i+\hat{\boldsymbol{x}}_{k|k}^i-\hat{\boldsymbol{x}}_{k|k-1})(\boldsymbol{x}_k-\hat{\boldsymbol{x}}_{k|k}^i+\hat{\boldsymbol{x}}_{k|k}^i-\hat{\boldsymbol{x}}_{k|k-1})^{\mathrm{T}}] \\
&= \mathrm{E}^i[(\boldsymbol{x}_k-\hat{\boldsymbol{x}}_{k|k}^i)(\boldsymbol{x}_k-\hat{\boldsymbol{x}}_{k|k}^i)^{\mathrm{T}}] + (\hat{\boldsymbol{x}}_{k|k}^i-\hat{\boldsymbol{x}}_{k|k-1})(\hat{\boldsymbol{x}}_{k|k}^i-\hat{\boldsymbol{x}}_{k|k-1})^{\mathrm{T}} \\
&= \boldsymbol{P}_{k|k}^i + (\hat{\boldsymbol{x}}_{k|k}^i-\hat{\boldsymbol{x}}_{k|k-1})(\hat{\boldsymbol{x}}_{k|k}^i-\hat{\boldsymbol{x}}_{k|k-1})^{\mathrm{T}}
\end{aligned} \tag{4-66}
$$

式中，$\mathrm{E}^{(i)}[\boldsymbol{X}]$为变量 $\boldsymbol{X}$ 在第 i 次迭代的期望。

根据式(4－65)，$q^{(i+1)}(\boldsymbol{P}_{k|k-1})$可以看作自由度为 $\hat{\boldsymbol{t}}_{k|k-1}^{(i+1)}$，尺度矩阵为 $\hat{\boldsymbol{T}}_{k|k-1}^{(i+1)}$的 IW 分布，则有

$$
q^{(i+1)}(\boldsymbol{P}_{k|k-1}) = \mathrm{IW}(\boldsymbol{P}_{k|k-1};\hat{\boldsymbol{t}}_{k|k-1}^{(i+1)},\hat{\boldsymbol{T}}_{k|k-1}^{i+1}) \tag{4-67}
$$

式中，自由度 $\hat{\boldsymbol{t}}_{k|k-1}^{(i+1)}$、尺度矩阵 $\hat{\boldsymbol{T}}_{k|k-1}^{(i+1)}$可以表示为

$$
\hat{\boldsymbol{t}}_{k|k-1}^{(i+1)} = \hat{\boldsymbol{t}}_{k|k-1}+1 \tag{4-68}
$$

$$
\hat{\boldsymbol{T}}_{k|k-1}^{(i+1)} = \boldsymbol{A}_k^{(i)}+\hat{\boldsymbol{T}}_{k|k-1} \tag{4-69}
$$

式(4－61)可以写成

$$\log q^{(i+1)}(\boldsymbol{R}_k)=-\frac{1}{2}(m+\hat{\boldsymbol{u}}_{k|k-1}+2)\log|\boldsymbol{R}_k|-\frac{1}{2}\mathrm{tr}((\boldsymbol{B}_k^{(i)}+\hat{\boldsymbol{U}}_{k|k-1})\boldsymbol{R}_k^{-1})+c_R \tag{4-70}$$

式中，$\boldsymbol{B}_k^{(i)}$ 为

$$\begin{aligned}\boldsymbol{B}_k^{(i)}&=\mathrm{E}^i[(z_k-h(\boldsymbol{x}_k))(z_k-h(\boldsymbol{x}_k))^{\mathrm{T}}]\\&=\int(z_k-h(\boldsymbol{x}_k))(z_k-h(\boldsymbol{x}_k))^{\mathrm{T}}N(\boldsymbol{x}_k;\hat{\boldsymbol{x}}_k^{(i)},\boldsymbol{P}_k^{(i)})\,\mathrm{d}\boldsymbol{x}_k\end{aligned} \tag{4-71}$$

根据式(4－70)，$q^{(i+1)}(\boldsymbol{R}_k)$ 可以看作自由度为 $\hat{\boldsymbol{u}}_{k|k-1}^{(i+1)}$，尺度矩阵为 $\hat{\boldsymbol{U}}_{k|k-1}^{(i+1)}$ 的 IW 分布，则有

$$q^{(i+1)}(\boldsymbol{R}_k)=\mathrm{IW}(\boldsymbol{R}_k;\hat{\boldsymbol{u}}_k^{(i+1)},\hat{\boldsymbol{U}}_k^{(i+1)}) \tag{4-72}$$

式中，自由度 $\hat{\boldsymbol{u}}_{k|k-1}^{(i+1)}$、尺度矩阵 $\hat{\boldsymbol{U}}_{k|k-1}^{(i+1)}$ 可以表示为

$$\hat{\boldsymbol{u}}_k^{(i+1)}=\hat{\boldsymbol{u}}_{k|k-1}+1 \tag{4-73}$$

$$\hat{\boldsymbol{U}}_k^{(i+1)}=\boldsymbol{B}_k^{(i)}+\hat{\boldsymbol{U}}_{k|k-1} \tag{4-74}$$

式(4－59)可以写成

$$\begin{aligned}\log q^{(i+1)}(\boldsymbol{x}_k)=&-\frac{1}{2}(z_k-h(\boldsymbol{x}_k))^{\mathrm{T}}\mathrm{E}^{(i+1)}[\boldsymbol{R}_k^{-1}](z_k-h(\boldsymbol{x}_k))\\&-\frac{1}{2}(\boldsymbol{x}_k-\hat{\boldsymbol{x}}_{k|k-1})^{\mathrm{T}}\mathrm{E}^{(i+1)}[\boldsymbol{P}_{k|k-1}^{-1}](\boldsymbol{x}_k-\hat{\boldsymbol{x}}_{k|k-1})+c_x\end{aligned} \tag{4-75}$$

式中，$\mathrm{E}^{(i+1)}[\boldsymbol{R}_k^{-1}]$ 和 $\mathrm{E}^{(i+1)}[\boldsymbol{P}_{k|k-1}^{-1}]$ 为

$$\mathrm{E}^{(i+1)}[\boldsymbol{R}_k^{-1}]=(\hat{\boldsymbol{u}}_k^{i+1}-m-1)(\hat{\boldsymbol{U}}_k^{i+1})^{-1} \tag{4-76}$$

$$\mathrm{E}^{(i+1)}[\boldsymbol{P}_{k|k-1}^{-1}]=(\hat{\boldsymbol{t}}_k^{i+1}-n-1)(\hat{\boldsymbol{T}}_k^{i+1})^{-1} \tag{4-77}$$

更新修正后的第 $i+1$ 次迭代后的一步预测 PDF $p^{(i+1)}(\boldsymbol{x}_k|z_{1:k-1})$ 和似然 PDF $p(z_k|\boldsymbol{x}_k)$ 为

$$p^{(i+1)}(\boldsymbol{x}_k|z_{1:k-1})=N(\boldsymbol{x}_k;\hat{\boldsymbol{x}}_{k|k-1},\hat{\boldsymbol{P}}_{k|k-1}^{(i+1)}) \tag{4-78}$$

$$p^{(i+1)}(z_k|\boldsymbol{x}_k)=N(z_k;\boldsymbol{h}(\boldsymbol{x}_k),\hat{\boldsymbol{R}}_k^{(i+1)}) \tag{4-79}$$

式中，修正后的预测噪声协方差矩阵 $\hat{\boldsymbol{P}}_{k|k-1}^{(i+1)}$ 和量测噪声协方差矩阵 $\hat{\boldsymbol{R}}_k^{(i+1)}$ 可以写成

$$\hat{\boldsymbol{P}}_{k|k-1}^{(i+1)}=\{\mathrm{E}^{(i+1)}[\boldsymbol{P}_{k|k-1}^{-1}]\}^{-1} \tag{4-80}$$

$$\hat{\boldsymbol{R}}_k^{(i+1)}=\{\mathrm{E}^{(i+1)}[\boldsymbol{R}_k^{-1}]\}^{-1} \tag{4-81}$$

将式(4－78)～(4－81)代入式(4－75)中，有

$$q^{(i+1)}(\boldsymbol{x}_k)=\frac{1}{c_k^{(i+1)}}p^{(i+1)}(z_k|\boldsymbol{x}_k)p^{(i+1)}(\boldsymbol{x}_k|\boldsymbol{z}_{1:k-1}) \tag{4-82}$$

式中，标准化常数 $c_k^{(i+1)}$ 为

$$c_k^{(i+1)}=\int p^{(i+1)}(z_k|\boldsymbol{x}_k)p^{(i+1)}(\boldsymbol{x}_k|\boldsymbol{z}_{1:k-1})\mathrm{d}\boldsymbol{x}_k \tag{4-83}$$

根据式(4－78)～(4－83)，$q^{(i+1)}(\boldsymbol{x}_k)$ 可以升级成均值为 $\hat{\boldsymbol{x}}_k^{(i+1)}$、协方差为 $\boldsymbol{P}_k^{(i+1)}$ 的高斯分布，即

$$q^{(i+1)}(\boldsymbol{x}_k)=N(\boldsymbol{x}_k;\hat{\boldsymbol{x}}_k^{(i+1)},\boldsymbol{P}_{k|k}^{(i+1)}) \tag{4-84}$$

式中，$i+1$ 次迭代后得到的均值 $\hat{\boldsymbol{x}}_{k|k}^{(i+1)}$ 和协方差 $\boldsymbol{P}_{k|k}^{(i+1)}$ 为

$$\boldsymbol{K}_k^{(i+1)}=\hat{\boldsymbol{P}}_{k|k-1}^{(i+1)}\bar{\boldsymbol{H}}_k^{\mathrm{T}}(\bar{\boldsymbol{H}}_k\hat{\boldsymbol{P}}_{k|k-1}^{(i+1)}\bar{\boldsymbol{H}}_k^{\mathrm{T}}+\hat{\boldsymbol{R}}_k^{(i+1)})^{-1} \tag{4-85}$$

$$\hat{\boldsymbol{x}}_k^{(i+1)}=\hat{\boldsymbol{x}}_{k|k}+\boldsymbol{K}_k^{(i+1)}(z_k-h(\hat{\boldsymbol{x}}_{k|k-1})) \tag{4-86}$$

$$\boldsymbol{P}_k^{(i+1)}=\hat{\boldsymbol{P}}_{k|k-1}^{(i+1)}-\boldsymbol{K}_k^{(i+1)}\bar{\boldsymbol{H}}_k\hat{\boldsymbol{P}}_{k|k-1}^{(i+1)} \tag{4-87}$$

N 次固定点迭代以后，得到后验 PDF 的变分近似为

$$q(\boldsymbol{x}_k)\approx q^{(N)}(\boldsymbol{x}_k)=q^{(i+1)}(\boldsymbol{x}_k;\hat{\boldsymbol{x}}_k^{(N)},\boldsymbol{P}_k^{(N)})=N(\boldsymbol{x}_k;\hat{\boldsymbol{x}}_k,\boldsymbol{P}_k) \tag{4-88}$$

$$q(\boldsymbol{P}_{k|k-1})\approx q^{(N)}(\boldsymbol{P}_{k|k-1})=\mathrm{IW}(\boldsymbol{P}_{k|k-1};\hat{\boldsymbol{t}}_k^{(N)},\hat{\boldsymbol{T}}_k^{(N)})=\mathrm{IW}(\boldsymbol{P}_{k|k-1};\hat{\boldsymbol{t}}_{k|k},\hat{\boldsymbol{T}}_{k|k}) \tag{4-89}$$

$$q(\boldsymbol{R}_k)\approx q^{(N)}(\boldsymbol{R}_k)=\mathrm{IW}(\boldsymbol{R}_k;\hat{\boldsymbol{u}}_k^{(N)},\hat{\boldsymbol{U}}_k^{(N)})=\mathrm{IW}(\boldsymbol{R}_{k|k-1};\hat{\boldsymbol{u}}_{k|k},\hat{\boldsymbol{U}}_{k|k}) \tag{4-90}$$

本章提出的变分贝叶斯自适应 EKF 协同导航算法的状态更新过程和量测更新过程已经推导完毕。

本章提出的变分贝叶斯扩展卡尔曼滤波协同导航算法见表 4.2。

表 4.2　本章提出的变分贝叶斯扩展卡尔曼滤波协同导航算法

输入：$\hat{\boldsymbol{x}}_{k-1|k-1},\boldsymbol{P}_{k-1|k-1},\hat{\boldsymbol{u}}_{k-1|k-1},\hat{\boldsymbol{U}}_{k-1|k-1},\boldsymbol{F},\boldsymbol{x}_k^m,\boldsymbol{y}_k^m,h(\boldsymbol{x}_k,\boldsymbol{x}_k^m,\boldsymbol{y}_k^m),z_k,\tilde{\boldsymbol{Q}}_{k-1},m,n,\tau,\rho,N$
时间更新：
1. $\hat{\boldsymbol{x}}_{k|k-1}\boldsymbol{F}\hat{\boldsymbol{x}}_{k-1}+\boldsymbol{u}_k$
2. $\tilde{\boldsymbol{P}}_{k|k-1}=\boldsymbol{F}\boldsymbol{P}_{k-1}\boldsymbol{F}^{\mathrm{T}}+\tilde{\boldsymbol{Q}}_{k-1}$
迭代的量测更新：
3. 初始化
$\hat{\boldsymbol{x}}_k^{(0)}=\hat{\boldsymbol{x}}_{k|k-1},\boldsymbol{P}_k^{(0)}=\tilde{\boldsymbol{P}}_{k|k-1},\hat{\boldsymbol{t}}_{i+1}=n+\tau+1,\hat{\boldsymbol{T}}_{k|k-1}=\tau\tilde{\boldsymbol{P}}_{k|k-1}$
$\hat{\boldsymbol{u}}_{k|k-1}=\rho(\hat{\boldsymbol{u}}_{k-1}-m-1)+m+1,\hat{\boldsymbol{U}}_{k-1|k-1}=\rho\hat{\boldsymbol{U}}_{k-1}$
for $i=0:N-1$
更新 $q^{(i+1)}(\boldsymbol{P}_{k|k-1})=\mathrm{IW}(\boldsymbol{P}_{k|k-1};\hat{\boldsymbol{t}}_k^{i+1},\hat{\boldsymbol{T}}_k^{i+1})$ 利用 $q^{(i)}(\boldsymbol{x}_k)$：

续表 4.2

4. $\bar{\boldsymbol{H}}_k=\left[\frac{\hat{\boldsymbol{x}}_{k|k-1}-\boldsymbol{x}_k^m}{\sqrt{(\hat{\boldsymbol{x}}_{k|k-1}-\boldsymbol{x}_k^m)^2+(\hat{\boldsymbol{y}}_{k|k-1}-\boldsymbol{y}_k^m)^2}},\frac{\hat{\boldsymbol{y}}_{k|k-1}-\boldsymbol{y}_k^m}{\sqrt{(\hat{\boldsymbol{x}}_{k|k-1}-\boldsymbol{x}_k^m)^2+(\hat{\boldsymbol{y}}_{k|k-1}-\boldsymbol{y}_k^m)^2}}\right]$

5. $\boldsymbol{A}_k^{(i)}=\boldsymbol{P}_k^{(i)}+(\hat{\boldsymbol{x}}_k^{(i)}-\hat{\boldsymbol{x}}_{k|k-1})(\hat{\boldsymbol{x}}_k^{(i)}-\hat{\boldsymbol{x}}_{k|k-1})^{\mathrm{T}}$

6. $\hat{\boldsymbol{t}}_{k|k-1}^{(i+1)}=\hat{\boldsymbol{t}}_{k|k-1}+1,\hat{\boldsymbol{T}}_{k|k-1}^{(i+1)}=\boldsymbol{A}_k^{(i)}+\hat{\boldsymbol{T}}_{k|k-1}$

更新 $q^{(i+1)}(\boldsymbol{R}_k)=\mathrm{IW}(\boldsymbol{R}_k;\hat{\boldsymbol{u}}_k^{(i+1)},\hat{\boldsymbol{U}}_k^{(i+1)})$ 利用 $q^{(i)}(\boldsymbol{x}_k)$:

7. $\boldsymbol{B}_k^{(i)}=(z_k-h(\boldsymbol{x}_k,\boldsymbol{x}_k^m,\boldsymbol{y}_k^m))(z_k-h(\boldsymbol{x}_k,\boldsymbol{x}_k^m,\boldsymbol{y}_k^m))^{\mathrm{T}}+\bar{\boldsymbol{H}}_k\boldsymbol{P}_k^{(i)}(\bar{\boldsymbol{H}}_k)^{\mathrm{T}}$

8. $\hat{\boldsymbol{u}}_k^{(i+1)}=\hat{\boldsymbol{u}}_{k|k-1}+1,\hat{\boldsymbol{U}}_k^{(i+1)}=\boldsymbol{B}_k^{(i)}+\hat{\boldsymbol{U}}_{k|k-1}$

更新 $q^{(i+1)}(\boldsymbol{x}_k)=N(\boldsymbol{x}_k;\boldsymbol{x}_k^{(i+1)},\boldsymbol{P}_k^{(i+1)})$ 利用 $q^{(i+1)}(\boldsymbol{P}_{k|k-1})$ 和 $q^{(i+1)}(\boldsymbol{R}_k)$:

9. $\mathrm{E}^{(i+1)}[\boldsymbol{R}_k^{-1}]=(\hat{\boldsymbol{u}}_k^{i+1}-m-1)(\hat{\boldsymbol{U}}_k^{i+1})^{-1},\mathrm{E}^{(i+1)}[\boldsymbol{P}_{k|k-1}^{-1}]=(\hat{\boldsymbol{t}}_k^{i+1}-n-1)(\hat{\boldsymbol{T}}_k^{i+1})^{-1}$

10. $\hat{\boldsymbol{P}}_{k|k-1}^{(i+1)}=\{\mathrm{E}^{(i+1)}[\boldsymbol{P}_{k|k-1}^{-1}]\}^{-1},\hat{\boldsymbol{R}}_k^{(i+1)}=\{\mathrm{E}^{(i+1)}[\boldsymbol{R}_k^{-1}]\}^{-1}$

11. $\boldsymbol{K}_k^{(i+1)}=\hat{\boldsymbol{P}}_{k|k-1}^{(i+1)}(\bar{\boldsymbol{H}}_k)^{\mathrm{T}}(\bar{\boldsymbol{H}}_k\hat{\boldsymbol{P}}_{k|k-1}^{(i+1)}(\bar{\boldsymbol{H}}_k)^{\mathrm{T}}+\hat{\boldsymbol{R}}_k^{(i+1)})^{-1}$

12. $\hat{\boldsymbol{x}}_k^{(i+1)}=\hat{\boldsymbol{x}}_{k|k-1}+\boldsymbol{K}_k^{(i+1)}(z_k-h(\hat{\boldsymbol{x}}_{k|k-1},\boldsymbol{x}_k^m,\boldsymbol{y}_k^m))$

13. $\hat{P}_k^{(i+1)}=\hat{\boldsymbol{P}}_{k|k-1}^{(i+1)}-\boldsymbol{K}_k^{(i+1)}\bar{\boldsymbol{H}}_k\hat{\boldsymbol{P}}_{k|k-1}^{(i+1)}$

end for

14. $\hat{\boldsymbol{x}}_k=\hat{\boldsymbol{x}}_k^{(N)},\boldsymbol{P}_k=\boldsymbol{P}_k^{(N)},\hat{\boldsymbol{t}}_k=\hat{\boldsymbol{t}}_k^{(N)},\hat{\boldsymbol{T}}_k=\hat{\boldsymbol{T}}_k^{(N)},\hat{\boldsymbol{u}}_k=\hat{\boldsymbol{u}}_k^{(N)},\hat{\boldsymbol{U}}_k=\hat{\boldsymbol{U}}_k^{(N)}$

输出:$\hat{\boldsymbol{X}}_{k|k},\boldsymbol{P}_{k|k},\hat{\boldsymbol{t}}_{k|k},\hat{\boldsymbol{T}}_{k|k},\hat{\boldsymbol{u}}_{k|k},\hat{\boldsymbol{U}}_{k|k}$

4.4 协同导航仿真及实验分析

4.4.1 协同导航仿真

本节将通过针对具有不准确的系统噪声协方差矩阵和量测噪声协方差矩阵的协同导航问题来验证所提出的变分贝叶斯滤波算法的性能。在此仿真场景的初始设置与3.6.1节的双主式协同导航仿真相同,有两个 CNA 和一个从 AUV,分别按照平行轨道航行。真实的系统噪声协方差矩阵和量测噪声协方差矩阵为 $\boldsymbol{Q}_k=\mathrm{diag}[0.1^2\quad 0.1^2]$,$\boldsymbol{R}_k=5^2$,采样次数为 1 000,时间间隔为 3 s。

在此次协同导航仿真中,系统噪声协方差矩阵和量测噪声协方差矩阵的名义值分别选择为 $\boldsymbol{Q}_k=\mathrm{diag}[2^2\quad 2^2]$,$\boldsymbol{R}_k=60$。本节比较带真实噪声协方差矩阵的 EKF(EKF with True Covariance Matrix,EKFTCM)、带名义噪声协方差矩阵的 EKF(EKF with Nominal Covariance Matrix ,EKFNCM)和所提出的基于变分贝叶斯方法的 EKF(VBAEKF)。从

图 4.1 中可以看出,所提出的协同导航算法比 EKF 有更好的位置状态估计精度,尤其是存在不精确的系统噪声误差协方差矩阵和量测噪声误差协方差矩阵的时候,优势比较明显。

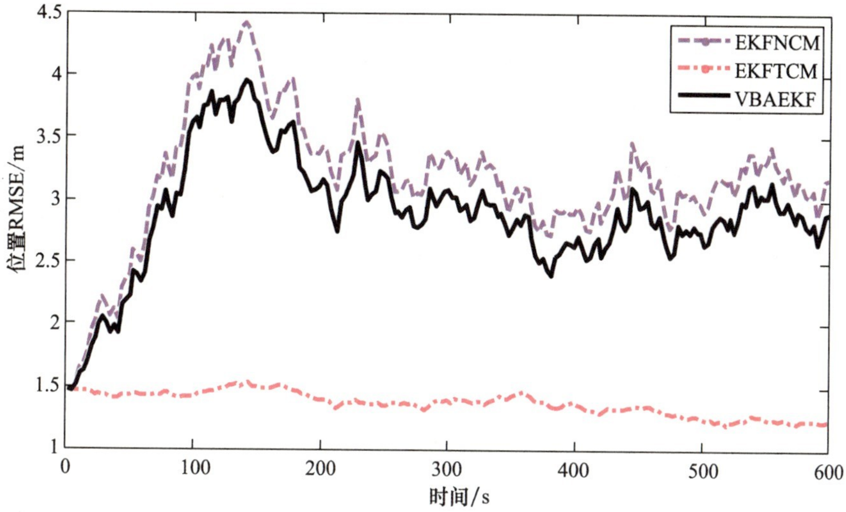

图 4.1　协同导航位置的 RMSE

4.4.2　协同导航实验

本节采用与 3.5.2 节相同的实验设备和实验方案来验证本章提出的方法的有效性。两个 CNA 和一个从 AUV 的运动轨迹如图 4.2 所示。可以看出来,随着时间的推移,从艇航位推算轨迹因为不断累积的定位误差导致其逐渐偏离真实轨迹,会造成较大的导航误差。

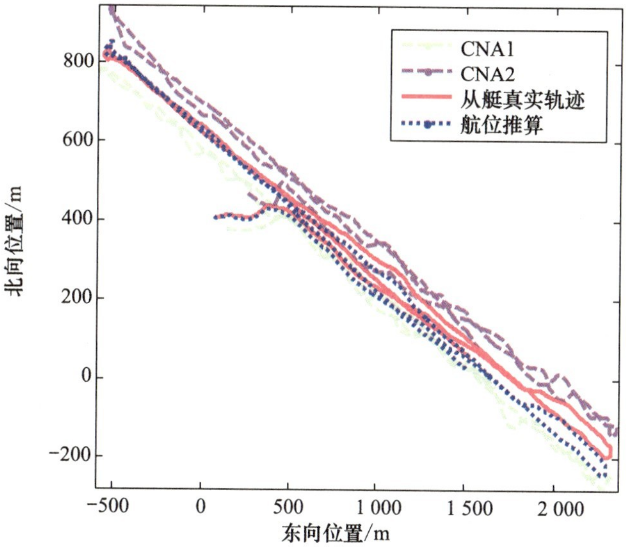

图 4.2　两个 CNA 和一个从 AUV 的运动轨迹

通过这次湖试实验，利用多 AUV 协同导航方案来验证本章提出算法的有效性和优越性，证实本章所提出的算法是可以真实应用到实际场景中的。传统的 EKF 由于其恰当的滤波精度和计算负担在协同导航领域得到了广泛的应用，并且在实际工程中得到了充分的验证。因此，传统的基于 EKF 的协同定位算法和本章提出的基于变分贝叶斯的协同定位算法都被用于估计从艇的位置，并且比较它们的估计性能。另外还介绍了一种 Sage – Husa 自适应扩展卡尔曼滤波(SHEKF)，用来验证本章提出的协同算法的优越性。

本节利用实验中收集的离线数据来计算系统噪声协方差和量测噪声协方差的参考值。其样本值可以近似计算为

$$\hat{\boldsymbol{\omega}}_{x,k-1} = \hat{\boldsymbol{x}}_k - \hat{\boldsymbol{x}}_{k-1} - \Delta t(\hat{\boldsymbol{v}}_k \cos \hat{\theta}_k + \hat{\boldsymbol{w}}_k \sin \hat{\theta}_k) \tag{4-91}$$

$$\hat{\boldsymbol{\omega}}_{y,k-1} = \hat{\boldsymbol{y}}_k - \hat{\boldsymbol{y}}_{k-1} - \Delta t(\hat{\boldsymbol{y}}_k \cos \hat{\theta}_k - \hat{\boldsymbol{w}}_k \sin \hat{\theta}_k) \tag{4-92}$$

$$\hat{\boldsymbol{v}}_k = z_k - \sqrt{(\boldsymbol{x}_k - \boldsymbol{x}_k^m)^2 + (\boldsymbol{y}_k - \boldsymbol{y}_k^m)^2} \tag{4-93}$$

式中，$\hat{\boldsymbol{\omega}}_{x,k-1}$和 $\hat{\boldsymbol{\omega}}_{y,k-1}$为载体坐标系下 X 轴和 Y 轴的位置噪声样本值；$\hat{\boldsymbol{v}}_k$ 为距离量测噪声的样本值。在水下协同导航中，真实的系统噪声和量测噪声的协方差是无法精确测得的。为了更好地对比所提出的自适应方法和现有方法，本章假设 GPS 采集的数据为真实位置，即$(\hat{\boldsymbol{x}}_k,\hat{\boldsymbol{y}}_k)$表示 k 时刻 GPS 提供的从艇位置，系统的采样间隔为 $\Delta t = 1$ s。利用式(4 – 91) ~ (4 – 93)可以获得系统噪声和量测噪声的样本值，分别可以得到系统噪声和距离量测噪声的概率密度曲线，如图 4.3 所示。

为了更好地展示该算法的有效性和优越性，考虑了如下两个方案。

方案一：在第一种情况下，假设(EKF)名义上的状态噪声协方差矩阵和量测噪声协方差矩阵为常值，并将其作为本章提出的基于变分贝叶斯方法的自适应滤波器(VBAEKF)的初值，$\bar{\boldsymbol{Q}}$ 和 $\bar{\boldsymbol{R}}$ 被选为

$$\bar{\boldsymbol{Q}} = \begin{bmatrix} (0.5\ \mathrm{m})^2 & 0 \\ 0 & (0.5\ \mathrm{m})^2 \end{bmatrix}, \quad \bar{\boldsymbol{R}} = (\sqrt{2}\ \mathrm{m})^2 \tag{4-94}$$

方案一中，从艇的位置估计误差曲线如图 4.4 所示。结果表明，在传统的基于 EKF 的协同定位算法中，过程中由于状态噪声误差和量测噪声误差并非服从标准的正态分布，导致明显的偏差和很长的时间段才能重新收敛到正确的位置估计。在 SHEKF 中，由于 $\boldsymbol{Q}$ 和 $\boldsymbol{R}$ 的在线估计不一定准确，导致 SHEKF 的性能并不理想。图 4.7 中协同导航中的系统噪声和量测噪声都不是标准的高斯分布，因此很难估计它们的协方差矩阵。与传统的 EKF 和 Safe – Husa 自适应算法相比，基于变分贝叶斯方法的自适应算法能够在位置估计误差峰值后快速调整并且收敛。因为所提出的 AVBEKF 能通过迭代找到预测误差协方差矩阵和量测噪声协方差矩阵来更好地估计状态量以提高定位精度。

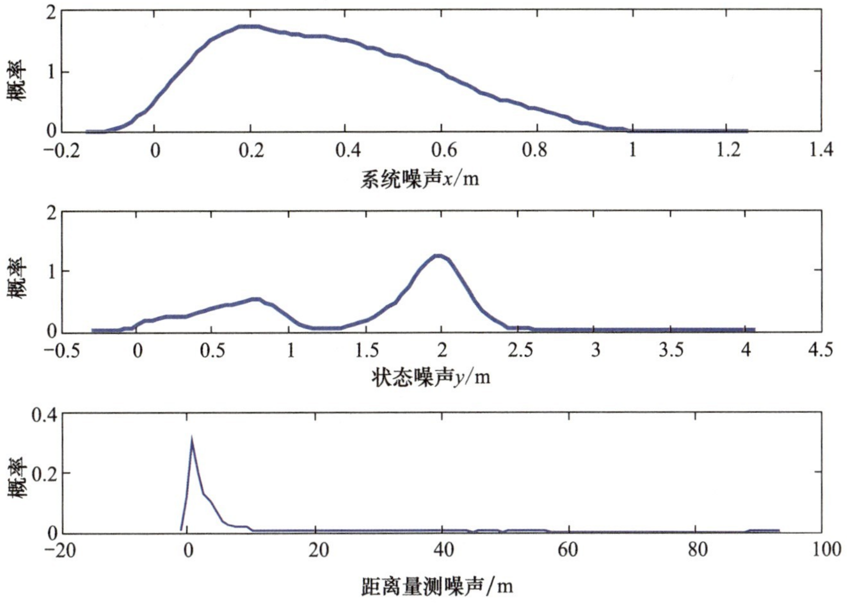

图 4.3　系统噪声和距离量测噪声的概率分布曲线

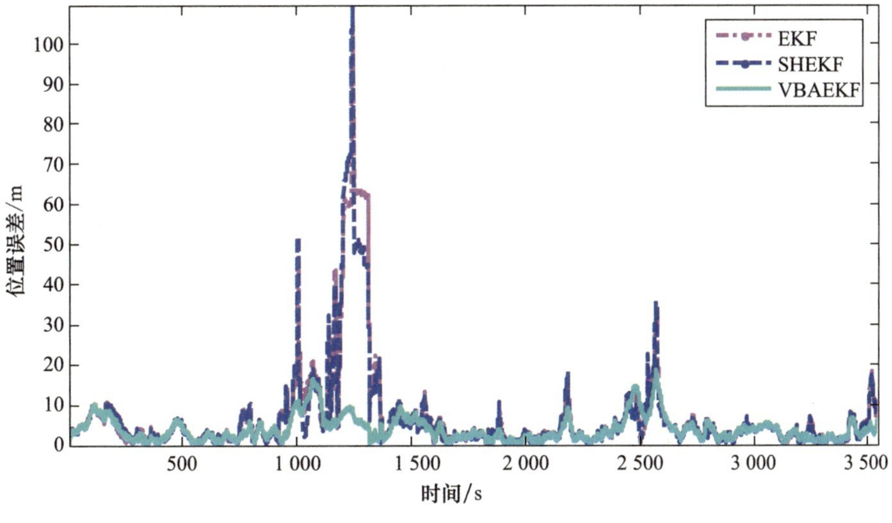

图 4.4　方案一中 EKF、SHEKF 和 VBAEKF 的位置估计误差曲线

表 4.3 显示了现有算法和所提出算法相对应的平均定位误差和平均执行时间。可以看出，传统的 EKF 和 SHEKF 的执行时间差不多，并且提出的基于变分贝叶斯方法的自适应算法的执行时间要比传统的 EKF 时间稍长一点，考虑到迭代的时间这个时长是合理的，而且对于很多实际应用来说，考虑到精度的提高，这种执行时间的增加是可以忽略不计的。

表 4.3　方案一中算法的平均定位误差和平均执行时间

滤波器	RMSE/m	平均执行时间/s
EKF	6.92 m	3.78×10^{-5}
SHEKF	6.64 m	3.97×10^{-5}
VBAEKF	3.83 m	1.38×10^{-4}

方案二:在第二种情况下,$\tilde{\boldsymbol{Q}}$ 和 $\tilde{\boldsymbol{R}}$ 被选为较大的噪声协方差,设置为

$$\tilde{\boldsymbol{Q}}=\begin{bmatrix}(1\ \mathrm{m})^2 & 0\\ 0 & (1\ \mathrm{m})^2\end{bmatrix},\quad \tilde{\boldsymbol{R}}=(\sqrt{30}\ \mathrm{m})^2 \tag{4-95}$$

实验中,T 为实验时间,T =3 554 s;k 为时间间隔。

图 4.5 显示了已存在的算法和所提出算法的位置估计误差曲线,可以看出,当 SHEKF 处理较大的噪声参数时,估计误差是要小于 EKF 的。从表 4.4 可知,传统的基于 EKF 的协同导航算法的平均定位误差为 6.33 m,而采用基于 VBAEKF 的协同导航算法将平均位置误差降低到 4.5 m,提高了定位精度。与现有算法相比,本章提出的算法在协同导航精度上有明显提高。这是因为该算法比现有算法能更好地估计预测协方差矩阵和量测噪声协方差矩阵。因此,与现有的协同导航算法相比,该算法对较大的过程噪声协方差矩阵和量测噪声协方差矩阵具有较好的鲁棒性。

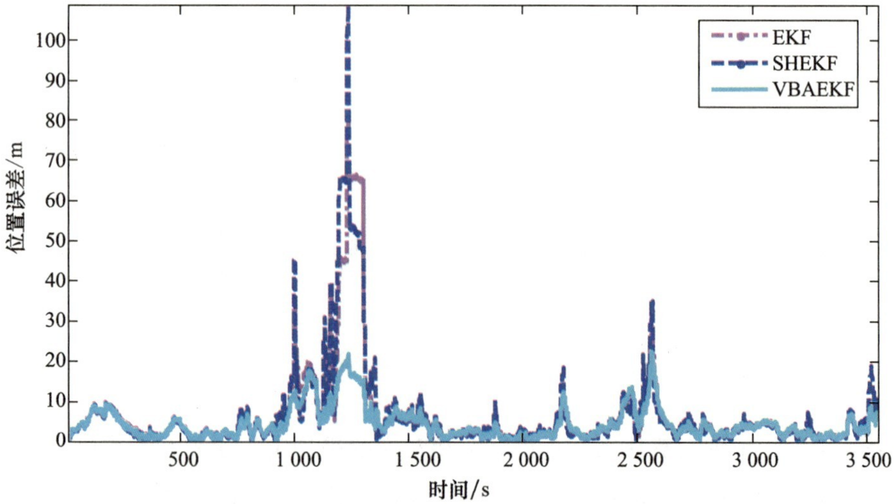

图 4.5　方案 2 中 EKF, SHEKF 和 VBAEKF 的位置估计误差曲线

表 4.4　在方案二中各个算法的平均定位误差和平均执行时间

滤波器	RMSE/m	平均执行时间/s
EKF	6.33 m	3.52×10^{-5}
SHEKF	6.65 m	3.86×10^{-5}
VBAEKF	4.50 m	1.34×10^{-4}

4.5　本章小结

本章提出了一种用于主、从式协同导航的变分贝叶斯自适应扩展卡尔曼滤波算法。将预测误差协方差矩阵和量测噪声协方差矩阵建模为逆 Wishart 先验，用变分贝叶斯方法结合系统状态进行推导估计。该方法不考虑过程噪声参数，而是对预测误差协方差矩阵进行估计，因此状态估计不仅考虑了噪声的变化，还考虑了预测协方差的变化，从而更好地实现多 AUV 的协同导航。通过仿真和真实的实验数据将其与现有的协同导航算法进行了比较，实验结果表明，本章提出的变分贝叶斯自适应协同导航算法在导航定位误差方面优于传统的 EKF 算法和 Sage – Husa 自适应算法，适用于多 AUV 协同导航中。

第5章　通信丢包情况下的协同导航信息融合估计方法

前两章分别研究了双主式的协同导航鲁棒状态估计方法和自适应状态估计方法，且实验设置是双主交替与从艇进行水声通信的情况，即从艇在每个采样时刻只能收到一个主艇的距离量测信息，但是水下协同导航系统中经常会有多个主艇的位置信息和距离量测信息，对于每个主艇的量测信息，如果从艇可以接收并且进行融合估计，可以进一步提高从艇的导航精度。信息融合滤波的一个重要目的就是综合利用多个传感器的量测信息，来提高系统状态估计精度。在水下协同导航中，只有单个主艇的情况下，从艇所获得的相对距离信息和主艇位置信息相当有限，系统的可观测性也很低，从而制约了协同导航的导航能力和定位精度。利用多个主艇的信息进行融合处理，不仅可以降低对观测器即主艇的机动性要求，而且能够得到更加精准的目标航迹估计。此外，由于水声通信信道的特殊性导致从艇接收到的量测信息存在丢包或者延迟，如果能够在通信丢包的情况下，保证协同导航误差的收敛性，可以增强协同导航系统的生存能力，改善系统的鲁棒性。信息融合滤波算法虽然增加了计算量，但是可以提高状态估计的可信度，提高了算法的精度。

本章重点在于多 AUV 协同导航系统的信息融合处理，这里有两个重要的挑战，一个是针对多个主艇的量测信息进行融合，另一个是由于需要对多个量测进行信息融合，水声信道的特殊性会导致相应的通信丢包问题。声信道在声传播过程中会发生严重的振幅和相位波动，这些波动是由于海洋内波、湍流、温度梯度、密度分层，以及其他一些引起声速局部扰动的因素，它们的交互作用引起的衍射和折射效应会降低水声信号的分辨性能，导致误码甚至丢包。

信息滤波在状态估计过程中传播的是信息状态和信息矩阵，即状态和状态协方差的逆形式，与卡尔曼滤波对比，有初始化融合，便于多个传感器的状态估计问题，使得多 AUV 状态估计算法具有更好的估计性能。针对多个 AUV 距离量测信息融合的状态估计问题，本章提出了一种新的信息滤波协同导航算法，该方法能够融合多个传感器的量测信息，增强了所提出算法的工程实用性。同时针对通信丢包情况下的状态估计鲁棒性差的问题，对通信丢包进行建模，提出了基于通信丢包的鲁棒信息滤波算法，提高了水下协同导航系统在通信丢包情况下的鲁棒性。

5.1　水声信道中通信丢包的原因

前面章节均研究的是理想通信下的多 AUV 协同导航技术,既不存在时延也不存在通信丢包。水下声学家和信号处理研究人员指出,海洋声学环境对成功传输数据有许多有害的影响,Baggeroer、Kilfoyle 、Preisig 和 Partan 等许多研究人员总结了海洋环境下获得高速率传输的困难以及对声学网络的影响。这些限制因素的概述如图 5.1 所示。在实际的水下协同导航过程中,由于水下环境的不确定性和复杂性,AUV 间的水声通信受到多种噪声源的影响,其中既包括舰船活动、机械施工引起的人为噪声,同时也包括海风、海浪,以及地震活动、海洋生物活动引起的环境噪声等,级别较高的噪声有可能会使整个通信链路完全中断,而一般间歇性的噪声也会导致通信误码率的上升及数据丢失。除了海洋环境噪声以外,海水分层的不均匀、海水温度和盐度分布的不均匀、流速的起伏、小型漂浮物和鱼群等导致声散射,使得声能转换为热能或者其他能量,从而导致声波传输损失和声波衰减。由于海洋信道在海洋的不同层面分布的不均匀性,声波在穿透这些层面(如海面、海底和海水)时会发生反射和折射,导致水声信道是无数传播路径的总和。多路径效应、声传输损失、弛豫吸收、多普勒效应和环境噪声等因素导致水声信道模型的时变、空变、频变,从而导致接收端接收到的信号存在时间延迟,甚至产

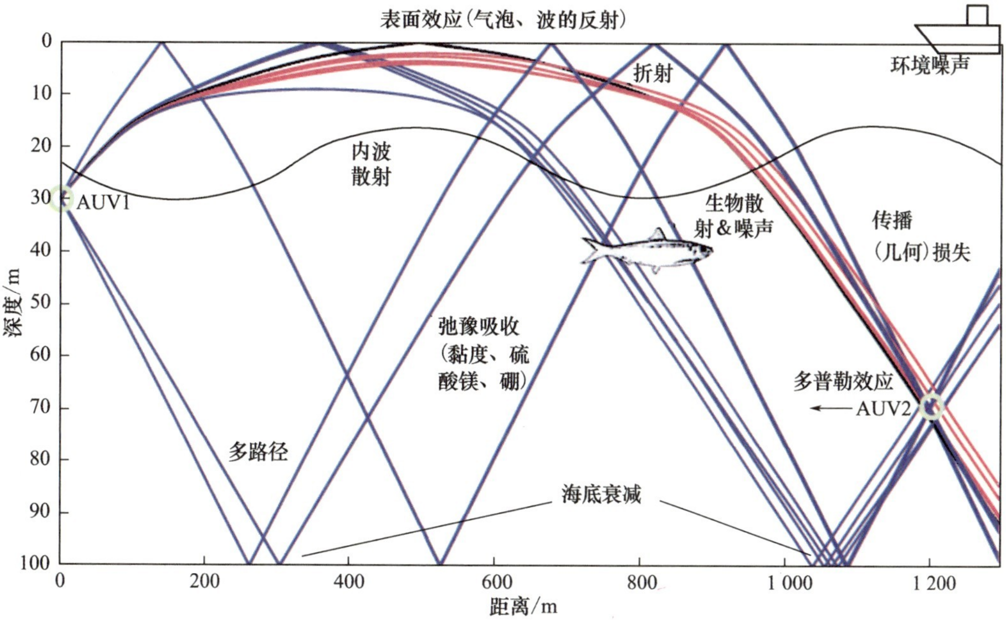

图 5.1　有关海洋学对声学通信的影响

生误码导致通信丢包。因此随着通信距离的增加及信号频率的提高，这种通信衰减引起的通信丢包率将会大大增加。目前如何处理和解决水声信道的通信丢包问题仍然存在巨大的困难，本章从状态估计层面来对通信丢包问题进行建模，并针对通信丢包的协同导航系统提出了一种新的鲁棒信息滤波算法。该算法在面对通信丢包问题时相比现有的方法具有更强的鲁棒性和更高的状态估计精度。

在协同导航实验中，从 AUV 每隔 5 s 定期接收到主 AUV 的准确位置和主从 AUV 之间的距离量测信息，其接收两个主 AUV 量测信息的时间是错开的。图 5.2 和图 5.3 分别展示了两次水下协同导航的实测数据中从艇、从主艇接收到的量测结果，当标志位为 1 时，表示接收到主艇 1 的量测；当标志位为 2 时，表示接收到主艇 2 的量测；当标志位为 0 时，表示通信失败。如图 5.2 所示，在第一组协同导航实验数据中，主艇 1 和主艇 2 的测量数量分别为 228 和 257，在测试 1 中协同导航的总实验时间为 $T=1\ 360$ s，从艇接收到的理论量测数为 272 次，因此主艇 1 和主艇 2 的成功传输频率分别为 83.82% 和 94.44%。图 5.3 展示了另一组从艇接收到的量测结果，在 1 200 s 到 1 400 s 之间从艇几乎很少能接收到主艇 2 的距离量测信息，这里是因为实际水下环境的复杂性，导致通信丢包率上升。因为水声通信信道受到诸多因素的制约，所以基于声学测距的水下协同导航系统的可靠、远程、高速率、实时的通信具有挑战性，需通信受限下的高精度的协同导航数据融合方法。

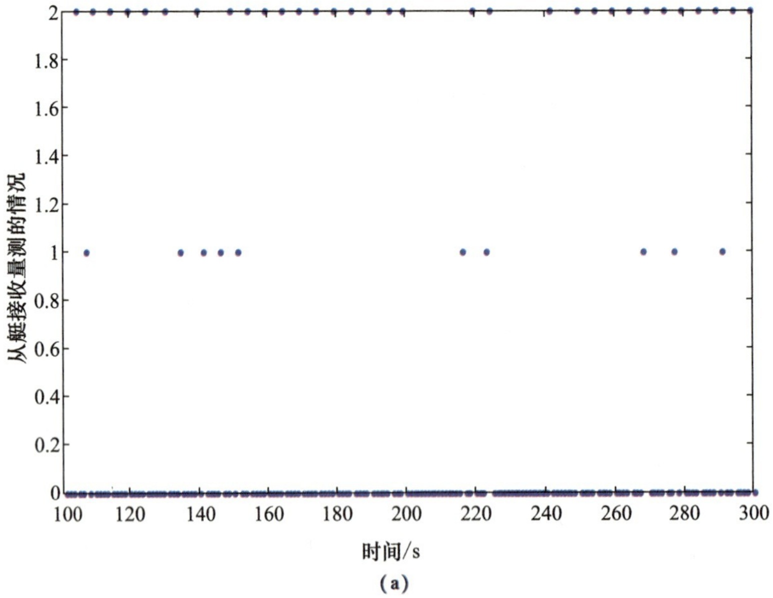

(a)

图 5.2　从两个 CNA 接收的量测信息图解 1

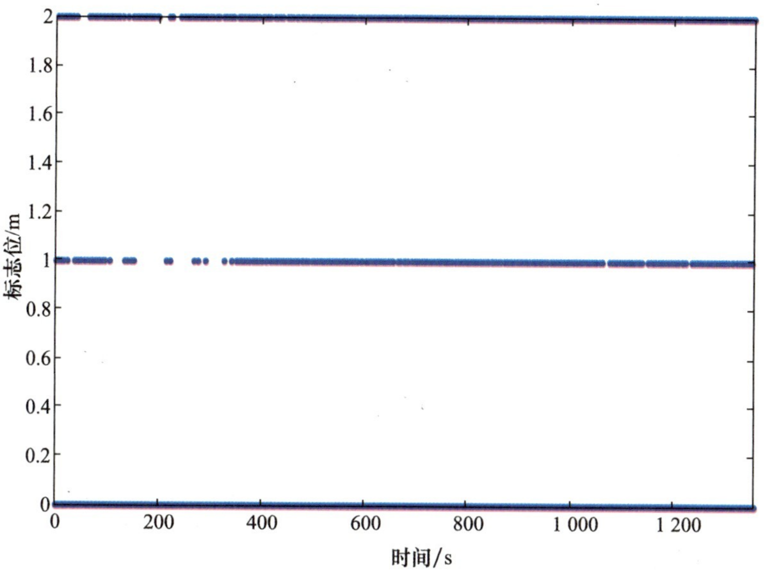

(b)

续图 5.2

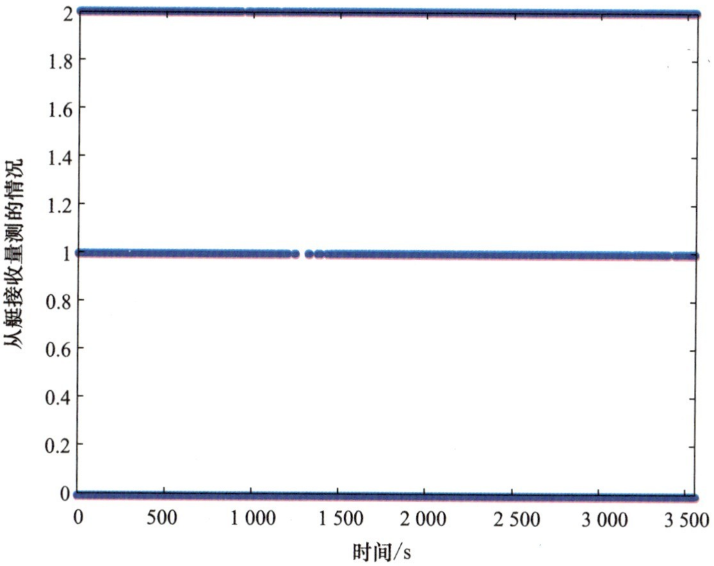

(a)

图 5.3　从两个 CNA 接收的量测信息图解 2

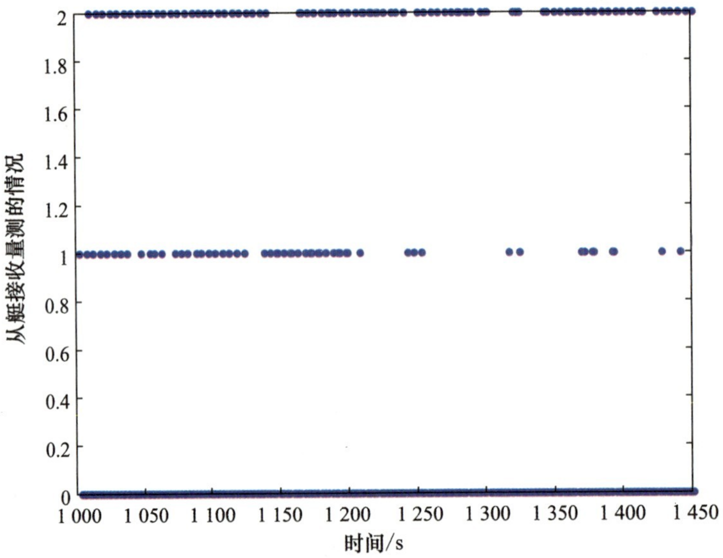

(b)

续图 5.3

5.2 基于 Wishart 分布的鲁棒信息滤波

5.2.1 信息滤波

由于卡尔曼滤波方法需要在量测更新的过程中更新状态的协方差矩阵,因此当状态量的维数过高或者存在多个传感器量测信息时会导致计算量的增加。信息滤波则是将各种传感器获得的信息有效组合起来,从而实现自动化控制。在复杂的控制系统中会存在多个传感器,那么不同的传感器会提供不同的信息,充分融合多个传感器的量测信息,并通过优化准则组合起来,才能实现对观测目标的最优一致性描述。

在卡尔曼滤波中,状态估计误差的协方差矩阵定义为

$$\boldsymbol{P}_k = \mathrm{E}[(\boldsymbol{x}_k - \hat{\boldsymbol{x}}_k)(\boldsymbol{x}_k - \hat{\boldsymbol{x}}_k)^{\mathrm{T}}] \tag{5-1}$$

如果估计值 $\hat{\boldsymbol{x}}_k$ 越接近真实值 $\boldsymbol{x}_k$,则 $\boldsymbol{P}_k \to 0$(即 $\boldsymbol{P}_k^{-1} \to \infty$);反之,如果 $\hat{\boldsymbol{x}}_k$ 的估计误差很大,则 $\boldsymbol{P}_k$ 的特征值也很大(即 $\boldsymbol{P}_k^{-1} \to 0$)。这表明 $\boldsymbol{P}_k^{-1}$ 可以作为衡量估计值 $\hat{\boldsymbol{x}}_k$ 中含有真实状态 $\boldsymbol{x}_k$ 信息量多少的指标,习惯上将 $\boldsymbol{P}_k^{-1}$ 称为信息矩阵,可重新记成 $\boldsymbol{Y}_k = \boldsymbol{P}_k^{-1}$(且 $\boldsymbol{Y}_{k|k-1} = \boldsymbol{P}_{k|k-1}^{-1}$)。它是卡尔曼滤波的信息(协方差的逆)形式,$\boldsymbol{x} \sim N^{-1}(\boldsymbol{y}, \boldsymbol{Y})$,其中 $\boldsymbol{y}$ 和 $\boldsymbol{Y}$ 分别为信息向量和信息矩阵。

(1)时间更新。

计算一步预测的信息矩阵 $\boldsymbol{Y}_{k|k-1}$ 和信息状态向量 $\hat{\boldsymbol{y}}_{k|k-1}$：

$$\begin{aligned}\boldsymbol{Y}_{k|k-1} &= \boldsymbol{P}_{k|k-1}^{-1} \\ &= \left(\int_{\mathbb{R}^{n_x}} \boldsymbol{f}(\boldsymbol{x}_{k-1})\boldsymbol{f}^{\mathrm{T}}(\boldsymbol{x}_{k-1})N(\boldsymbol{x}_{k-1};\hat{\boldsymbol{x}}_{k-1},\boldsymbol{P}_{k-1|k-1})\mathrm{d}\boldsymbol{x}_{k-1} - \hat{\boldsymbol{x}}_{k-1}\hat{\boldsymbol{x}}_{k-1}^{\mathrm{T}} + \boldsymbol{Q}_{k-1}\right)^{-1}\end{aligned} \tag{5-2}$$

$$\hat{\boldsymbol{y}}_{k|k-1} = \boldsymbol{Y}_{k|k-1}\hat{\boldsymbol{x}}_{k|k-1} = \boldsymbol{Y}_{k|k-1}\int_{\mathbb{R}^{n_x}} \boldsymbol{f}(\boldsymbol{x}_{k-1})N(\boldsymbol{x}_{k-1};\hat{\boldsymbol{x}}_{k-1},\boldsymbol{P}_{k-1})\mathrm{d}\boldsymbol{x}_{k-1} \tag{5-3}$$

(2)量测更新。

首先定义一个伪量测矩阵为

$$\bar{\boldsymbol{H}}_k = (\boldsymbol{P}_{k|k-1}^{xz})^{\mathrm{T}}\boldsymbol{P}_{k|k-1}^{-1} = (\boldsymbol{P}_{k|k-1}^{xz})^{\mathrm{T}}\boldsymbol{Y}_{k|k-1} \tag{5-4}$$

当前时刻的信息状态向量 $\hat{\boldsymbol{y}}_{k|k}$ 和信息矩阵 $\boldsymbol{Y}_{k|k}$ 分别为

$$\hat{\boldsymbol{y}}_k = \hat{\boldsymbol{y}}_{k|k-1} + \bar{\boldsymbol{H}}_k^{\mathrm{T}}\boldsymbol{R}_k^{-1}[\tilde{z}_k + \bar{\boldsymbol{H}}_k\boldsymbol{x}_{k|k-1}] \tag{5-5}$$

$$\boldsymbol{Y}_k = \boldsymbol{Y}_{k|k-1} + \bar{\boldsymbol{H}}_k^{\mathrm{T}}\boldsymbol{R}_k^{-1}\bar{\boldsymbol{H}}_k \tag{5-6}$$

式中，$\tilde{z}_k = z_k - \hat{z}_{k|k-1}$。

k 时刻的状态估计 $\hat{\boldsymbol{x}}_k$ 和估计误差协方差矩阵 $\boldsymbol{P}_k$ 通过相同时刻的信息状态估计 $\hat{\boldsymbol{y}}_k$ 和信息矩阵的逆 $\boldsymbol{Y}_k^{-1}$ 获取，即

$$\hat{\boldsymbol{x}}_k = \boldsymbol{Y}_k^{-1}\hat{\boldsymbol{y}}_k \tag{5-7}$$

$$\boldsymbol{P}_k = \boldsymbol{Y}_k^{-1} \tag{5-8}$$

对于非线性系统，非线性信息滤波能够得到当前时刻的信息状态向量 $\hat{\boldsymbol{y}}_k$ 和信息矩阵，其代码见表 5.1。

表 5.1　非线性信息滤波

时间更新：

1. $\hat{\boldsymbol{x}}_{k|k-1} = \int_{\mathbb{R}^{n_x}} \boldsymbol{f}(\boldsymbol{x}_{k-1})N(\boldsymbol{x}_{k-1};\hat{\boldsymbol{x}}_{k-1},\boldsymbol{P}_{k-1})\mathrm{d}\boldsymbol{x}_{k-1}$

2. $\boldsymbol{P}_{k|k-1} = \int_{\mathbb{R}^{n_x}} \boldsymbol{f}(\boldsymbol{x}_{k-1})\boldsymbol{f}^{\mathrm{T}}(\boldsymbol{x}_{k-1})N(\boldsymbol{x}_{k-1};\hat{\boldsymbol{x}}_{k-1},\boldsymbol{P}_{k-1})\mathrm{d}\boldsymbol{x}_{k-1} - \hat{\boldsymbol{x}}_{k-1}\hat{\boldsymbol{x}}_{k-1}^{\mathrm{T}} + \boldsymbol{Q}_{k-1}$

3. $\boldsymbol{Y}_{k|k-1} = \boldsymbol{P}_{k|k-1}^{-1}, \hat{\boldsymbol{y}}_{k|k-1} = \boldsymbol{P}_{k|k-1}^{-1}\hat{\boldsymbol{x}}_{k|k-1}$

量测更新：

4. $\hat{z}_{k|k-1} = \int_{\mathbb{R}^{n_z}} \boldsymbol{h}(\boldsymbol{x}_k)N(\boldsymbol{x}_{k-1};\hat{\boldsymbol{x}}_{k-1},\boldsymbol{P}_{k-1})\mathrm{d}\boldsymbol{x}_{k-1}$

续表 5.1

5. $\boldsymbol{P}_{k\mid k-1}^{xz} = \int_{\mathbb{R}^{n_x}} \boldsymbol{x}_k \boldsymbol{h}^{\mathrm{T}}(\boldsymbol{x}_k) N(\boldsymbol{x}_k;\hat{\boldsymbol{x}}_{k\mid k-1},\boldsymbol{P}_{k\mid k-1})\mathrm{d}\boldsymbol{x}_k - \hat{\boldsymbol{x}}_{k\mid k-1}\hat{\boldsymbol{z}}_{k\mid k-1}^{\mathrm{T}}$
6. $\bar{\boldsymbol{H}}_k = (\boldsymbol{P}_{k\mid k-1}^{xz})^{\mathrm{T}}\boldsymbol{P}_{k\mid k-1}^{-1}$
7. $\boldsymbol{Y}_k = \boldsymbol{Y}_{k\mid k-1} + \bar{\boldsymbol{H}}_k^{\mathrm{T}}\boldsymbol{R}_k^{-1}\bar{\boldsymbol{H}}_k$
8. $\hat{\boldsymbol{y}}_k = \hat{\boldsymbol{y}}_{k\mid k-1} + \bar{\boldsymbol{H}}_k^{\mathrm{T}}\boldsymbol{R}_k^{-1}[\tilde{z}_k + \bar{\boldsymbol{H}}_k x_{k\mid k-1}]$
9. $\hat{\boldsymbol{x}}_k = \boldsymbol{Y}_k^{-1}\hat{\boldsymbol{y}}_k,\boldsymbol{P}_k = \boldsymbol{Y}_k^{-1}$
输出:$\hat{\boldsymbol{x}}_k,\boldsymbol{P}_k,\hat{\boldsymbol{y}}_k,\boldsymbol{Y}_k$

5.2.2 一种新的鲁棒信息滤波算法

本节提出了一种新的基于 Wishart 分布的鲁棒信息滤波协同导航算法,不仅可以有效地融合多个距离量测信息,而且进一步提高了原有的信息滤波算法的估计精度。信息滤波的优点是滤波过程简单并且可以直接传播状态协方差矩阵的逆矩阵,从而避免了求逆的计算,并且可以融合多个量测信息。

针对协同导航数学模型,用泰勒展开对非线性部分进行线性化近似,将量测噪声协方差矩阵视为服从 Wishart 分布的随机变量,在贝叶斯滤波的后验更新中结合变分贝叶斯方法,使每一时刻耦合的状态和协方差的边缘后验概率密度函数分别通过变分贝叶斯近似推导获得。具体的算法推导过程如下:

首先假设一步预测的概率密度函数$p(\boldsymbol{x}_k\mid z_{1:k})$和似然概率密度函数 $p(z_k\mid \boldsymbol{x}_k)$是高斯的,即

$$p(\boldsymbol{x}_k\mid z_{1:k-1}) = N(\boldsymbol{x}_k;\hat{\boldsymbol{x}}_{k\mid k-1},\boldsymbol{P}_{k\mid k-1}) \tag{5-9}$$

$$p(z_k\mid \boldsymbol{x}_k) = N(z_k;\boldsymbol{h}(\boldsymbol{x}_k),\boldsymbol{R}_k) \tag{5-10}$$

根据传统的卡尔曼滤波框架,状态一步预测和对应的协方差矩阵 $\boldsymbol{P}_{k\mid k-1}$可以通过以下式子得到,即

$$\hat{\boldsymbol{x}}_{k\mid k-1} = \boldsymbol{F}\hat{\boldsymbol{x}}_{k-1} + \boldsymbol{u}_k \tag{5-11}$$

$$\boldsymbol{P}_{k\mid k-1} = \boldsymbol{F}\boldsymbol{P}_{k-1}\boldsymbol{F}^{\mathrm{T}} + \boldsymbol{Q}_{k-1} \tag{5-12}$$

由于真实的量测噪声协方差矩阵 $\boldsymbol{R}_k$ 是未知的,本章为了估计出精确的状态 $\boldsymbol{x}_k$,信息矩阵 $\boldsymbol{Y}_{k\mid k-1}$和量测噪声协方差矩阵 $\boldsymbol{R}_k$,假设 $\boldsymbol{\Lambda}_k = \boldsymbol{R}_k^{-1}$ 是服从 Wishart 分布的。那么 $p(\boldsymbol{\Lambda}_k\mid z_{1:k-1})$可以写成服从 Wishart 分布的概率密度函数:

$$p(\boldsymbol{\Lambda}_k\mid z_{1:k-1}) = \mathrm{W}(\boldsymbol{\Lambda}_k;\hat{\boldsymbol{u}}_{k\mid k-1},\hat{\boldsymbol{U}}_{k\mid k-1}) \tag{5-13}$$

$\boldsymbol{\Lambda}_k$ 的动态模型的选取是为了保证量测信息矩阵的先验分布是服从 Wishart 分布的。对于量测噪声协方差 $\boldsymbol{R}_k$，它的先验分布的逆 $\boldsymbol{\Lambda}_{k|k-1}$ 可以看作 Wishart 分布，利用遗忘因子 ρ 来传播近似后验，那么

$$\hat{\boldsymbol{u}}_{k|k-1} = \rho\hat{\boldsymbol{u}}_{k-1} \tag{5-14}$$

$$\hat{\boldsymbol{U}}_{k|k-1} = \boldsymbol{G}\hat{\boldsymbol{U}}_{k-1}\boldsymbol{G}^{\mathrm{T}} \tag{5-15}$$

式中，$\rho\in(0,1]$，$\boldsymbol{G}=\boldsymbol{I}/\sqrt{\rho}$ 为有多少信息从 $k-1$ 时刻传播到 k 时刻。ρ 越大代表越多的信息被保留下来。

为了估计 $\boldsymbol{x}_k$ 和 $\boldsymbol{\Lambda}_k$，其联合后验概率密度函数 $p(\boldsymbol{x}_k,\boldsymbol{\Lambda}_k|\boldsymbol{z}_{1:k})$ 需要计算出来。因为没有一个解决方案可以求这个联合后验概率密度函数的解析解，所以需要一个变分贝叶斯的方法来求取这个函数的近似后验概率密度函数，即

$$p(\boldsymbol{x}_k,\boldsymbol{\Lambda}_k|\boldsymbol{z}_{1:k}) \approx q(\boldsymbol{x}_k)q(\boldsymbol{\Lambda}_k) \tag{5-16}$$

式中，$q(\boldsymbol{x}_k)$、$q(\boldsymbol{\Lambda}_k)$ 分别为 $p(\boldsymbol{x}_k)$ 和 $p(\boldsymbol{\Lambda}_k)$ 的近似后验概率密度函数，其根据变分贝叶斯方法，即最小化 $q(\boldsymbol{x}_k)$、$q(\boldsymbol{\Lambda}_k)$ 和 $p(\boldsymbol{x}_k,\boldsymbol{\Lambda}_k|\boldsymbol{z}_{1:k})$ 之间的 KL 散度就可以得出，可以被表示为

$$\{q(\boldsymbol{x}_k),q(\boldsymbol{\Lambda}_k)\} = \arg\min \mathrm{KLD}[q(\boldsymbol{x}_k)q(\boldsymbol{\Lambda}_k)\parallel p(\boldsymbol{x}_k,\boldsymbol{\Lambda}_k|\boldsymbol{z}_{1:k}] \tag{5-17}$$

最小化 KL 散度可以得到式(5－16)的最优解，即

$$\log q(\boldsymbol{x}_k) = \mathrm{E}_{\boldsymbol{\Lambda}_k}[\log p(\boldsymbol{x}_k,\boldsymbol{\Lambda}_k,\boldsymbol{z}_{1:k})] + c_{\boldsymbol{x}_k} \tag{5-18}$$

$$\log q(\boldsymbol{\Lambda}_k) = \mathrm{E}_{\boldsymbol{x}_k}[\log p(\boldsymbol{x}_k,\boldsymbol{\Lambda}_k,\boldsymbol{z}_{1:k})] + c_{\boldsymbol{\Lambda}_k} \tag{5-19}$$

式中，$c_{\boldsymbol{x}_k}$、$c_{\boldsymbol{\Lambda}_k}$ 分别为与 $\boldsymbol{x}_k$、$\boldsymbol{\Lambda}_k$ 无关的常值；$\mathrm{E}_{\boldsymbol{X}}[\cdot]$ 为关于变量 $\boldsymbol{X}$ 的近似后验概率密度函数的期望。因为 $q(\boldsymbol{x}_k)$ 和 $q(\boldsymbol{\Lambda}_k)$ 相互耦合，所以不能直接计算，需通过固定点迭代的方法求解。

根据贝叶斯定理，联合概率密度函数 $p(\boldsymbol{x}_k,\boldsymbol{\Lambda}_k,\boldsymbol{z}_{1:k})$ 可以表示为

$$\begin{aligned}p(\boldsymbol{x}_k,\boldsymbol{\Lambda}_k,\boldsymbol{z}_{1:k}) &= p(\boldsymbol{z}_k,\boldsymbol{x}_k,\boldsymbol{\Lambda}_k,\boldsymbol{z}_{1:k-1})\\ &= p(\boldsymbol{z}_k|\boldsymbol{x}_k,\boldsymbol{\Lambda}_k,\boldsymbol{z}_{1:k-1})p(\boldsymbol{x}_k,\boldsymbol{\Lambda}_k,\boldsymbol{z}_{1:k-1})\\ &= p(\boldsymbol{z}_k|\boldsymbol{x}_k,\boldsymbol{\Lambda}_k,\boldsymbol{z}_{1:k-1})p(\boldsymbol{x}_k|\boldsymbol{\Lambda}_k,\boldsymbol{z}_{1:k-1})p(\boldsymbol{\Lambda}_k|\boldsymbol{z}_{1:k-1})p(\boldsymbol{z}_{1:k-1})\\ &= p(\boldsymbol{z}_k|\boldsymbol{x}_k,\boldsymbol{\Lambda}_k)p(\boldsymbol{x}_k|\boldsymbol{z}_{1:k-1})p(\boldsymbol{\Lambda}_k)p(\boldsymbol{z}_{1:k-1})\end{aligned} \tag{5-20}$$

将式(5－9)、式(5－10)、式(5－13)代入式(5－20)中，即

$$p(\boldsymbol{x}_k,\boldsymbol{\Lambda}_k,\boldsymbol{z}_{1:k}) = N(\boldsymbol{x}_k;\hat{\boldsymbol{x}}_{k|k-1},\boldsymbol{Y}_{k|k-1}^{-1})\times W(\boldsymbol{\Lambda}_k;\hat{\boldsymbol{u}}_{k|k-1},\hat{\boldsymbol{U}}_{k|k-1})p(\boldsymbol{z}_{1:k-1}) \tag{5-21}$$

对式(5－21)求对数，有

$$\log p(\boldsymbol{x}_k,\boldsymbol{\Lambda}_k,\boldsymbol{z}_{1:k}) = -\frac{1}{2}(\boldsymbol{z}_k-\boldsymbol{h}(\boldsymbol{x}_k))^{\mathrm{T}}\boldsymbol{\Lambda}_k(\boldsymbol{z}_k-\boldsymbol{h}(\boldsymbol{x}_k)) + \frac{1}{2}(\hat{\boldsymbol{u}}_{k|k-1}-m)\log|\boldsymbol{\Lambda}_k|$$

$$-\frac{1}{2}(\boldsymbol{x}_k-\hat{\boldsymbol{x}}_{k|k-1})^{\mathrm{T}}\boldsymbol{Y}_{k|k-1}(\boldsymbol{x}_k-\hat{\boldsymbol{x}}_{k|k-1})-\frac{1}{2}\mathrm{tr}(\hat{\boldsymbol{U}}_{k|k-1}^{-1}\boldsymbol{\Lambda}_k) \tag{5-22}$$

将式(5-22)代入式(5-19)中,即

$$\log q^{(i+1)}(\boldsymbol{\Lambda}_k)=-\frac{1}{2}(\hat{\boldsymbol{u}}_{k|k-1}-m)\log|\boldsymbol{\Lambda}_k|$$

$$-\frac{1}{2}\mathrm{tr}((\boldsymbol{D}^{(i)k}+\hat{\boldsymbol{U}}_{k|k-1}^{-1})\boldsymbol{\Lambda}_k)+c_{\boldsymbol{\Lambda}_k} \tag{5-23}$$

式中,$\boldsymbol{D}_k^{(i)}$ 定义为

$$\boldsymbol{D}_k^{(i)}=\mathrm{E}^{(i)}[(\boldsymbol{z}_k-\boldsymbol{h}(\boldsymbol{x}_k))^{\mathrm{T}}(\boldsymbol{z}_k-\boldsymbol{h}(\boldsymbol{x}_k))]$$

$$=\int(\boldsymbol{z}_k-\boldsymbol{h}(\boldsymbol{x}_k))(\boldsymbol{z}_k-\boldsymbol{h}(\boldsymbol{x}_k))^{\mathrm{T}}N(\boldsymbol{x}_k;\hat{\boldsymbol{x}}_{k|k-1},\boldsymbol{Y}_{k|k-1}^{-1})\mathrm{d}\boldsymbol{x}_k \tag{5-24}$$

根据式(5-23),$q^{(i+1)}(\boldsymbol{\Lambda}_k)$ 可升级为自由参数为 $\hat{\boldsymbol{u}}_k^{(i+1)}$、尺度矩阵为 $\hat{\boldsymbol{U}}_k^{(i+1)}$ 的Wishart 分布概率密度函数,则有

$$q^{(i+1)}(\Lambda_k)=W(\Lambda_k;\hat{\boldsymbol{u}}_k^{(i+1)},\hat{\boldsymbol{U}}_k^{(i+1)}) \tag{5-25}$$

式中,$\hat{\boldsymbol{u}}_k^{(i+1)}$、$\hat{\boldsymbol{U}}_k^{(i+1)}$ 分别定义为

$$\hat{\boldsymbol{u}}_k^{(i+1)}=\hat{\boldsymbol{u}}_{k|k-1}+1 \tag{5-26}$$

$$\hat{\boldsymbol{U}}_k^{(i+1)}=(\boldsymbol{D}_k^{(i)}+\hat{\boldsymbol{U}}_{k|k-1})^{-1} \tag{5-27}$$

最后将式(5-22)代入式(5-18)得

$$\log q^{(i+1)}(\boldsymbol{x}_k)=-\frac{1}{2}(\boldsymbol{z}_k-\boldsymbol{h}(\boldsymbol{x}_k))^{\mathrm{T}}\mathrm{E}^{(i+1)}[\boldsymbol{\Lambda}_k](\boldsymbol{z}_k-\boldsymbol{h}(\boldsymbol{x}_k))+c_{x_k} \tag{5-28}$$

式中

$$\mathrm{E}^{(i+1)}[\boldsymbol{\Lambda}_k]=\hat{\boldsymbol{u}}_k^{(i+1)}\hat{\boldsymbol{U}}_k^{(i+1)} \tag{5-29}$$

定义 $i+1$ 次迭代后修正的似然概率密度函数 $p^{(i+1)}(\boldsymbol{z}_k|\boldsymbol{x}_k)$ 为

$$p^{(i+1)}(\boldsymbol{z}_k|\boldsymbol{x}_k)=N(\boldsymbol{z}_k;\boldsymbol{h}(\boldsymbol{x}_k),\hat{\boldsymbol{R}}_k^{(i+1)}) \tag{5-30}$$

式中,修正的量测噪声协方差矩阵可以看为

$$\hat{\boldsymbol{R}}_k^{(i+1)}=\{\mathrm{E}^{(i+1)}[\boldsymbol{\Lambda}_k]\}^{-1} \tag{5-31}$$

将式(5-31)代入式(5-28),可以得到

$$q^{(i+1)}(\boldsymbol{x}_k)=\frac{1}{c_k^{(i+1)}}p^{(i+1)}(\boldsymbol{z}_k|\boldsymbol{x}_k)p^{(i+1)}(\boldsymbol{x}_k|\boldsymbol{z}_{1:k-1}) \tag{5-32}$$

式中,$c_k^{(i+1)}$ 是标准化常数,即

$$c_k^{(i+1)}=\int p^{(i+1)}(\boldsymbol{z}_k|\boldsymbol{x}_k)p^{(i+1)}(\boldsymbol{x}_k|\boldsymbol{z}_{1:k-1})\mathrm{d}\boldsymbol{x}_k \tag{5-33}$$

根据式(5-33),$q^{(i+1)}(\boldsymbol{x}_k)$ 可以升级成均值为 $\hat{\boldsymbol{x}}_k^{(i+1)}$、协方差矩阵为 $\boldsymbol{P}_k^{(i+1)}$ 的高斯

概率密度函数,即

$$q^{(i+1)}(\boldsymbol{x}_k) = N(\boldsymbol{x}_k;\hat{\boldsymbol{x}}_k^{(i+1)},\boldsymbol{P}_k^{(i+1)}) \tag{5-34}$$

式中,第 $i+1$ 次迭代的均值向量 $\hat{\boldsymbol{x}}_{k|k}^{(i+1)}$ 和协方差矩阵 $\boldsymbol{P}_{k|k}^{(i+1)}$ 可以通过以下式子获得,即

$$\hat{\boldsymbol{y}}_k^{(i+1)} = \hat{\boldsymbol{y}}_{k|k-1} + \bar{\boldsymbol{H}}_k^{\mathrm{T}}\boldsymbol{\Lambda}_k^{(i+1)}(\tilde{z}_k + \bar{\boldsymbol{H}}_k\hat{\boldsymbol{x}}_{k|k-1}) \tag{5-35}$$

$$\boldsymbol{Y}_k^{(i+1)} = \hat{\boldsymbol{Y}}_{k|k-1}^{(i+1)} + \bar{\boldsymbol{H}}_k^{\mathrm{T}}\boldsymbol{\Lambda}_k^{(i+1)}\bar{H}_k \tag{5-36}$$

$$\boldsymbol{P}_k^{(i+1)} = (\boldsymbol{Y}_k^{(i+1)})^{-1} \tag{5-37}$$

$$\hat{\boldsymbol{x}}_k^{(i+1)} = \boldsymbol{P}_k^{(i+1)}\hat{\boldsymbol{y}}_k^{(i+1)} \tag{5-38}$$

经过 N 次固定点迭代后,变分近似的后验概率密度函数可以写成

$$q(\boldsymbol{x}_k) \approx q^{(N)}(\boldsymbol{x}_k) = N(\boldsymbol{x}_k;\hat{\boldsymbol{x}}_k^{(N)},\boldsymbol{P}_k^{(N)}) = N(\boldsymbol{x}_k;\hat{\boldsymbol{x}}_k,\boldsymbol{P}_k) \tag{5-39}$$

$$q(\boldsymbol{\Lambda}_k) \approx q^{(N)}(\boldsymbol{\Lambda}_k) = W(\boldsymbol{\Lambda}_k,\hat{\boldsymbol{u}}_k^{(N)},\hat{\boldsymbol{U}}_k^{(N)}) = W(\boldsymbol{\Lambda}_k,\hat{\boldsymbol{u}}_k,\hat{\boldsymbol{U}}_k) \tag{5-40}$$

上面的步骤是基于 Wishart 分布的鲁棒信息滤波的时间更新和量测更新过程,可以递归地应用。本章所提出的基于 Wishart 分布的鲁棒信息滤波算法见表 5.2。

表 5.2　本章所提出的基于 Wishart 分布的鲁棒信息滤波算法

输入:$\hat{\boldsymbol{x}}_{k-1},\boldsymbol{P}_{k-1},\boldsymbol{F},\boldsymbol{x}_k^m,\boldsymbol{h}(\boldsymbol{x}_k,\boldsymbol{x}_k^m),z_k,\boldsymbol{Q}_{k-1},\rho,\hat{\boldsymbol{u}}_{k-1},\hat{\boldsymbol{U}}_{k-1|k-1},N$
时间更新:
1. $\hat{\boldsymbol{x}}_{k|k-1} = \boldsymbol{F}\hat{\boldsymbol{x}}_{k-1} + \boldsymbol{u}_k$
2. $\boldsymbol{P}_{k|k-1} = \boldsymbol{F}\boldsymbol{P}_{k-1}\boldsymbol{F}^{\mathrm{T}} + \boldsymbol{Q}_{k-1}$
3. $\boldsymbol{Y}_{k|k-1} = \boldsymbol{P}_{k|k-1}^{-1},\hat{\boldsymbol{y}}_{k|k-1} = \boldsymbol{P}_{k|k-1}^{-1}\hat{\boldsymbol{x}}_{k|k-1}$
迭代量测更新:
4. 初始化
$\hat{\boldsymbol{x}}_k^{(0)} = \hat{\boldsymbol{x}}_{k|k-1},\hat{\boldsymbol{u}}_{k|k-1} = \rho\hat{\boldsymbol{u}}_{k-1},\hat{\boldsymbol{U}}_{k|k-1} = \boldsymbol{G}\hat{\boldsymbol{U}}_{k-1}\boldsymbol{G}^{\mathrm{T}}$
For $l = 0:N-1$
通过给定的 $q^{(i)}(\boldsymbol{x}_k)$ 更新 $q^{(i+1)}(\boldsymbol{\Lambda}_k) = W(\boldsymbol{\Lambda}_{k|k-1};\hat{\boldsymbol{u}}_k^{(i+1)},\hat{\boldsymbol{U}}_k^{(i+1)})$
5. $D_k^{(i)} = (z_k - \boldsymbol{h}(\boldsymbol{x}_k,\boldsymbol{x}_k^m,\boldsymbol{y}_k^m))(z_k - \boldsymbol{h}(\boldsymbol{x}_k,\boldsymbol{x}_k^m,\boldsymbol{y}_k^m))^{\mathrm{T}} + \bar{\boldsymbol{H}}_k\boldsymbol{P}_k^{(i)}(\bar{\boldsymbol{H}}_k)^{\mathrm{T}}$
6. $\hat{\boldsymbol{u}}_k^{(i+1)} = \hat{\boldsymbol{u}}_{k|k-1},\hat{\boldsymbol{U}}_k^{(i+1)} = \boldsymbol{D}_k^{(i)} + \hat{\boldsymbol{U}}_{k|k-1}$
通过给定的 $q^{(i+1)}(\boldsymbol{\Lambda}_k)$ 更新 $q^{(i+1)}(\boldsymbol{x}_k) = N(\boldsymbol{x}_k,\hat{\boldsymbol{x}}_k^{(i+1)},(\boldsymbol{Y}_k^{(i+1)})^{-1})$
7. $\mathrm{E}^{(i+1)}[\boldsymbol{\Lambda}_k] = \hat{\boldsymbol{u}}_k^{(i+1)}\hat{\boldsymbol{U}}_k^{(i+1)} = \hat{\boldsymbol{\Lambda}}_k^{(i+1)}$
8. $\hat{\boldsymbol{y}}_k^{(i+1)} = \hat{\boldsymbol{y}}_{k|k-1},\bar{\boldsymbol{H}}_k^{\mathrm{T}}\boldsymbol{\Lambda}_k^{(i+1)}(z_k + \bar{\boldsymbol{H}}_k\hat{\boldsymbol{x}}_{k|k-1})$
$\hat{\boldsymbol{Y}}_k^{(i+1)} = \hat{\boldsymbol{Y}}_{k|k-1}^{(i+1)} + \bar{\boldsymbol{H}}_k^{\mathrm{T}}\boldsymbol{\Lambda}_k^{(i+1)}\bar{\boldsymbol{H}}_k$

续表 5.2

9. $\boldsymbol{P}_k^{(i+1)} = (\boldsymbol{Y}_k^{(i+1)})^{-1}, \hat{\boldsymbol{x}}_k^{(i+1)} = \boldsymbol{P}_k^{(i+1)} \hat{\boldsymbol{y}}_k^{(i+1)}$
End for
10. $\hat{\boldsymbol{y}}_k = \hat{\boldsymbol{y}}_k^{(N)}, \boldsymbol{Y}_k = \boldsymbol{Y}_k^{(N)}, \hat{\boldsymbol{x}}_k = \hat{\boldsymbol{x}}_k^{(N)}, \boldsymbol{P}_k = \boldsymbol{P}_k^{(N)}$
输出:$\hat{\boldsymbol{x}}_k, \boldsymbol{P}_k, \hat{\boldsymbol{y}}_k, Y_k$

5.3 间歇性量测的鲁棒信息滤波协同导航算法

随机丢包或者传感器功能失调引起的传感器网络间歇性量测的现象,近年来得到了广泛的关注。Sinopoli 等人首先提出了间歇性量测的卡尔曼滤波,紧接着使用扩展卡尔曼滤波和 UKF 研究非线性系统。水下声学通信信道的特殊性,导致通信包丢失或存在误码情况,使得从艇无法在相应的采样时刻接收到相应的主艇的相对距离量测信息、主艇的位置信息等。本节针对存在间歇性量测的多 AUV 协同信息融合估计算法进行研究,提出了一种新的间歇性量测的鲁棒信息滤波协同导航算法。

5.3.1 间歇性量测建模

根据信息丢包的情况,间歇性量测下的水下协同导航系统的量测模型可以表示为如下形式,即

$$\boldsymbol{z}_k = \begin{cases} \boldsymbol{h}(\boldsymbol{x}_k, \boldsymbol{x}_k^m) + \boldsymbol{v}_k, & k\text{ 时刻的量测数据被成功接收} \\ 0, & k\text{ 时刻的量测数据未被成功接收} \end{cases} \tag{5-41}$$

量测数据包并非连续收到的情况称为间歇性量测。换句话说,量测是否接收到可以用二级制的随机变量 $\gamma_k^l \in \{0,1\}$ 的伯努利过程来描述。其中 l 代表第 l 个主艇的量测信息。在时间 k 量测接收到时,γ_k^l 设定为 1,否则 γ_k^l 设定为 0。其中 0 和 1 分别称为信道的失败状态(Failure State)和正常状态(Normal State)。

假设服从 2 状态马尔可夫链的随机变量 γ_k 的状态转移矩阵为

$$\boldsymbol{\Pi} = \begin{bmatrix} 1-q & q \\ p & 1-p \end{bmatrix} \tag{5-42}$$

式中,$0<p<1$ 为信道传输的失败率(Failure Rate);$0<q<1$ 为信道传输的恢复率(Recovery Rate);$1-p$ 为一步转移后信道状态仍为正常状态 1 的概率,而 $1-q$ 则为一步转移后信道状态为 0 的概率。显然,如果 p 的取值越小以及 q 的取值越大,则表示信道具有的传输可靠性越高。通常称服从上述变化规律的通信信道为 Gilbert – Elliott

(GE)信道模型,如图 5.4 所示。

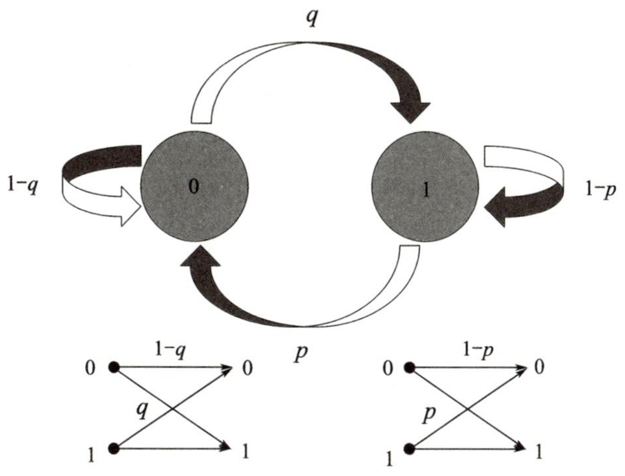

图 5.4　Gilbert – Elliott 信道模型

本节使用随机变量来描述水声通信信道的丢包情况 γ_k,因此前述各章节的协同导航算法将不能使用。根据存在间歇性量测的协同导航模型,本节提出了新的基于 GE 信道模型的改进鲁棒信息滤波导航算法。通过上面对随机变量 γ_k 的定义,可以用 $P(\gamma_k^l = 0) = \lambda^l (0 \leqslant \lambda^l \leqslant 1)$ 来定义量测丢失的概率,为 $P(\gamma_k^l = 1) = 1 - \lambda^l$。那么量测噪声序列 $\{\boldsymbol{v}_k, k \geqslant 1\}$ 的概率分布为

$$P(\boldsymbol{v}_k^1 | \gamma_k^l) = \begin{cases} N(0, \boldsymbol{R}_k^l), & \gamma_k^l = 1 \\ N(0, \sigma^2 \boldsymbol{I}_k^l), & \gamma_k^l = 0 \end{cases} \tag{5-43}$$

式中,$N(0,\boldsymbol{R}_k^l)$ 为一个零均值协方差为 $\boldsymbol{R}_k^l$ 的高斯分布;$\boldsymbol{I}_k^l$ 为单位矩阵。当 k 时刻的量测数据被成功接收时,量测噪声协方差为 $\boldsymbol{R}_k^l$;当 k 时刻的量测数据丢失时,量测方程为 $\sigma^2 \boldsymbol{I}_k^l, \sigma \to \infty$。

5.3.2　间歇性量测下的非线性信息滤波

针对水声信道传输的量测数据丢失的情况,本节推导了基于 GE 信道的非线性信息滤波,引入描述信道特征的随机变量 γ_k 是为了对间歇性量测进行建模,本节将推导间歇性量测下的非线性信息滤波,首先将量测噪声协方差单独考虑,则有

$$\boldsymbol{P}_{k|k-1}^{zz} = \int_{\mathbb{R}^{n_x}} \boldsymbol{h}(\boldsymbol{x}_k) \boldsymbol{h}^{\mathrm{T}}(\boldsymbol{x}_k) N(\boldsymbol{x}_k; \hat{\boldsymbol{x}}_{k|k-1}, \boldsymbol{P}_{k|k-1}) \mathrm{d}\boldsymbol{x}_k - \hat{z}_{k|k-1} \hat{z}_{k|k-1}^{\mathrm{T}} \tag{5-44}$$

得到的滤波增益可以写成

$$\boldsymbol{W}_k = \boldsymbol{P}_{k|k-1}^{xz} (\boldsymbol{P}_{k|k-1}^{zz} + \gamma_k \boldsymbol{R}_k + (1 - \gamma_k) \sigma^2 \boldsymbol{I}_k)^{-1} \tag{5-45}$$

状态和误差方差矩阵为

$$\hat{\boldsymbol{x}}_k = \hat{\boldsymbol{x}}_{k|k-1} + W_k(z_k - \hat{z}_{k|k-1}) \tag{5-46}$$

$$\boldsymbol{P}_k = \boldsymbol{P}_{k|k-1} - \boldsymbol{W}_k(\boldsymbol{P}^{zz}_{k|k-1} + \boldsymbol{R}_k)\boldsymbol{W}_k^{\mathrm{T}} \tag{5-47}$$

令 $\sigma\to\infty$,则得到

$$\hat{\boldsymbol{x}}_k = \hat{\boldsymbol{x}}_k + \gamma_k\boldsymbol{K}_k(z_k - \hat{z}_{k|k-1}) \tag{5-48}$$

$$\boldsymbol{P}_k = \boldsymbol{P}_{k|k-1} - \gamma_k\boldsymbol{K}_k(\boldsymbol{P}^{zz}_{k|k-1} + \boldsymbol{R}_k)\boldsymbol{K}_k^{\mathrm{T}} \tag{5-49}$$

式中

$$\boldsymbol{K}_k = \boldsymbol{P}^{xz}_{k|k-1}(\boldsymbol{P}^{zz}_{k|k-1} + \boldsymbol{R}_k)^{-1} \tag{5-50}$$

从式(5-48)和式(5-49)可以看出,当接收到量测时($\gamma_k=1$),最优估计就是标准的非线性卡尔曼滤波的过程,当量测丢失时($\gamma_k=0$),最优估计就是一步预测估计的过程。将其应用到有间隙量测的多传感器系统时,$\boldsymbol{\gamma}_k=\mathrm{diag}[\gamma_k^1\boldsymbol{I}_n,\gamma_k^2\boldsymbol{I}_n,\cdots,\gamma_k^N\mathrm{I}_n]$,$z_k=[(z_k^1)^{\mathrm{T}},(z_k^2)^{\mathrm{T}},\cdots,(z_k^N)^{\mathrm{T}}]^{\mathrm{T}}$ 且 $\boldsymbol{R}_k=\mathrm{diag}[\boldsymbol{R}_k^1,\boldsymbol{R}_k^2,\cdots,\boldsymbol{R}_k^N]$,得到的 $\boldsymbol{K}_k$ 和 $\boldsymbol{P}_{zz}$ 不再是对角矩阵,因此这里需要信息滤波得到最优估计值。

根据伪量测矩阵 $\bar{\boldsymbol{H}}_k=(\boldsymbol{P}^{xz}_{k|k-1})^{\mathrm{T}}\boldsymbol{P}^{-1}_{k|k-1}$,式(5-49)可以改写成

$$\boldsymbol{P}_k = \boldsymbol{P}_{k|k-1} - \boldsymbol{\gamma}_k\boldsymbol{P}_{k|k-1}\bar{\boldsymbol{H}}_k^{\mathrm{T}}(\boldsymbol{P}^{zz}_{k|k-1} + \boldsymbol{R}_k)\bar{\boldsymbol{H}}_k\boldsymbol{P}^{\mathrm{T}}_{k|k-1} \tag{5-51}$$

根据矩阵求逆引理

$$(\boldsymbol{A} - \boldsymbol{B}\boldsymbol{D}^{-1}\boldsymbol{C})^{-1} = \boldsymbol{A}^{-1} + \boldsymbol{A}^{-1}\boldsymbol{B}(\boldsymbol{D} - \boldsymbol{C}\boldsymbol{A}^{-1}\boldsymbol{B})\boldsymbol{C}\boldsymbol{A}^{-1} \tag{5-52}$$

式(5-51)可以转换为

$$(\boldsymbol{P}_k)^{-1} = (\boldsymbol{P}_{k|k-1})^{-1} + \boldsymbol{\gamma}_k(\bar{\boldsymbol{H}}_k)^{\mathrm{T}}(\boldsymbol{P}^{zz}_{k|k-1} + \boldsymbol{R}_k - \boldsymbol{\gamma}_k\bar{\boldsymbol{H}}_k\boldsymbol{P}_{k|k-1}\bar{\boldsymbol{H}}_k^{\mathrm{T}})^{-1}\bar{\boldsymbol{H}}_k \tag{5-53}$$

式中,$\boldsymbol{A}=\boldsymbol{P}_{k|k-1}$,$\boldsymbol{B}=\boldsymbol{\gamma}_k\boldsymbol{P}_{k|k-1}\bar{\boldsymbol{H}}_k^{\mathrm{T}}$,$\boldsymbol{C}=\bar{\boldsymbol{H}}_k\boldsymbol{P}_{k|k-1}$,$\boldsymbol{D}=\boldsymbol{P}^{zz}_{k|k-1}+\boldsymbol{R}_k$。

根据伪量测矩阵 $\bar{\boldsymbol{H}}_k=(\boldsymbol{P}^{xz}_{k|k-1})^{\mathrm{T}}\boldsymbol{P}^{-1}_{k|k-1}$,式(5-50)可以改写成

$$\boldsymbol{K}_k = \boldsymbol{P}_k\boldsymbol{P}_k^{-1}\boldsymbol{P}_{k|k-1}\bar{\boldsymbol{H}}_k^{\mathrm{T}}(\boldsymbol{P}^{zz}_{k|k-1} + \boldsymbol{R}_k)^{-1} \tag{5-54}$$

将式(5-53)代入式(5-54)得到

$$\boldsymbol{K}_k = \boldsymbol{P}_k\{(\boldsymbol{P}_{k|k-1})^{-1} + \boldsymbol{\gamma}_k(\bar{\boldsymbol{H}}_k)^{\mathrm{T}}(\boldsymbol{P}^{zz}_{k|k-1} + \boldsymbol{R}_k - \boldsymbol{\gamma}_k\bar{\boldsymbol{H}}_k\boldsymbol{P}_{k|k-1}\bar{\boldsymbol{H}}_k^{\mathrm{T}})^{-1}\bar{\boldsymbol{H}}_k\} \times \boldsymbol{P}_{k|k-1}\bar{\boldsymbol{H}}_k^{\mathrm{T}}(\boldsymbol{P}^{zz}_{k|k-1} + \boldsymbol{R}_k)^{-1} \tag{5-55}$$

将 $\boldsymbol{P}_{k|k-1}\bar{\boldsymbol{H}}_k^{\mathrm{T}}$ 代入式(5-55)右边的大括号里面,得到

$$\boldsymbol{K}_k = \boldsymbol{P}_k(\bar{\boldsymbol{H}}_k^{\mathrm{T}} + \boldsymbol{\gamma}_k\bar{\boldsymbol{H}}_k^{\mathrm{T}}(\boldsymbol{P}^{zz}_{k|k-1} + \boldsymbol{R}_k - \boldsymbol{\gamma}_k\bar{\boldsymbol{H}}_k\boldsymbol{P}_{k|k-1}\bar{\boldsymbol{H}}_k^{\mathrm{T}})^{-1}\bar{\boldsymbol{H}}_k\boldsymbol{P}_{k|k-1}\bar{\boldsymbol{H}}_k^{\mathrm{T}}) \times (\boldsymbol{P}^{zz}_{k|k-1} + \boldsymbol{R}_k)^{-1} \tag{5-56}$$

将 $\bar{\boldsymbol{H}}_k^{\mathrm{T}}(\boldsymbol{P}_{k|k-1}^{zz}+\boldsymbol{R}_k-\gamma_k\bar{\boldsymbol{H}}_k\boldsymbol{P}_{k|k-1}\bar{\boldsymbol{H}}_k^{\mathrm{T}})^{-1}$ 从括号中提出来，有

$$\begin{aligned}
\boldsymbol{K}_k &= \boldsymbol{P}_k(\bar{\boldsymbol{H}}_k^{\mathrm{T}}+\gamma_k\bar{\boldsymbol{H}}_k^{\mathrm{T}}(\boldsymbol{P}_{k|k-1}^{zz}+\boldsymbol{R}_k-\gamma_k\bar{\boldsymbol{H}}_k\boldsymbol{P}_{k|k-1}\bar{\boldsymbol{H}}_k^{\mathrm{T}})^{-1}\bar{\boldsymbol{H}}_k\boldsymbol{P}_{k|k-1}\bar{\boldsymbol{H}}_k^{\mathrm{T}})(\boldsymbol{P}_{k|k-1}^{zz}+\boldsymbol{R}_k)^{-1}\\
&= \boldsymbol{P}_k\bar{\boldsymbol{H}}_k^{\mathrm{T}}(\boldsymbol{P}_{k|k-1}^{zz}+\boldsymbol{R}_k-\gamma_k\bar{\boldsymbol{H}}_k\boldsymbol{P}_{k|k-1}\bar{\boldsymbol{H}}_k^{\mathrm{T}})^{-1}(\boldsymbol{P}_{k|k-1}^{zz}+\boldsymbol{R}_k-\gamma_k\bar{\boldsymbol{H}}_k\boldsymbol{P}_{k|k-1}\bar{\boldsymbol{H}}_k^{\mathrm{T}})\times\\
&\quad(\boldsymbol{P}_{k|k-1}^{zz}+\boldsymbol{R}_k)^{-1}+\boldsymbol{P}_k\bar{\boldsymbol{H}}_k^{\mathrm{T}}(\boldsymbol{P}_{k|k-1}^{zz}+\boldsymbol{R}_k-\gamma_k\bar{\boldsymbol{H}}_k\boldsymbol{P}_{k|k-1}\bar{\boldsymbol{H}}_k^{\mathrm{T}})^{-1}\gamma_k\bar{\boldsymbol{H}}_k\boldsymbol{P}_{k|k-1}\bar{\boldsymbol{H}}_k^{\mathrm{T}}\times(\boldsymbol{P}_{k|k-1}^{zz}+\boldsymbol{R}_k)^{-1}\\
&= \boldsymbol{P}_k\bar{\boldsymbol{H}}_k^{\mathrm{T}}(\boldsymbol{P}_{k|k-1}^{zz}+\boldsymbol{R}_k-\gamma_k\bar{\boldsymbol{H}}_k\boldsymbol{P}_{k|k-1}\bar{\boldsymbol{H}}_k^{\mathrm{T}})^{-1}(\boldsymbol{P}_{k|k-1}^{zz}+\boldsymbol{R}_k-\gamma_k\bar{\boldsymbol{H}}_k\boldsymbol{P}_{k|k-1}\bar{\boldsymbol{H}}_k^{\mathrm{T}}+\gamma_k\bar{\boldsymbol{H}}_k\boldsymbol{P}_{k|k-1}\bar{\boldsymbol{H}}_k^{\mathrm{T}})\times\\
&\quad(\boldsymbol{P}_{k|k-1}^{zz}+\boldsymbol{R}_k)^{-1}\\
&= \boldsymbol{P}_k\bar{\boldsymbol{H}}_k^{\mathrm{T}}(\boldsymbol{P}_{k|k-1}^{zz}+\boldsymbol{R}_k-\gamma_k\bar{\boldsymbol{H}}_k\boldsymbol{P}_{k|k-1}\bar{\boldsymbol{H}}_k^{\mathrm{T}})^{-1}
\end{aligned}\tag{5-57}$$

将式(5－57)代入式(5－48)中，有

$$\hat{\boldsymbol{x}}_k=\hat{\boldsymbol{x}}_{k|k-1}+\gamma_k\boldsymbol{P}_k\bar{\boldsymbol{H}}_k^{\mathrm{T}}(\boldsymbol{P}_{k|k-1}^{zz}+\boldsymbol{R}_k-\gamma_k\bar{\boldsymbol{H}}_k\boldsymbol{P}_{k|k-1}\bar{\boldsymbol{H}}_k^{\mathrm{T}})^{-1}(z_k-\hat{z}_{k|k-1})\tag{5-58}$$

两边同时乘 $\boldsymbol{P}_k^{-1}$，则有

$$\boldsymbol{P}_k^{-1}\hat{\boldsymbol{x}}_k=\boldsymbol{P}_k^{-1}\hat{\boldsymbol{x}}_{k|k-1}+\gamma_k\bar{\boldsymbol{H}}_k^{\mathrm{T}}(\boldsymbol{P}_{k|k-1}^{zz}+\boldsymbol{R}_k-\gamma_k\bar{\boldsymbol{H}}_k\boldsymbol{P}_{k|k-1}\bar{\boldsymbol{H}}_k^{\mathrm{T}})^{-1}(z_k-\hat{z}_{k|k-1})\tag{5-59}$$

将式(5－53)代入式(5－59)，则有

$$\begin{aligned}
\boldsymbol{P}_k^{-1}\hat{\boldsymbol{x}}_k &= ((\boldsymbol{P}_{k|k-1})^{-1}+\gamma_k\bar{\boldsymbol{H}}_k^{\mathrm{T}}(\boldsymbol{P}_{k|k-1}^{zz}+\boldsymbol{R}_k-\gamma_k\bar{\boldsymbol{H}}_k\boldsymbol{P}_{k|k-1}\bar{\boldsymbol{H}}_k^{\mathrm{T}})^{-1}\bar{\boldsymbol{H}}_k)\hat{\boldsymbol{x}}_{k|k-1}+\\
&\quad\gamma_k\bar{\boldsymbol{H}}_k^{\mathrm{T}}(\boldsymbol{P}_{k|k-1}^{zz}+\boldsymbol{R}_k-\gamma_k\bar{\boldsymbol{H}}_k\boldsymbol{P}_{k|k-1}\bar{\boldsymbol{H}}_k^{\mathrm{T}})^{-1}(z_k-\hat{z}_{k|k-1})\\
&= (\boldsymbol{P}_{k|k-1})^{-1}\hat{\boldsymbol{x}}_{k|k-1}+\gamma_k\bar{\boldsymbol{H}}_k^{\mathrm{T}}(\boldsymbol{P}_{k|k-1}^{zz}+\boldsymbol{R}_k-\gamma_k\bar{\boldsymbol{H}}_k\boldsymbol{P}_{k|k-1}\bar{\boldsymbol{H}}_k^{\mathrm{T}})^{-1}\bar{\boldsymbol{H}}_k\hat{\boldsymbol{x}}_{k|k-1}+\\
&\quad\gamma_k\bar{\boldsymbol{H}}_k^{\mathrm{T}}(\boldsymbol{P}_{k|k-1}^{zz}+\boldsymbol{R}_k-\gamma_k\bar{\boldsymbol{H}}_k\boldsymbol{P}_{k|k-1}\bar{\boldsymbol{H}}_k^{\mathrm{T}})^{-1}(z_k-\hat{z}_{k|k-1})\\
&= (\boldsymbol{P}_{k|k-1})^{-1}\hat{\boldsymbol{x}}_{k|k-1}+\gamma_k\bar{\boldsymbol{H}}_k^{\mathrm{T}}(\boldsymbol{P}_{k|k-1}^{zz}+\boldsymbol{R}_k-\gamma_k\bar{\boldsymbol{H}}_k\boldsymbol{P}_{k|k-1}\bar{\boldsymbol{H}}_k^{\mathrm{T}})^{-1}(z_k-\hat{z}_{k|k-1}+\bar{\boldsymbol{H}}_k\hat{\boldsymbol{x}}_{k|k-1})
\end{aligned}\tag{5-60}$$

因为 $\gamma_k\in\{0,1\}$，则有

$$\gamma_k\bar{\boldsymbol{H}}_k^{\mathrm{T}}(\boldsymbol{P}_{k|k-1}^{zz}+\boldsymbol{R}_k-\gamma_k\bar{\boldsymbol{H}}_k\boldsymbol{P}_{k|k-1}\bar{\boldsymbol{H}}_k^{\mathrm{T}})^{-1}=\gamma_k\bar{\boldsymbol{H}}_k^{\mathrm{T}}(\boldsymbol{P}_{k|k-1}^{zz}+\boldsymbol{R}_k-\bar{\boldsymbol{H}}_k\boldsymbol{P}_{k|k-1}\bar{\boldsymbol{H}}_k^{\mathrm{T}})^{-1}\tag{5-61}$$

因此式(5－53)和式(5－60)可以写成

$$\boldsymbol{Y}_k=\boldsymbol{Y}_{k|k-1}+\gamma_k\bar{\boldsymbol{H}}_k^{\mathrm{T}}\boldsymbol{R}_k^{-1}\bar{\boldsymbol{H}}_k\tag{5-62}$$

$$\boldsymbol{y}_k=\boldsymbol{y}_{k|k-1}+\gamma_k\bar{\boldsymbol{H}}_k^{\mathrm{T}}\bar{\boldsymbol{R}}_k^{-1}\bar{z}_k\tag{5-63}$$

式中

$$\bar{\boldsymbol{R}}_k = \boldsymbol{P}^{zz}_{k|k-1} + \boldsymbol{R}_k - \gamma_k \bar{\boldsymbol{H}}_k \boldsymbol{P}_{k|k-1} \bar{\boldsymbol{H}}^{\mathrm{T}}_k \tag{5-64}$$

$$\bar{z}_k = z_k - \hat{z}_{k|k-1} + \bar{\boldsymbol{H}}_k \hat{\boldsymbol{x}}_{k|k-1} \tag{5-65}$$

最后 $\boldsymbol{P}_k = (\boldsymbol{Y}_k)^{-1}, \hat{\boldsymbol{x}}_k = \boldsymbol{P}_k \hat{\boldsymbol{y}}_k$。表 5.3 总结了所提出的间歇量测的非线性信息滤波算法。

表 5.3 所提出的间歇性量测的非线性信息滤波算法

时间更新：

1\. $\hat{\boldsymbol{x}}_{k|k-1} = \int_{\mathbb{R}^{n_x}} \boldsymbol{f}(\boldsymbol{x}_{k-1}) N(\boldsymbol{x}_{k-1}; \hat{\boldsymbol{x}}_{k-1}, \boldsymbol{P}_{k-1}) \mathrm{d}\boldsymbol{x}_{k-1}$

2\. $\boldsymbol{P}_{k|k-1} = \int_{\mathbb{R}^{n_x}} \boldsymbol{f}(\boldsymbol{x}_{k-1}) \boldsymbol{f}^{\mathrm{T}}(\boldsymbol{x}_{k-1}) N(\boldsymbol{x}_{k-1}; \hat{\boldsymbol{x}}_{k-1}, \boldsymbol{P}_{k-1}) \mathrm{d}\boldsymbol{x}_{k-1} - \hat{\boldsymbol{x}}_{k-1} \hat{\boldsymbol{x}}^{\mathrm{T}}_{k-1} + \boldsymbol{Q}_{k-1}$

3\. $\boldsymbol{Y}_{k|k-1} = \boldsymbol{P}^{-1}_{k|k-1}, \hat{\boldsymbol{y}}_{k|k-1} = \boldsymbol{P}^{-1}_{k|k-1} \hat{\boldsymbol{x}}_{k|k-1}$

量测更新：

4\. $\hat{z}_{k|k-1} = \int_{\mathbb{R}^{n_z}} \boldsymbol{h}(\boldsymbol{x}_k) N(\boldsymbol{x}_k; \hat{\boldsymbol{x}}_{k|k-1}, \boldsymbol{P}_{k|k-1}) \mathrm{d}\boldsymbol{x}_k$

5\. $\boldsymbol{P}^{zz}_{k|k-1} = \int_{\mathbb{R}^{n_x}} \boldsymbol{h}(\boldsymbol{x}_k) \boldsymbol{h}^{\mathrm{T}}(\boldsymbol{x}_k) N(\boldsymbol{x}_k; \hat{\boldsymbol{x}}_{k|k-1}, \boldsymbol{P}_{k|k-1}) \mathrm{d}\boldsymbol{x}_k - \hat{z}_{k|k-1} \hat{z}^{\mathrm{T}}_{k|k-1}$

6\. $\boldsymbol{P}^{xz}_{k|k-1} = \int_{\mathbb{R}^{n_x}} \boldsymbol{x}_k \boldsymbol{h}^{\mathrm{T}}(\boldsymbol{x}_k) N(\boldsymbol{x}_k; \hat{\boldsymbol{x}}_{k|k-1}, \boldsymbol{P}_{k|k-1}) \mathrm{d}\boldsymbol{x}_k - \hat{\boldsymbol{x}}_{k|k-1} \hat{z}^{\mathrm{T}}_{k|k-1}$

7\. $\bar{\boldsymbol{H}}_k = (\boldsymbol{P}^{xz}_{k|k-1})^{\mathrm{T}} \boldsymbol{P}^{-1}_{k|k-1}$

8\. $\bar{\boldsymbol{R}}_k = \boldsymbol{P}^{zz}_{k|k-1} + \boldsymbol{R}_k - \gamma_k \bar{\boldsymbol{H}}_k \boldsymbol{P}_{k|k-1} \bar{\boldsymbol{H}}^{\mathrm{T}}_k$

9\. $\boldsymbol{Y}_k = \boldsymbol{Y}_{k|k-1} + \gamma_k \bar{\boldsymbol{H}}^{\mathrm{T}}_k \bar{\boldsymbol{R}}^{-1}_k \bar{\boldsymbol{H}}_k$

10\. $\hat{\boldsymbol{y}}_k = \hat{\boldsymbol{y}}_{k|k-1} + \gamma_k \bar{\boldsymbol{H}}^{\mathrm{T}}_k \bar{\boldsymbol{R}}^{-1}_k \bar{z}_k$

11\. $\boldsymbol{P}_k = (\boldsymbol{Y}_k)^{-1}, \hat{\boldsymbol{x}}_k = \boldsymbol{P}_k \hat{\boldsymbol{y}}_k$。

5.3.3 通信丢包情况下的新型信息滤波算法

信息滤波的信息估计方差比传统的卡尔曼滤波的状态估计方差简单，而且信息滤波的状态估计过程中不含有增益方差矩阵。对于分散式的多 AUV 协同导航系统，信息滤波可以扩展到有多组传感器量测信息的状态估计。现在假设有 N_{L} 个主艇的距离量测信息，则 $z_{l,k}(l \in N_{\mathrm{L}})$ 是 k 时刻的第 l 个传感器提供量测信息，所以本地的信息状态分布 $\boldsymbol{i}_{l,k}$ 和对应的相关信息矩阵 $\boldsymbol{I}_{l,k}$ 在第 i 次的迭代为

$$\hat{\boldsymbol{i}}_{l,k}^{(i+1)} = \bar{\boldsymbol{H}}_{l,k}^{\mathrm{T}} \boldsymbol{\Lambda}_{l,k}^{(i+1)} (\tilde{\boldsymbol{z}}_{l,k} + \bar{\boldsymbol{H}}_{l,k} \hat{\boldsymbol{x}}_{k|k-1}) \tag{5-66}$$

$$\hat{\boldsymbol{I}}_{l,k}^{(i+1)} = \bar{\boldsymbol{H}}_{l,k}^{\mathrm{T}} \boldsymbol{\Lambda}_{l,k}^{(i+1)} \bar{\boldsymbol{H}}_{l,k} \tag{5-67}$$

当局部传感器的量测噪声相互独立时，融合的多传感器估计是局部传感器的线性组合，则有

$$\hat{\boldsymbol{y}}_k^{(i+1)} = \hat{\boldsymbol{y}}_{k|k-1} + \boldsymbol{\gamma}_k \sum_{l=1}^{N_{\mathrm{L}}} \hat{\boldsymbol{i}}_{l,k}^{(i+1)} \tag{5-68}$$

$$\boldsymbol{Y}_k^{(i+1)} = \boldsymbol{Y}_{k|k-1} + \boldsymbol{\gamma}_k \sum_{l=1}^{N_{\mathrm{L}}} \hat{\boldsymbol{I}}_{l,k}^{(i+1)} \tag{5-69}$$

式中，$\sum_{l=1}^{N_{\mathrm{L}}} \hat{\boldsymbol{I}}_{s,k}^{(i+1)}$ 表示所有量测的状态估计信息，将其与一步预测的信息 $\boldsymbol{Y}_{k|k-1}$ 进行融合得到最优状态估计信息 $\boldsymbol{Y}_k^{(i+1)}$。这是多源距离量测信息融合的公式，此时的 $\hat{\boldsymbol{y}}_k^{(i+1)}$ 体现了不同主艇传感器的距离量测信息对同一个从艇的状态向量的估计，将所有的距离量测信息按照上述公式进行融合后得到协同导航状态的全局最优估计，理论上全局估计误差将小于任一局部估计误差。所提出的基于通信丢包的鲁棒信息滤波算法见表 5.4。

表 5.4　所提出的基于通信丢包的鲁棒信息滤波算法

输入：$\hat{\boldsymbol{x}}_{k-1}, \boldsymbol{P}_{k-1}, \boldsymbol{F}, \boldsymbol{x}_k^m, \boldsymbol{h}(\boldsymbol{x}_k, \boldsymbol{x}_k^m), z_k, \boldsymbol{Q}_{k-1}, \rho, \hat{\boldsymbol{u}}_{k-1}, \hat{\boldsymbol{U}}_{k-1\|k-1}, N$
时间更新：
1. $\hat{\boldsymbol{x}}_{k\|k-1} = \boldsymbol{F}\hat{\boldsymbol{x}}_{k-1} + \boldsymbol{u}_k$
2. $\boldsymbol{P}_{k\|k-1} = \boldsymbol{F}\boldsymbol{P}_{k-1}\boldsymbol{F}^{\mathrm{T}} + \boldsymbol{Q}_{k-1}$
3. $\boldsymbol{Y}_{k\|k-1} = \boldsymbol{P}_{k\|k-1}^{-1}, \hat{\boldsymbol{y}}_{k\|k-1} = \boldsymbol{P}_{k\|k-1}^{-1}\hat{\boldsymbol{x}}_{k\|k-1}$
迭代量测更新：
4. 初始化
$\hat{\boldsymbol{x}}_k^{(0)} = \hat{\boldsymbol{x}}_{k\|k-1}, \hat{\boldsymbol{u}}_{k\|k-1} = \rho\hat{\boldsymbol{u}}_{k-1}, \hat{\boldsymbol{U}}_{k\|k-1} = \boldsymbol{G}\hat{\boldsymbol{U}}_{k-1}\boldsymbol{G}^{\mathrm{T}}$
For $l = 0:L$
$\bar{H}_l = \dfrac{\partial h(\boldsymbol{x}_k, \boldsymbol{x}_{s,k}^m, \boldsymbol{y}_{s,k}^m)}{\partial \boldsymbol{x}_k} \Big\| \boldsymbol{x}_k = \hat{\boldsymbol{x}}_{k\|k-1}$
$\hat{z}_{l,k\|k-1} = h(\hat{\boldsymbol{x}}_{k\|k-1}, \boldsymbol{x}_{l,k}^m, \boldsymbol{y}_{l,k}^m)$
For $i = 0:N-1$
通过给定的 $q^{(i)}(\boldsymbol{x}_k)$ 更新 $q^{(i+1)}(\boldsymbol{\Lambda}_k) = W(\boldsymbol{\Lambda}_{k\|k-1}; \hat{\boldsymbol{u}}_k^{(i+1)}, \hat{\boldsymbol{U}}_k^{(i+1)})$
5. $\boldsymbol{D}_k^{(i)} = (z_k - \hat{z}_{l,k\|k-1})(z_k - \hat{z}_{l,k\|k-1})^{\mathrm{T}} + \bar{\boldsymbol{H}}_k \boldsymbol{P}_k^{(i)} (\bar{\boldsymbol{H}}_k)^{\mathrm{T}}$
6. $\hat{\boldsymbol{u}}_k^{(i+1)} = \hat{\boldsymbol{u}}_{k\|k-1}, \hat{\boldsymbol{U}}_k^{(i+1)} = \boldsymbol{D}_k^{(i)} + \hat{\boldsymbol{U}}_{k\|k-1}$
通过给定的 $q^{(i+1)}(\boldsymbol{\Lambda}_k)$ 更新 $q^{(i+1)}(\boldsymbol{x}_k) = N(\boldsymbol{x}_k, \hat{\boldsymbol{x}}_k^{(i+1)}, (\boldsymbol{Y}_k^{(i+1)})^{-1})$

续表 5.4

7. $\mathrm{E}^{(i+1)}[\boldsymbol{\Lambda}_k]=\hat{\boldsymbol{u}}_k^{(i+1)}\hat{\boldsymbol{U}}_k^{(i+1)}=\hat{\boldsymbol{\Lambda}}_k^{(i+1)}$
8. $\hat{\boldsymbol{i}}_{l,k}^{(i+1)}=\bar{\boldsymbol{H}}_{l,k}^{\mathrm{T}}\boldsymbol{\Lambda}_{l,k}^{(i+1)}(\tilde{\boldsymbol{z}}_{l,k}+\bar{\boldsymbol{H}}_{l,k}\hat{\boldsymbol{x}}_{k\mid k-1})$
9. $\hat{\boldsymbol{I}}_{l,k}^{(i+1)}=\bar{\boldsymbol{H}}_{l,k}^{\mathrm{T}}\boldsymbol{\Lambda}_{l,k}^{(i+1)}\bar{\boldsymbol{H}}_{l,k}$
End for
10. $\hat{\boldsymbol{y}}_k^{(i+1)}=\hat{\boldsymbol{y}}_{k\mid k-1}+\boldsymbol{\gamma}_k\sum_{l=1}^{N_{\mathrm{L}}}\hat{\boldsymbol{i}}_{l,k}^{(i+1)}$
11. $\boldsymbol{Y}_k^{(i+1)}=\boldsymbol{Y}_{k\mid k-1}+\boldsymbol{\gamma}_k\sum_{l=1}^{N_{\mathrm{L}}}\hat{\boldsymbol{I}}_{l,k}^{(i+1)}$
End for
12. $\hat{\boldsymbol{y}}_k=\hat{\boldsymbol{y}}_k^{(N)},\boldsymbol{Y}_k=\boldsymbol{Y}_k^{(N)}$
13. $\hat{\boldsymbol{x}}_k=\boldsymbol{Y}_k^{-1}\hat{\boldsymbol{y}}_k,\boldsymbol{P}_k=(\boldsymbol{Y}_k)^{-1}$
输出:$\hat{\boldsymbol{x}}_k,\boldsymbol{P}_k$

5.4 多 AUV 协同导航仿真分析

在本节中,通过多 AUV 协同导航的信息融合的仿真实验来验证本节提出算法的有效性。多 AUV 协同导航的实验方案如图 5.5 所示,主 AUV1 ~5 装备高精度导航设备(主艇的个数不受限制),从 AUV 装备精度较低的导航设备,通过接收主艇的距离量测信息来提高从艇的导航精度。假设从艇可以接收到 N_{L} 个主艇的相对距离信息和主艇的位置信息,那么协同导航系统的量测方程可以写成

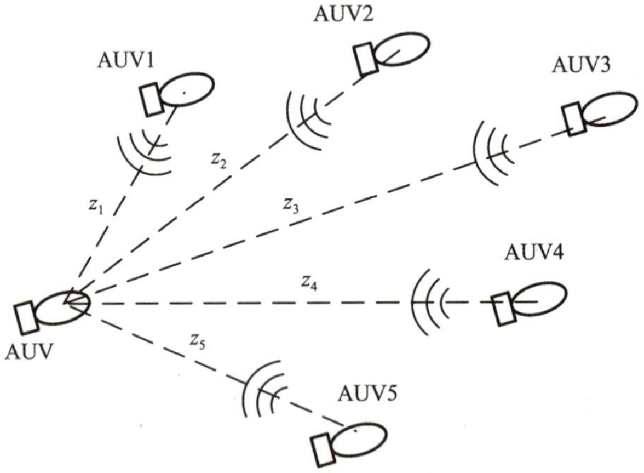

图 5.5 多 AUV 协同导航的实验方案

$$z_{l,k} = \sqrt{(\boldsymbol{x}_k - \boldsymbol{x}_{l,k}^{\mathrm{m}})^2 + (\boldsymbol{y}_k - \boldsymbol{y}_{l,k}^{\mathrm{m}})^2} + \boldsymbol{v}_{l,k}, \quad l = 1,\cdots,N_{\mathrm{L}} \tag{5-70}$$

式中，$(\boldsymbol{x}_{l,k}^{\mathrm{m}},\boldsymbol{y}_{l,k}^{\mathrm{m}})$为第 l 个主艇的位置信息。第 l 个主艇的量测噪声为 $\boldsymbol{v}_{l,k} \sim N(0,\boldsymbol{R}_{l,k})$且噪声协方差为 $\boldsymbol{R}_{l,k} = (10\ \mathrm{m})^2$。真实的初始状态为 $\boldsymbol{x}_0 = [1\,000\ \mathrm{m}\quad 1\,000\ \mathrm{m}]^{\mathrm{T}}$，相对应的初始状态协方差设置为 $\boldsymbol{P}_0 = \mathrm{diag}[1\quad 1]$。在每次程序运行的时候，初始状态估计都是通过高斯分布 $N(\boldsymbol{x}_0;\hat{\boldsymbol{x}}_0,\boldsymbol{P}_0)$随机选取的，每次滤波过程都是在同等条件下使用的。领航艇的传感器被随机放置在(−4 000, −4 000)和(4 000,4 000)的正方形区域内。为了比较滤波的性能，选择位置的均方根误差(Root Mean Square Error,RMSE)作为性能指标。k 时刻位置的 RMSE 定义为

$$\mathrm{RMSE}_{\mathrm{pos}}(k) = \sqrt{\frac{1}{N_{\mathrm{m}}}\sum_{n=1}^{N_{\mathrm{m}}}((\boldsymbol{x}_k^n - \hat{\boldsymbol{x}}_k^n)^2 + (\boldsymbol{y}_k^n - \hat{\boldsymbol{y}}_k^n)^2)} \tag{5-71}$$

式中，$(\hat{\boldsymbol{x}}_k^n,\hat{\boldsymbol{y}}_k^n)$、$(\boldsymbol{x}_k^n,\boldsymbol{y}_k^n)$为第 n 次蒙特卡洛方法的估计位置和真实位置；N_{m} 为蒙特卡洛的次数。如图 5.6 所示，信道传输的失败率和恢复率分别取为 $p = 0.68$ 和 $q = 0.72$，因此这里可以求出未接收到量测的概率 $P(\boldsymbol{\gamma}_k^l = 0) \approx 0.7$，表示从艇有 70% 的概率是接收不到量测信息的，只有 30% 的概率从艇可以接收到量测信息。根据 5.1 节中的实际协同导航实验数据图 5.2 可以看出，在 160 ~ 200 s 从艇的量测丢失率约为 100%，600 ~ 700 s 从艇的量测丢失率约为 0%。因此本节通过定义描述信道特征的随机变量，针对不同量测丢失率的协同状态估计进行分析。本节设计了两种从艇的协同路径估计：直

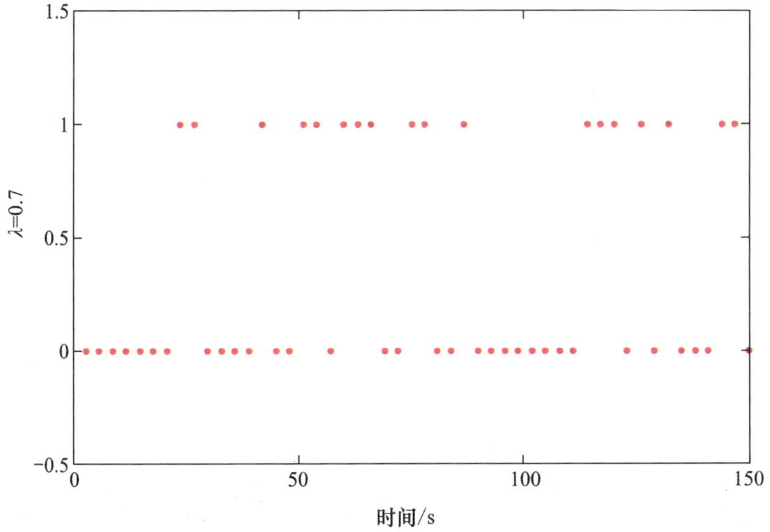

图 5.6　信道状态 γ_k，其中 $(p,q) = (0.68,0.72)$

线航行路径估计和曲线航行路径估计,航行轨迹如图 5.7 所示。在不同的通信丢包情况下,针对两种航行路径,将提出的鲁棒信息滤波算法与现有的信息滤波算法进行对比。协同导航仿真的参数设置为:采样间隔 $T_0=3$ s,仿真时间为 $T=600$ s,蒙特卡洛次数为 $N_m=1\ 000$。

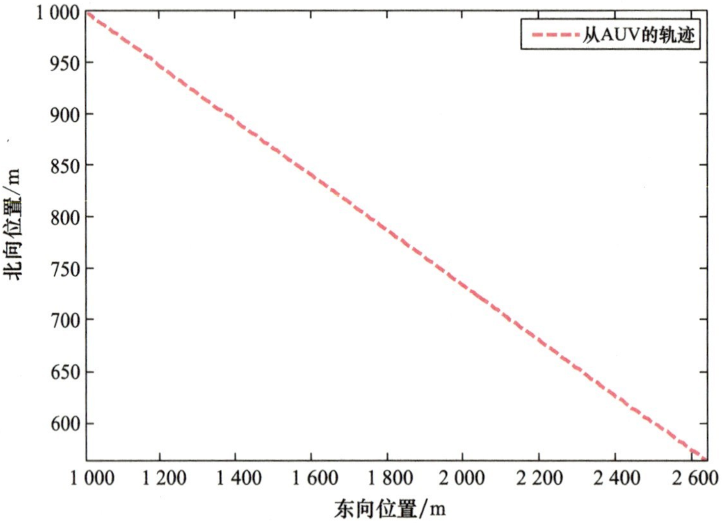

(a) 直线航行

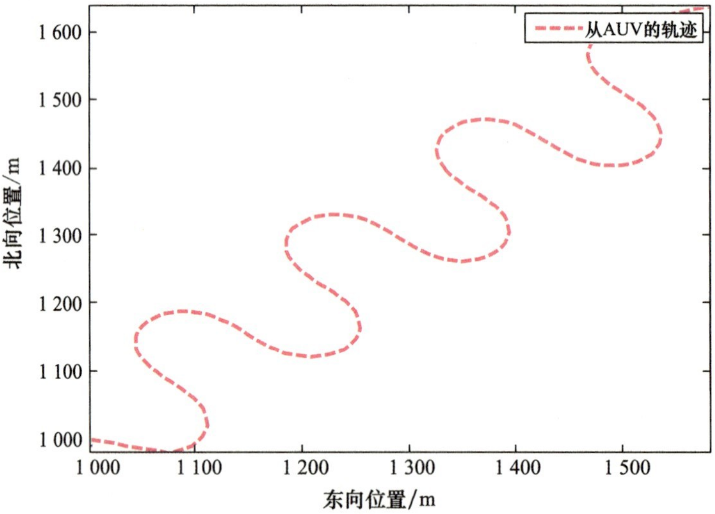

(b) 曲线航行

图 5.7　直线航行轨迹和曲线航行轨迹

在仿真实验 1 中，设置主艇传感器的个数为 $N_L = 5$，量测丢包的稳态概率为 $P(\gamma_k^l = 0) = \lambda \approx 0.1$。普通的信息滤波（Information Filter, IF）和本节提出的鲁棒信息滤波（Huber Information Filter, HIF）在间歇量测下的位置 RMSE 如图 5.8 所示，可见在有间歇量测的情况下，鲁棒信息滤波具有较好的估计性能，不仅提高了滤波的估计精度，而且具有很强的抗干扰能力，增强了系统的鲁棒稳定性，减少了间歇量测对滤波的干扰，解决了协同导航中遇到的通信丢包问题，能够满足水下航行器的导航需求。从直线路径的第 1 次仿真可以看出，在存在间隙量测的情况下，所提出的鲁棒信息滤波算法的精度要比已存在的信息滤波的精度高。

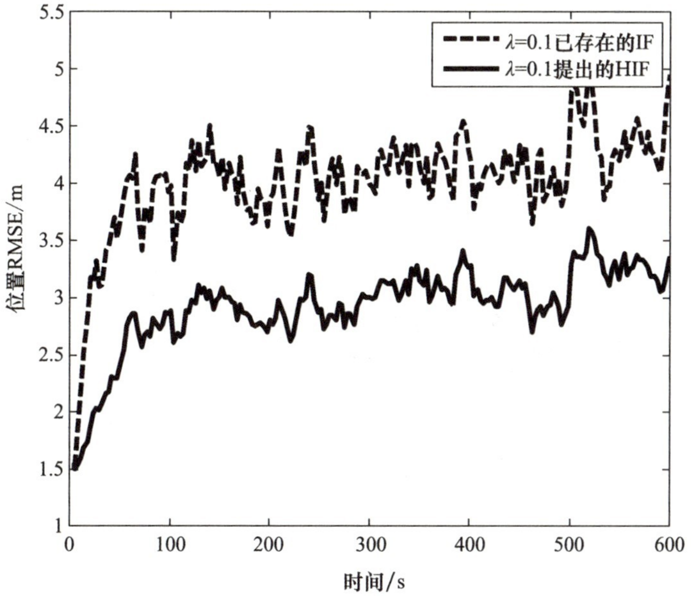

图 5.8　普通的信息滤波和本节提出的鲁棒信息滤波在间歇量测下的位置 RMSE

在仿真实验 2 中，依旧考虑到协同导航的蒙特卡洛仿真运行了 100 次。这里假设有不同的量测丢失率，分别为 $\lambda \approx 0.7$、$\lambda \approx 0.4$、$\lambda \approx 0.1$，$\lambda \approx 0$，可以从图 5.9 看出来，在不同的量测丢失率的情况下，由于本节提出的鲁棒信息滤波能够更好地匹配模型进行估计，得到的位置估计精度比普通的信息滤波的位置估计精度要高，基于通信丢包模型的鲁棒滤波算法的性能要优于普通的信息滤波算法。

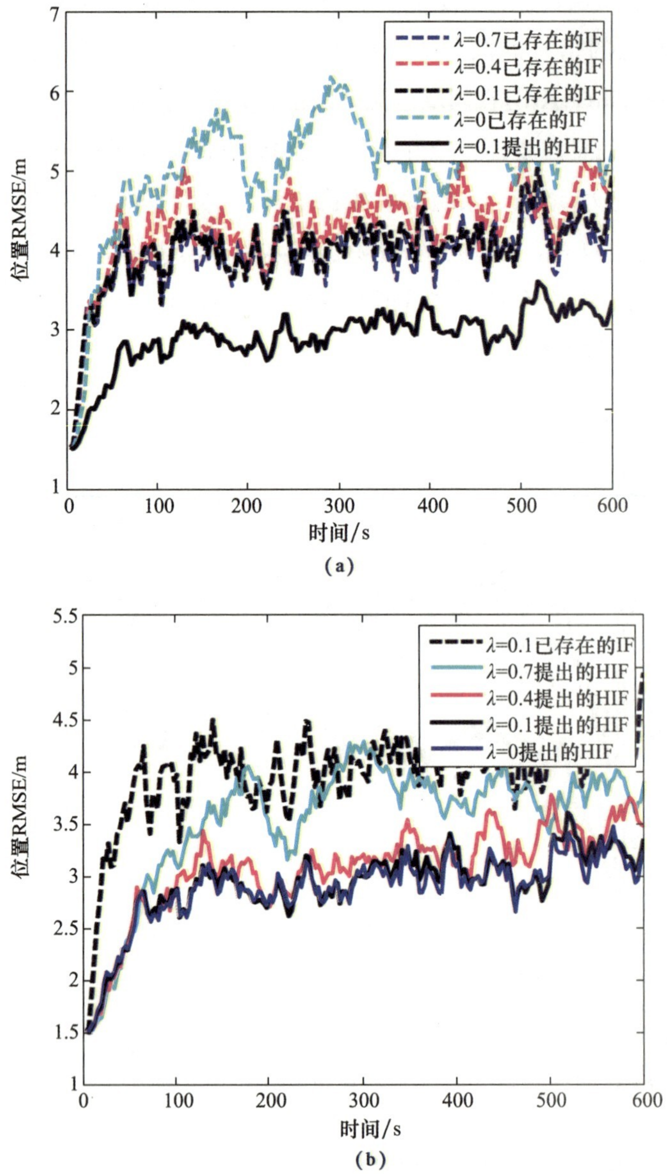

图 5.9　不同量测丢失率下的位置 RMSE

在仿真实验 3 中，为了对比不同个数的距离量测信息对从艇的位置估计的影响，选用平均 RMSE（ARMSE）作为性能指标，其定义为

$$\mathrm{ARMSE_{pos}}(k) = \sqrt{\frac{1}{TN_{\mathrm{m}}}\sum_{t=1}^{T}\sum_{n=1}^{N_{\mathrm{m}}}((\boldsymbol{x}_k^n - \hat{\boldsymbol{x}}_k^n)^2 + (\boldsymbol{y}_k^n - \hat{\boldsymbol{y}}_k^n)^2)} \tag{5-72}$$

式中，T 为仿真时间。所提出的自适应信息滤波和存在的信息滤波的 RMSE 见表 5.5，提出的鲁棒信息滤波有更好的估计精度，而且随着距离量测信息的增加，所提出的自适

应信息滤波的估计精度逐渐增加。该表格说明传感器的个数和滤波算法的估计精度是成正比的，然而传感器个数的增加也意味着计算复杂度的增加，同时受水声通信带宽的影响，传感器的个数不宜过多。对于分布式多传感器的水下协同导航系统，新的鲁棒信息滤波可以融合多个主艇的距离量测信息，从而得到协方差矩阵的逆矩阵，令本节提出算法的估计精度要高于现有方法的精度。

表 5.5 不同传感器个数的 RMSE 的对比

传感器个数	$N=10$	$N=9$	$N=8$	$N=7$	$N=6$
IF	3.42	3.56	3.58	3.63	3.56
AIF	2.40	2.50	2.58	2.51	2.52
传感器个数	$N=5$	$N=4$	$N=3$	$N=2$	$N=1$
IF	3.48	3.6	3.6	3.62	3.63
AIF	2.55	2.52	2.54	2.57	2.59

在仿真实验 4 中，从 AUV 的航行轨迹是沿曲线路径的，设置量测丢包的稳态概率为 $P(\boldsymbol{\gamma}_k^l=0)=\lambda=0.1$，即从艇未收到量测信息的概率约为 10%。如图 5.10 所示，本节提出的鲁棒信息滤波方法的协同导航精度要比已存在的信息滤波的精度高，定位误差的波动较为明显，但整体仍保持有界。

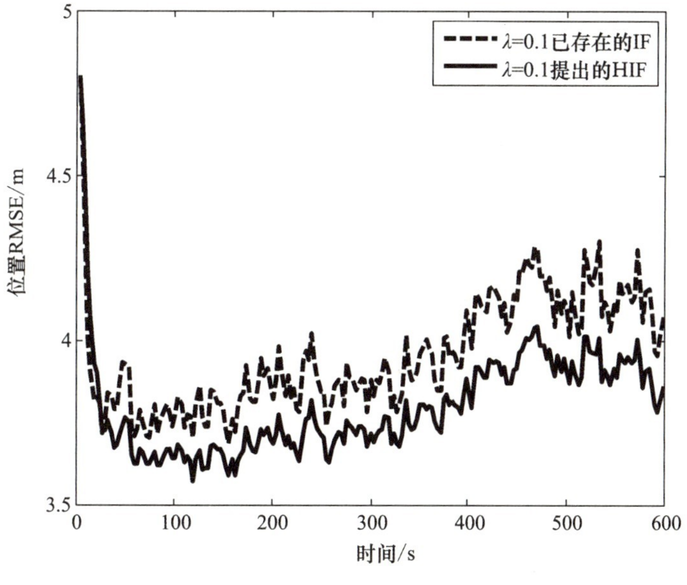

图 5.10 已存在信息滤波算法和本节提出算法的位置 RMSE

在仿真实验 5 中,从 AUV 沿曲线航行,仿真参数的选取与直线航行的参数选取一致,所不同的是选取的描述信道特征的 2 状态马尔可夫链 $\boldsymbol{\gamma}_k^l$ 的稳态概率分布不同,分别设置为 $P(\boldsymbol{\gamma}_k^l=0)=\boldsymbol{\lambda}=0.7,0.4,0.1,0$ 这四种情况,即水声通信的量测数据发生丢失的概率分别为 70%、40%、10%、0。图 5.11 给出了不同量测丢失率下的位置 RMSE。可以看出,量测数据丢失越多,协同导航的定位误差越大,定位精度也越低。即水声信道传输可靠性的下降将导致协同导航系统在相同时间段内获得的距离量测信息减少,从而加大了从艇的航位推算误差对协同导航精度的影响,导致算法的收敛性变差和定位精度下降。信道参数(p,q)对协同导航系统的状态估计精度有重要影响。当信道传输的失败率 p 较大且恢复率 q 较小时,会导致大量的量测信息丢失从而加大航位推算误差对协同状态估计精度的影响,引起状态估计精度下降。

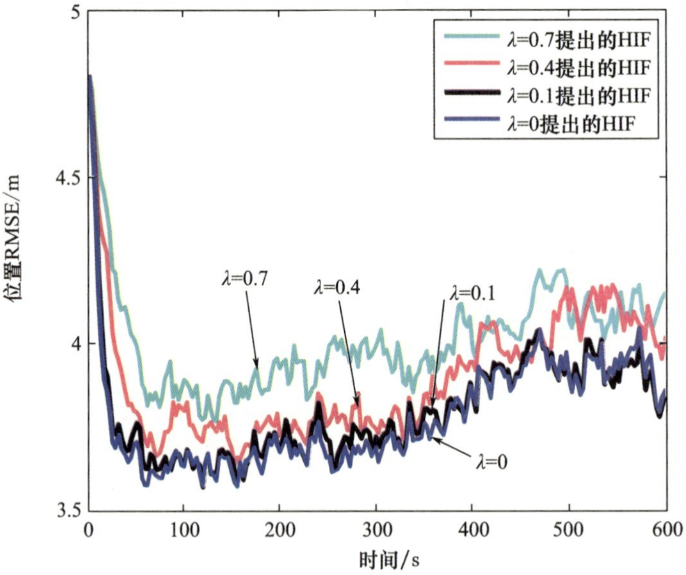

图 5.11　不同量测丢失率下的位置 RMSE

5.5　本章小结

本章提出了一种新的处理多个距离量测信息的信息滤波协同导航算法,由 Wishart 分布来描述预测信息矩阵和量测噪声协方差矩阵,通过变分贝叶斯方法递归的更新,用信息滤波的信息矩阵和信息向量进行状态估计。同时建立了基于 Gilbert - Elliott 信道的通信丢包模型,通过理论推导提出了量测数据服从马尔可夫随机丢失下的鲁棒信息滤波协同导航算法。最后通过仿真实验结果研究了信道参数对协同状态估计精度的影响,并且在有通信丢包的情况下,所提出的鲁棒信息滤波协同导航算法和现有的信息滤波对比,可以进一步提高多 AUV 水下协同导航系统的状态估计精度,面对通信丢包问题具有更好的鲁棒性。

结　论

本书以声学测距的水下航行器协同导航状态估计为研究背景，针对应用中存在的厚尾非高斯量测噪声、系统噪声和量测噪声统计特性不确定、多个量测信息融合，以及存在间歇性量测的问题展开研究，从最大互相关熵准则、变分贝叶斯方法角度、多传感器信息融合和通信丢包等方面入手，提出了多种改进多 AUV 协同导航状态估计精度的滤波算法，实现了高精度、鲁棒性好的协同导航状态估计。本书完成的主要工作如下。

(1)针对基于声学测距的主从式水下协同导航系统建立了系统模型和量测模型，并通过对常用坐标系的介绍，实现了水下航行器各个运动参数在各个坐标系之间的转换。多 AUV 协同导航系统的感知传感器包括用于自身状态估计的本体感知传感器和用于通信与外界交流信息的外部感知传感器，二者结合形成协同导航系统的硬件结构。针对基于声学测距的水下协同导航系统，介绍了与之相关的本体感知传感器和外部信息感知传感器。

(2)带厚尾量测噪声的水下协同导航状态估计方法研究。分别介绍了基于 M 估计的 Huber 鲁棒方法和最大相关熵鲁棒方法，并对最大相关熵方法的优越性进行了描述。对于非线性系统模型，推导了基于 Stirling 多项式插值公式的分开差分滤波。针对协同导航中的量测噪声统计特性呈厚尾特性的问题，提出了基于最大相关熵准则的分开差分滤波的协同导航算法，并通过仿真和协同导航实验数据验证了在水下协同导航中量测噪声非高斯且量测噪声概率密度分布曲线呈厚尾特性时，所提出的算法有效提高了滤波的收敛速度，改善了水下协同导航状态估计效果。

(3)带未知噪声参数的水下协同导航状态估计方法研究。首先对高斯域贝叶斯估计算法进行了详细推导，由贝叶斯定理引出变分贝叶斯的自适应方法，并将其与指数渐消的 Sage – Husa 方差匹配的自适应方法进行对比，体现其优越性。然后针对协同导航中存在未知的系统噪声参数和量测噪声参数，使用变分贝叶斯方法对预测状态误差协方差矩阵和量测噪声协方差矩阵进行自适应估计，提出了一种新的变分贝叶斯自适应协同导航算法。最后通过仿真和协同导航实验验证了当系统在过程噪声和量测噪声同时未知的情况下，所提出的算法能有效地改善状态估计效果，提高了水下协同导航状态估计精度。

(4)通信丢包情况下的协同导航信息融合估计方法研究。针对协同导航中多源导航传感器信息融合的问题,提出了一种新的基于多个量测信息融合的信息滤波算法。在实际 AUV 航行中,声传输损失导致水声通信存在间歇性量测,为了进一步提高水下航行器的导航精度,对通信丢包进行建模,并提出了针对通信丢包的间歇性量测鲁棒信息滤波方法。最后设计了仿真实验对新提出的信息融合算法进行了验证,结果表明该算法的估计精度优于传统的信息融合算法,而且在通信丢包情况下,所提出的算法的鲁棒性要优于现有的方法。

本书取得的主要创新性成果如下。

(1)针对声学测距的水下协同导航模型中,多路径效应野值导致的量测噪声呈厚尾偏斜非高斯特性,提出了基于最大熵的分开差分滤波协同导航算法,用来估计水下航行器的位置信息,不仅保证了对厚尾量测噪声的良好鲁棒性,并获得了比现有方法更高的状态估计效果。

(2)提出了基于变分贝叶斯方法的自适应协同导航算法。针对水下协同导航环境中噪声参数未知的情况,对预测状态误差协方差矩阵和量测噪声协方差矩阵进行建模并近似估计,将所设计的自适应协同导航算法和现有的方法进行对比,可知所提算法具有更高的状态估计精度,可以有效地解决系统噪声和量测噪声协方差,同时不确定条件下的高精度协同导航问题。

(3)针对协同导航中的多个导航传感器量测数据融合问题,提出了将基于 Wishart 分布的鲁棒信息滤波应用于水下航行器中。该算法不仅可以融合多个量测信息源,而且具有更高的收敛性和可靠性,提高了协同导航的定位精度。

(4)针对水声通信中存在的信息丢包问题,提出了间歇性量测的信息滤波算法。该算法不仅具有很强的抗干扰能力,增强了系统的鲁棒稳定性,减少了通信丢包问题对状态估计的影响,提高了在信息丢包情况下水下协同导航状态估计的鲁棒性,同时也提高了水下协同导航的状态估计精度。

本书针对水下航行器协同导航状态估计中的技术难点,以提高水下航行器的状态估计精度为目的进行研究。鉴于作者能力和水平有限,水下协同导航状态估计方法的研究工作仍需要继续深入和完善。本书所提出的方法中有以下几个方面的问题仍有待进一步的研究。

(1)第 4 章提出的变分贝叶斯自适应协同导航算法对过程噪声协方差矩阵的初始值仍然有一定的依赖性,在实际协同导航中初始值是未知的。如何进一步降低变分贝叶斯自适应协同导航算法对初始值的依赖性是下一个研究中需要深入探讨的。

(2)第 5 章提出的间歇性量测信息滤波方法在协同导航中的应用,未考虑水声信道带宽对水声通信造成的影响,如何合理地安排主艇的数量和主艇的运动轨迹,使得从艇获得的量测信息的质量和数量是最佳选择,这将是接下来的研究方向之一。

(3)提出了针对声学通信存在的通信丢包问题进行建模,但是在实际水下协同导航中,不仅存在通信丢包的问题,而且由于普遍存在的未知定常或时变的洋流,在实际水下协同导航中不可避免地存在通信延迟的情况,因此高精度高鲁棒性的协同导航状态估计方法的实现,依然存在多方面的实际困难。

参考文献

[1]KUNZ C, MURPHY C, SINGH H, et al. Toward extraplanetary under-ice exploration: Robotic steps in the Arctic[J]. Journal of Field Robotics, 2009, 26(4): 411-429.

[2]CAMILLI R, REDDY C M, YOERGER D R, et al. Tracking hydrocarbon plume transport and biodegradation at deepwater horizon[J]. Science, 2010, 330(6001): 201-204.

[3]COCKRELL K L, SCHMIDT H. Robust passive range estimation using the waveguide invariant[J]. The Journal of the Acoustical Society of America, 2010, 127(5): 2780-2789.

[4]Purcell M, GALLO D, PACKARD G, et al. Use of REMUS 6000 AUVs in the search for the Air France flight 447[C]//OCEANS11 MTS/IEEE KONA. Waikoloa: MTS/IEEE, 2011, 1-7.

[5]KEIR B. The location of the pink and white terraces of lake Rotomahana, New Zealand [J]. Journal of the Royal Society of New Zealand, 2019, 49(1):16-35.

[6]SCHNEIDER T E. Advances in integrating autonomy with acoustic communications for intelligent networks of marine robots[D]. Cambridge : Massachusetts Institute of Technology and Woods Hole Oceanographic Institution, 2013.

[7]Clay C S, MEDWIN H. Acoustical oceanography: Principles and applications[J]. Physics Today, 1978, 31(5):71.

[8]RICE J A. US navy seaweb development[C]// Proceedings of the second workshop on Underwater Networks. Monterey: ACM, 2007, 3-4.

[9]RICE J. SeaWeb acoustic communication and navigation networks[C]//Underwater Acoustic Measurements. Heraklion: Technologies & Results, 2005.

[10]XU J, LERMUSIAUX P F, HALEY J P J, et al. Spatial and temporal variations in acoustic propagation during the PLUSNet07 exercise in dabob bay[C]//Proceedings of Meetings on Acoustics 155ASA. Paris :ASA, 2008, 4(1): 070001.

[11]GRUND M, FREITAG L, PREISIG J, et al. The PLUSNet underwater communications

system: Acoustic telemetry for undersea surveillance[C]//Oceans 2006. Boston:MA, 2006, 1-5.

[12] AGUIARY A, ALMEIDAY J, BAYATY M, et al. Cooperative autonomous marine vehicle motion control in the scope of the EU GREX project: Theory and practice[C]//Oceans 2009. Europe: Bremeb, 2009, 1-10.

[13]徐博, 刘德政, 张勋. 基于交互式模型的多 AUV 协同导航鲁棒性滤波算法[J]. 系统工程与电子技术, 2017, 39(9): 2087-2093.

[14]常鲁杰, 刘明雍, 张立川,等. 迭代粒子群优化的水下无线传感器网络节点自定位算法[J]. 西北工业大学学报, 2017, 35(4): 648-654.

[15]徐博, 白金磊, 郝燕玲,等. 多 AUV 协同导航问题的研究现状与进展[J]. 自动化学报, 2015, 41(3): 445-461.

[16]高伟, 刘亚龙, 徐博,等. 基于双主交替领航的多 AUV 协同导航方法[J]. 哈尔滨工程大学学报, 2014, (06): 735-740.

[17]刘明雍, 沈超, 张立川,等. 一种基于 UKF 的 AUV 移动声学网络协同导航方法[J]. 西北工业大学学报, 2011, 29(6): 934-938.

[18]卢健, 徐德民, 张立川,等. 基于移动长基线和误差修正算法的多 UUV 协同导航[J]. 控制与决策, 2012, 27(7): 1052-1056.

[19]赵明扬, 徐志刚, 王洪光,等. 沈阳自动化研究所并联机器人的研究与发展[J]. 机器人, 2002, 24(S): 662-665.

[20] ROUMELIOTIS S I, BEKEY G A. Distributed multirobot localization[J]. IEEE Transactions on Robotics & Automation, 2015, 18(5): 781-795.

[21]SINGH P, TIWARI R, BHATTACHARYA M. Navigation in multi robot system using cooperative learning: A survey[C]//2016 International Conference on Computational Techniques in Information and Communication Technologies (ICCTICT). New Delhi: IEEE, 2016, 145-150.

[22]EUSTICE R M, SINGH H, WHITCOMB L L. Synchronous-clock, one-way-travel-time acoustic navigation for underwater vehicles[J]. Journal of Field Robotics, 2011, 28(1): 121-136.

[23]EUSTICE R M, WHITCOMB L L, SINGH H, et al. Recent advances in synchronous-clock one-way-travel-time acoustic navigation[C]//Oceans 2006. Boston:MA, 2006, 1-6.

[24] WALLS J M, EUSTICE R M. Experimental comparison of synchronous-clock

cooperative acoustic navigation algorithms [C]//OCEANS'11 MTS/IEEE KONA. Waikoloa: MTS/IEEE, 2011, 1-7.

[25] WEBSTER S E, WHITCOMB L L, EUSTICE R M. Advances in decentralized single-beacon acoustic navigation for underwater vehicles: Theory and simulation[C]// 2010 IEEE/OES Autonomous Underwater Vehicles. Monterey: CA, 2010, 1-8.

[26] VICKERY K. Acoustic positioning systems. A practical overview of current systems [C]//Proceedings of the 1998 Workshop on Autonomous Underwater Vehicles. Cambridge:IEEE,1988, 5-17.

[27] WALLS J M. Cooperative navigation for Low-bandwidth mobile acoustic networks[D]. Baltimore,Maryland:Johns Hopkins University, 2015.

[28] KINSEY J, JAKUBA M, PARTAN J, et al. Precision georeferenced navigation for deep-diving autonomous underwater gliders and enabled scientific applications[C]// American Geophysical Union, Ocean Sciences Meeting 2016. New Orleans:Ernest N. Morrill Convention Center,2016.

[29] YOERGER D R, JAKUBA M, BRADLEY A M, et al. Techniques for deep sea near bottom survey using an autonomous underwater vehicle[J]. The International Journal of Robotics Research, 2007, 26(1): 41-54.

[30] WHITCOMB L L, YOERGER D R, SINGH H, et al. Combined Doppler/LBL based navigation of underwater vehicles[C]//Proceedings of the 11th International Symposium on Unmanned Untethered Submersible Technology. Singapore:AUSI, 1999.

[31] MILNE P H. Underwater acoustic positioning systems [M]. London: E. F. N. Spon, 1983.

[32] MUNAFO A, FERRI G. An acoustic network navigation system[J]. Journal of Field Robotics, 2017, 34(7): 1332-1351.

[33] MORGADO M, OLIVEIRA P, SILVESTRE C, et al. Embedded vehicle dynamics aiding for usbl/ins underwater navigation system[J]. IEEE Transactions on Control Systems Technology, 2014, 22(1): 322-330.

[34] 郑大钟. 线性系统理论[M]. 北京: 清华大学出版社, 2002.

[35] HERMANN R, KRENER A. Nonlinear controllability and observability[J]. IEEE Transactions on Automatic Control, 1977, 22(5): 728-740.

[36] ZHOU X S, ROUMELIOTIS S I. Robot-to-robot relative pose estimation from range measurements[J]. IEEE Transactions on Robotics, 2008, 24(6): 1379-1393.

[37] GADRE A S, STILWELL D J. A complete solution to underwater navigation in the presence of unknown currents based on range measurements from a single location[C]//2005 IEEE/RSJ International Conference on Intelligent Robots and Systems. Edmonton: Alta., 2005, 1420-1425.

[38] SONG T L. Observability of target tracking with range-only measurements[J]. IEEE Journal of Oceanic Engineering, 1999, 24(3): 383-387.

[39] SCHERBATYUK A P. The AUV positioning using ranges from one transponder LBL [C]//Challenges of Our Changing Global Environment Conference Proceedings OCEANS95 . San Diego: MTS/IEEE, 1995, 3: 1620-1623.

[40] BACCOU P, JOUVENCEL B. Simulation results, post-processing experimentations and comparisons results for navigation, homing and multiple vehicles operations with a new positioning method using on transponder [C]//Proceedings 2003 IEEE/RSJ International Conference on Intelligent Robots and Systems (IROS 2003). Las Vegas: IEEE, 2003, 811-817.

[41] VAGANAY J, LEONARD J J, CURCIO J A, et al. Experimental validation of the moving long base-line navigation concept [C]//2004 IEEE/OES Autonomous Underwater Vehicles. Sebasco: ME, 2004, 59-65.

[42] XIAO G, WANG B, DENG Z, et al. An acoustic communication time delays compensation approach for master-slave AUV cooperative navigation[J]. IEEE Sensors Journal, 2017, 17(2): 504-513.

[43] BAHR A, LEONARD J J, FALLON M F. Cooperative localization for autonomous underwater vehicles[J]. The International Journal of Robotics Research, 2009, 28(6): 714-728.

[44] MORICE C P, VERES S M. Geometric bounding techniques for underwater localization using range-only sensors[J]. Proceedings of the Institution of Mechanical Engineers, Part I: Journal of Systems and Control Engineering, 2011, 225(1): 74-84.

[45] MACZKA D K, GADRE A S, STILWELL D J. Implementation of a Cooperative Navigation Algorithm on a Platoon of Autonomous Underwater Vehicles[C]//Oceans 2007. Vancouver: BC, 2007, 1-6.

[46] DIOSDADO J V, RUIZ I T. Decentralised simultaneous localisation and mapping for AUVs[C]//Oceans 2007-Europe. Aberdeen: IEEE, 2007, 1-6.

[47] WEBSTER S E, WALLS J M, WHITCOMB L L, et al. Decentralized extended

information filter for single-beacon cooperative acoustic navigation: Theory and experiments[J]. IEEE Transactions on Robotics, 2013, 29(4): 957-974.

[48] WEBSTER S E, EUSTICE R M, SINGH H, et al. Preliminary deep water results in single-beacon one-way-travel-time acoustic navigation for underwater vehicles [C]// 2009 IEEE/RSJ International Conference on Intelligent Robots & Systems, St. Louis: MO, 2009, 2053-2060.

[49] FALLON M F, PAPADOPOULOS G, LEONARD J J. A measurement distribution framework for cooperative navigation using multiple AUVs[C]//2010 IEEE International Conference on Robotics and Automation. Anchorage: AK, 2010, 4256-4263.

[50] LI J, ZHANG J. Research on the algorithm of multi-autonomous underwater vehicles navigation and localization based on the extended kalman filter [C]//2016 IEEE International Conference on Mechatronics and Automation. Harbin: IEEE, 2016, 2455-2460.

[51] ALLOTTA B, COSTANZI R, RIDOLFI A, et al. The ARROWS project: Adapting and developing robotics technologies for underwater archaeology [J]. IFAC-PapersOnLine, 2015, 48(2): 194-199.

[52] NØRGAARD M, POULSEN N K, RAVN O. New developments in state estimation for nonlinear systems[J]. Automatica, 2000, 36(11): 1627-1638.

[53] NRGAARD M, POULSEN N K, RAVN O. Advances in derivative-free state estimation for nonlinear systems[C]. Lyngby: Department of Mathematical Modeling, Technical University of Denmark, 1998.

[54] SCHEI T S. A finite-difference method for linearization in nonlinear estimation algorithms[J]. Automatica, 1997, 33(11): 2053-2058.

[55] GAO W, LIU Y, XU B. Robust Huber-based iterated divided difference filtering with application to cooperative localization of autonomous underwater vehicles[J]. Sensors (Basel), 2014, 14(12): 24523-24542.

[56] SORENSON H W. Least-squares estimation: From Gauss to Kalman [J]. IEEE spectrum, 1970, 7(7): 63-68.

[57] MEINHOLD R J, SINGPURWALLA N D. Understanding the Kalman filter[J]. The American Statistician, 1983, 37(2): 123-127.

[58] TUKEY J W. A survey of sampling from contaminated distributions[J]. Contributions to probability and statistics, 1960, 448-485.

[59] SCHICK I C, MITTER S K. Robust recursive estimation in the presence of heavy-tailed observation noise[J]. The Annals of Statistics, 1994, 1045-1080.

[60] BOX G E P. Non-normality and tests on variances[J]. Biometrika, 1953, 40(3/4): 318-335.

[61] MARONNA R A, MARTIN R D, YOHAI V J, et al. Robust statistics: Theory and methods (with R)[M]. Hoboken:John Wiley & Sons, 2019.

[62] ROUSSEEUW P J, LEROY A M. Robust regression and outlier detection[M]. Hoboken:John Wiley & Sons, 2005.

[63] NEWCOMB S. A generalized theory of the combination of observations so as to obtain the best result[J]. American Journal of Mathematics, 1886: 343-366.

[64] HUBER P J. Robust estimation of a location parameter[M]. Springer: Breakthroughs in statistics,1992: 492-518.

[65] KOVAČEVIČB, ĐUROVIČŽ, GLAVAŠKI S. On robust Kalman filtering[J]. International Journal of Control, 1992, 56(3): 547-562.

[66] LU C, DONG Q, CHEN X. Laplace ℓ 1 Huber based cubature Kalman filter for attitude estimation of small satellite[J]. Acta Astronautica, 2018, 148: 48-56.

[67] GANDHI M A, MILI L. Robust Kalman filter based on a generalized maximum-likelihood-type estimator[J]. IEEE Transactions on Signal Processing, 2010, 58(5): 2509-2520.

[68] MA T, LI Y, WANG R, et al. AUV robust bathymetric simultaneous localization and mapping[J]. Ocean Engineering, 2018, 166: 336-349.

[69] MEINHOLD R J, SINGPURWALLA N D. Robustification of Kalman filter models[J]. Journal of the American Statistical Association, 1989, 84(406): 479-486.

[70] HUANG Y L, ZHANG Y G, XU B, et al. A new outlier-robust student′s t based Gaussian approximate filter for cooperative localization[J]. IEEE-Asme Transactions on Mechatronics, 2017, 22(5): 2380-2386.

[71] ARNOLD S, MEDAGODA L. Robust model-aided inertial localization for autonomous underwater vehicles[C]. 2018 IEEE International Conference on Robotics and Automation (ICRA). Brisbane:QLD, 2018, 1-9.

[72] JEFFREYS H. An alternative to the rejection of observations[J]. Proceedings of the Royal Society of London Series A, Containing Papers of a Mathematical and Physical Character, 1932, 137(831): 78-87.

[73] ALSPACH D, SORENSON H. Nonlinear Bayesian estimation using Gaussian sum approximations[J]. IEEE Transactions on Automatic Control, 1972, 17(4): 439-448.

[74] SORENSON H W, ALSPACH D L. Recursive Bayesian estimation using Gaussian sums [J]. Automatica, 1971, 7(4): 465-479.

[75] TAM W I, PLATANIOTIS K N, HATZINAKOS D. An adaptive Gaussian sum algorithm for radar tracking[J]. Signal Processing, 1999, 77(1): 85-104.

[76] PLATANIOTIS K N, ANDROUTSOS D, VENETSANOPOULOS A N. Nonlinear filtering of non-Gaussian noise[J]. Journal of Intelligent & Robotic Systems Theory & Applications, 1997, 19(2): 207-231.

[77] KOTECHA J H, DJURIC P M. Gaussian sum particle filtering[J]. IEEE Transactions on Signal Processing, 2003, 51(10): 2602-2612.

[78] PSIAKI M L, SCHOENBERG J R, MILLER I T. Gaussian sum reapproximation for use in a nonlinear filter[J]. Journal of Guidance, Control, and Dynamics, 2015, 38(2): 292-303.

[79] TSAI C, KURZ L. An adaptive robustizing approach to Kalman filtering [J]. Automatica, 1983, 19(3): 279-288.

[80] HEWER G, MARTIN R, ZEH J. Robust preprocessing for Kalman filtering of glint noise[J]. IEEE Transactions on Aerospace and Electronic Systems, 1987, (1): 120-128.

[81] NIEHSEN W. Robust Kalman filtering with generalized Gaussian measurement noise [J]. IEEE Transactions on Aerospace and Electronic Systems, 2002, 38(4): 1409-1412.

[82] LIU W, POKHAREL P P, PRINCIPE J C. Correntropy: A localized similarity measure [C]//The 2006 IEEE international joint conference on neural network proceedings. Vancouver:BC, 2006, 4919-4924.

[83] WANG G, LI N, ZHANG Y. Maximum correntropy unscented Kalman and information filters for non-Gaussian measurement noise[J]. Journal of the Franklin Institute, 2017, 354(18):8659-8677.

[84] CHEN B, LIU X, ZHAO H, et al. Maximum correntropy Kalman filter [J]. Automatica, 2017, 76: 70-77.

[85] LIU X, QU H, ZHAO J, et al. Maximum correntropy unscented Kalman filter for spacecraft relative state estimation[J]. Sensors (Basel), 2016, 16(9): 1530.

[86] LIU X, CHEN B, XU B, et al. Maximum correntropy unscented filter [J].

International Journal of Systems Science, 2016, 48(8): 1607-1615.

[87] FITZGERALD R. Divergence of the Kalman filter[J]. IEEE Transactions on Automatic Control, 1971, 16(6): 736-747.

[88] MEHRA R. Approaches to adaptive filtering[J]. IEEE Transactions on Automatic Control, 1972, 17(5): 693-698.

[89] AGHILI F, SU C Y. Robust relative navigation by integration of ICP and adaptive Kalman filter using laser scanner and IMU[J]. IEEE/ASME Transactions on Mechatronics, 2016, 21(4): 2015-2026.

[90] HUANG Y, ZHANG Y, XU B, et al. A new adaptive extended Kalman filter for cooperative localization[J]. IEEE Transactions on Aerospace & Electronic Systems, 2018, 54(1): 353-368.

[91] HUANG Y, ZHANG Y, WU Z, et al. A novel adaptive Kalman filter with inaccurate process and measurement noise covariance matrices[J]. IEEE Transactions on Automatic Control, 2018, 63(2): 594-601.

[92] ZHANG Y, HUANG Y, LI N, et al. Embedded cubature Kalman filter with adaptive setting of free parameter[J]. Signal Processing, 2015, 114(C): 112-116.

[93] ELBOHER E, WERMAN M. Asymmetric correlation: A noise robust similarity measure for template matching[J]. IEEE Trans Image Process, 2013, 22(8): 3062-3073.

[94] NARASIMHAPPA M, MAHINDRAKAR A D, GUIZILINI V C, et al. An improved Sage Husa adaptive robust Kalman filter for de-noising the MEMS IMU drift signal [C]//2018 Indian Control Conference. Kanpur:IEEE, 2018, 229-234.

[95] WANG C, ZENG Q J. Design of AUV integrated navigation system based on sage-husa adaptive filtering algorithm[J]. Electronic Design Engineering, 2013, 2013(15): 29.

[96] MYERS K A, TAPLEY B D. Adaptive sequential estimation with unknown noise statistics[J]. IEEE Transactions on Automatic Control, 2003, 21(4): 520-523.

[97] GROUTAGE F, JACQUOT R, SMITH D. Adaptive state variable estimation using robust smoothing[J]. Journal of Dynamic Systems, Measurement, and Control, 1984, 106(4): 335-341.

[98] KIRLIN R, MOGHADDAMJOO A. Robust adapative Kalman filtering for systems with unknown step inputs and non-Gaussian measurement errors[J]. IEEE Transactions on Acoustics, Speech, and Signal Processing, 1986, 34(2): 252-263.

[99] HARTIKAINEN S S J. Variational Bayesian adaptation of noise covariances in non-

linear Kalman filtering:10.48550/arXiv.1302.0618[P]. 2013-2-4.

[100]SALAHSHOOR K, MOSALLAEI M, BAYAT M. Centralized and decentralized process and sensor fault monitoring using data fusion based on adaptive extended Kalman filter algorithm[J]. Measurement, 2008, 41(10): 1059-1076.

[101]WANG C, WEI L, Wang Z, et al. Reinforcement learning-based multi-AUV adaptive trajectory planning for under-ice field estimation[J]. Sensors (Basel), 2018, 18(11): 3859.

[102]MAJUMDER N, HAZARIKA D, GELBUKH A, et al. Multimodal sentiment analysis using hierarchical fusion with context modeling[J]. Knowledge — Based Systems, 2018, 161: 124-133.

[103]WANG Q, QIAN C S, ZHANG Z J, et al. Application of federated filter to AUV based on terrain-aided SINS[J]. Applied Mechanics and Materials, Trans Tech Publication, 2015, 711: 338-341.

[104]WANG G, LI N, ZHANG Y. Diffusion nonlinear Kalman filter with intermittent observations[J]. Proceedings of the Institution of Mechanical Engineers, Part G: Journal of Aerospace Engineering, 2018, 232(15): 2775-2783.

[105]WANG G, LI N, ZHANG Y. An event based multi-sensor fusion algorithm with deadzone like measurements[J]. Information Fusion, 2018, 42: 111-118.

[106]RUI G, CHITRE M. Cooperative multi-AUV localization using distributed extended information filter[C]//2016 IEEE/OES Autonomous Underwater Vehicles (AUV). Tokyo:IEEE, 2016, 206-212.

[107]BAHR A, WALTER M R, LEONARD J J. Consistent cooperative localization[C]// IEEE International Conference on Robotics and Automation. Kobe: IEEE, 2009, 3415-3422.

[108]FALLON M F, PAPADOPOULOS G, LEONARD J J. A measurement distribution framework for cooperative navigation using multiple AUVs[C]. IEEE International Conference on Robotics and Automation. Anchorage:AK, 2010, 4256-4263.

[109]NERURKAR E D, ZHOU K X, ROUMELIOTIS S I. A hybrid estimation framework for cooperative localization under communication constraints[C]. IEEE/RSJ International Conference on Intelligent Robots and Systems. San Francisco:CA, 2011, 502-509.

[110]FOX D, BURGARD W, KRUPPA H, et al. A probabilistic approach to collaborative

multi-robot localization[J]. Autonomous robots, 2000, 8(3): 325-344.

[111]PARTAN J, KUROSE J, LEVINE B N. A survey of practical issues in underwater networks[J]. ACM SIGMOBILE Mobile Computing and Communications Review, 2007, 11(4): 23-33.

[112]FOSSEN T I. Handbook of marine craft hydrodynamics and motion control[M]. Hoboken:John Wiley & Sons, 2011.

[113]ANTONELLI G, LEONESSA A. Underwater robots: Motion and force control of vehicle-manipulator systems[J]. Springer tracts in advanced robotics, 2003, 56(6):B81.

[114]肖尚彬. 四元数方法及其应用[J]. 力学进展, 1993, 23(2): 249-260.

[115]GROVES P D. Principles of GNSS, inertial, and multisensor integrated navigation systems[J]. IEEE Aerospace and Electronic Systems Magazine, 2015, 30(2): 26-27.

[116]FALLON M F, PAPADOPOULOS G, LEONARD J J. Cooperative AUV navigation using a single surface craft[C]. Field and Service robotics, Springer. Berlin: Heidelberg, 2010: 331-340.

[117]刘亚龙. 多水下航行器协同定位算法研究[D]. 哈尔滨:哈尔滨工程大学, 2015.

[118]MOLINS M, STOJANOVIC M. Slotted FAMA: A MAC protocol for underwater acoustic networks[C]. Oceans 2006-Asia Pacific. Singapore:IEEE, 2006, 1-7.

[119]朱昌平. 水声通信基本原理与应用[M]. 北京:电子工业出版社, 2009.

[120]ERDOGMUS D, PRINCIPE J C. An error-entropy minimization algorithm for supervised training of nonlinear adaptive systems[J]. IEEE Transactions on Signal Processing, 2002, 50(7): 1780-1786.

[121]ERDOGMUS D, PRINCIPE J C. Generalized information potential criterion for adaptive system training[J]. IEEE Transactions on Neural Networks, 2002, 13(5): 1035-1044.

[122]MARTINS W A, DINIZ P S R, HUANG Y F. On the normalized minimum error-entropy adaptive algorithm: Cost function and update recursion[C]//2010 First IEEE Latin American Symposium on Circuits and Systems. Foz do Iguacu: IEEE, 2010, 140-143.

[123]ZHANG L, TAO X, LIANG H. Multi AUVs cooperative navigation based on information entropy[C]//Oceans 2018 MTS/IEEE Charleston. Charleston:SC, 2018,

1-10.

[124]MUNAFÒ A, FERRI G. An acoustic network navigation system[J]. Journal of Field Robotics, 2017, 34(7): 1332-1351.

[125]张玉龙, 王茁, 杨巍. 基于极大似然估计的新息自适应滤波算法[J]. 传感器与微系统, 2018, 37(1): 141-144.

[126]沈云峰, 朱海, 莫军等. 简化的 Sage - Husa 自适应滤波算法在组合导航中的应用及仿真[J]. 青岛大学学报(工程技术版), 2001, 16(1): 44-47.

[127]HAJIYEV C, VURAL S Y, HAJIYEVA U. Adaptive fading Kalman filter with Q-adaptation for estimation of AUV dynamics[C]//2012 20th Mediterranean Conference on Control & Automation(MED). Barcelona:IEEE, 2012, 697-702.

[128]许鹭芬. 水声数字通信[M]. 北京:海洋出版社, 2010.

[129]ANDERSON B D, MOORE J B. Optimal filtering [M]. Chicago: Courier Corporation, 2012.

[130]JULIER S, UHLMANN J. Unscented filter and nonlinear estimation[J]. Proceeding of the IEEE, 2004,92(3):401-422.

[131]鲁平, 赵龙, 陈哲. 改进的 Sage-Husa 自适应滤波及其应用[J]. 系统仿真学报, 2007, 19(15): 3503-3505.

[132]游胜玉, 姜林, 李祥. 基于渐消记忆自适应 Kalman 滤波的 GPS/DR 数据融合[J]. 计算机工程与设计, 2010, 31(21): 4720-4723.

[133]沈忱. 贝叶斯网络模型的变分贝叶斯学习与推理研究[D]. 哈尔滨:哈尔滨工程大学, 2015.

[134]BEAL M J. Variational algorithms for approximate Bayesian inference[D]. London: university of London, 2003.

[135]LAWRENCE N D. Variational inference in probabilistic models[D]. Cambridgeshire: University of Cambridge, 2001.

[136]TZIKAS D G, LIKAS A C, GALATSANOS N P. The variational approximation for Bayesian inference[J]. IEEE Signal Processing Magazine, 2008, 25(6): 131-146.

[137]NARASIMHAPPA M, RANGABABU P, SABAT S L, et al. A modified sage-husa adaptive kalman filter for denoising fiber optic gyroscope signal[C]//2012 Annual IEEE India Conferenc. Kochi:IEEE, 2012, 1266-1271.

[138]LINDLEY D. Kendall's advanced theory of statistics, volume 2B, Bayesian inference, 2nd edn[J]. Journal of the Royal Statistical Society, 2005, 168(1): 259-260.

[139] BAGGEROER A B. Acoustic telemetry - an overview[J]. Oceanic Engineering IEEE Journal of, 1984, 9(4): 229-235.

[140] KILFOYLE, D. B. The state of the art in underwater acoustic telemetry[J]. IEEE Journal of Oceanic Engineering, 2002, 25(1): 4-27.

[141] PREISIG J. Acoustic propagation considerations for underwater acoustic communications network development[J]. Acm Sigmobile Mobile Computing & Communications Review, 2007, 11(4): 2-10.

[142] PARTAN J, KUROSE J, LEVINE B N. A survey of practical issues in underwater networks[J]. Acm Sigmobile Mobile Computing & Communications Review, 2007, 11(4): 23-33.

[143] CHEN C T, MILLERO F J. Speed of sound in seawater at high pressures[J]. Acoustical Society of America Journal, 1977, 62(5): 1129-1135.

[144] ZHANG S, GUO Y, LU Z, et al. Cooperative detection based on the adaptive interacting multiple model-information filtering algorithm [J]. Aerospace Science and Technology, 2019, 93: 105310.

[145] BAR-SHALOM Y, LI X R, KIRUBARAJAN T. Estimation with applications to tracking and navigation: Theory algorithms and software[M]. Hoboken: John Wiley & Sons, 2004.

[146] SINOPOLI B, SCHENATO L, FRANCESCHETTI M, et al. Kalman filtering with intermittent observations[J]. IEEE Transactions on Automatic Control, 2004, 49(9): 1453-1464.